TOURISM PLANNING & DESIGN NO.33

旅游规划与设计 33

旅游规划 + 景观建筑 + 景区管理

北京大学城市与环境学院旅游研究与规划中心 主编

中国建筑工业出版社 出版

遗产活化 社会参与

Public Involvement in Heritage Revitalization

图书在版编目（CIP）数据

旅游规划与设计：遗产活化　社会参与／北京大学城市与环境学院旅游研究与规划中心主编.—北京：中国建筑工业出版社,2020.4
ISBN 978-7-112-24911-4

Ⅰ.①旅… Ⅱ.①北… Ⅲ.①旅游规划—研究 Ⅳ.①F590.1

中国版本图书馆CIP数据核字(2020)第035505号

主编单位：
北京大学城市与环境学院旅游研究与规划中心　北京大地风景文化旅游发展集团有限公司

出版单位：
中国建筑工业出版社

封面图片提供：古北水镇
封面图片说明：古北水镇与司马台长城
扉页图片提供：李　爽
扉页图片说明：游客提灯夜游司马台长城
封二底图提供：彭婷婷
封二底图说明：荷兰阿姆斯特丹街景
封三底图提供：黎筱筱
封三底图说明：北京瓦厂乡村精品酒店

旅游规划与设计——遗产活化　社会参与
北京大学城市与环境学院旅游研究与规划中心 主编

中国建筑工业出版社 出版、发行（北京海淀三里河路9号）
各地新华书店、建筑书店经销
天津图文方嘉印刷有限公司印刷
*
开本：880毫米×1230毫米　1/16　印张：12¼　字数：353千字
2020年4月第一版　2020年4月第一次印刷
定价：58.00 元
*
ISBN 978-7-112-24911-4
（35656）

卷首语

自联合国教科文组织将文化遗产概念推向全球，我国从2005年首次在正式文件中提及“文化遗产”，将文化遗产与“文物保护单位”的说法相区别以来，关于文化遗产的关注始终没有停止过。关注的焦点由“物”转向“人”，关注的主体由保护专家转向社会民众，关注的形式由理论研讨转向实践参与，关注的成效由价值发现转向价值创造。

《遗产活化　社会参与》这一期相较于《遗产旅游：呈现与活化》等遗产主题专辑而言，是将社会参与作为话题，总结当代人在共建共享遗产时的思想和行为，这将是留给遗产最好的历史截面。这一辑我们从概念思辨开始，不仅探讨了遗产学的关键词“原真性”在旅游实践中的概念演进，遗产活化在推进文旅深度融合中的重要作用，更从“社会”这一概念在我国陆续出台的文件中的表述来思考遗产价值的认定逻辑——“社会参与”的主体指向。“恋地主义原真性”的理论诠释，强调了“人-地”关系对遗产文化信息中“地方”符号的重要性，以动态和包容的视角，作出了原真性本土研究的概念探索。案例分享版块介绍了遗产活化的不同路径以及多方参与遗产活化的方式方法。文化主题公园是被大众广泛接受、有效传达遗产价值、复原历史生活场景的活化路径之一，大唐芙蓉园、清明上河园、华强方特东方神画是多方参与下共同缔造的遗产活化案例。苏州文物局对苏州文物分级分类利用的具体做法对我国政府在遗产管理参与中的角色定位和思路指引有很好的借鉴意义。山西西堂文创产品、北京正乙祠戏楼体验、徽州民宿空间等设计案例，日本轮岛漆器、枫丹白露宫等遗产活化案例都生动地呈现了技术、资本、民众在遗产中的参与方式。《天津市历史风貌建筑保护条例》作为我国第一部针对历史风貌建筑保护的地方法规，创立了政府参与五大道文物活化的“天津模式”；“古北水镇”案例研究对北方边关小镇的文化重生和旅游体验内容的厚植进行了细致的梳理。乡村遗产酒店示范项目遴选标准、浙江省盐官镇文旅融合体系建构等内容则精彩演绎了利益相关方在遗产管理中要秉持的原则与态度。文化遗产本身是一种物和人互动的文化现象，是二元互动下建构的产物，“物”与“人”、“古”与“今”交融、碰撞，它承载了过往，也被当代所阐释。

非常感谢所有作者对本辑的认可与贡献，感谢吴必虎教授以及林丽琴、姜丽黎两位主任对我的信任，邀请我做本期的特邀主编，使我有机会读到如此鲜活且有深度的文章。我确信邀请我的原因之一是我处在一个文化遗产资源极其丰富、急需思考文化遗产活化与社会发展的地区，我将带着这份重托与希冀积极参与地方文化遗产的社会科学研究工作。借此向吴必虎教授以及《旅游规划与设计》团队的社会责任与担当表示敬意，希望这一辑的内容可以惠及更多的读者，让他们在参与地方遗产实践中各展所长、各建其功。

本期特约主编

刘玫芳

山西大学历史文化学院旅游系教授

TOURISM PLANNING & DESIGN NO.33
旅游规划与设计 33
旅游规划 + 景观建筑 + 景区管理
北京大学城市与环境学院旅游研究与规划中心 主编
中国建筑工业出版社 出版

目 录

北京大学城市与环境学院旅游研究与规划中心 主编
中国建筑工业出版社 出版

遗产活化 社会参与

CONTENTS

TOURISM PLANNING & DESIGN NO.33
旅游规划与设计 33
旅游规划 + 景观建筑 + 景区管理
北京大学城市与环境学院旅游研究与规划中心 主编
中国建筑工业出版社 出版

Public Involvement in Heritage Revitalization

北京大学城市与环境学院旅游研究与规划中心 主编
中国建筑工业出版社 出版

故宫角楼咖啡

遗产活化基础理论

Theories of Heritage Revitalization

徐晓东/摄

遗产活化：从遗产原真性保护向文化财富转型

Heritage Revitalization: Transition from Authenticity Protection to Cultural Wealth

文 / 张祖群

【摘 要】

针对遗产地保护与旅游发展的悖论，本文认为“原真性”在中国化进程与语境中发生了演进、变异，东西方之间判别是否应该在遗产上铭刻时代痕迹标准不一。遗产旅游案例分析表明，物质文化遗产与非物质文化遗产两种遗产活化类型各有千秋。物质文化遗产活化，要根植于文化遗产本体与历史环境，又超脱于遗产本身，有力地进行历史文化“活化”。非物质文化遗产活化，要秉承文化记忆、产品创意、空间场所三位一体模式。本文总结了遗产活化机理的7个基本观点，认为遗产活化的核心在于推进文化—旅游深度融合，最终是要解决“两张皮”问题。推进文化—旅游深度融合，存在三种可能途径。

【关键词】

遗产旅游；遗产活化；原真性；遗产活化机理；文化—旅游融合

【作者简介】

张祖群 北京理工大学设计与艺术学院文化遗产系副教授、硕士生导师

1 遗产旅游的活化视角

习总书记曾经指示旅游学界、文化产业界：要让收藏在博物馆里的文物、陈列在广阔大地上的遗产、书写在古籍里的文字都活起来。最高领导人对文化遗产活化的期待，让人感慨万千。2018年10月，中共中央、国务院发布《关于加强文物保护利用改革的若干意见》与《关于实施革命文物保护利用工程（2018—2022年）的意见》，聚焦于长期以来存在的文物保护与利用工作的重点、难点，期望从全局谋划，从“满足人民群众日益增长的美好生活需要”的角度落实各项改革措施，共同促进文化遗产切实保护与永续利用。针对遗产保护与利用长期存在的矛盾，学术界有识之士提出遗产活化是解决两者矛盾、获得双赢的必由之路（喻学才,2010），并在世界自然遗产活化（张朝枝 等,2010）、非物质文化遗产活化（马木兰 等，2008）等诸多领域进行案例讨论。遗产活化的核心是在不影响遗产的保护传承（保护第一）的前提之下，将遗产资源转化成旅游产品。“理念是行动的指南”，为了实现文化遗产的产品化，朱竑、戴光全（2010）提出文化遗产从资源化到产品化，再到形象化与市场化，层层递进的遗产理念，重点是文化传承人（主体）的研究和保护，要大力促成文物保护部门和旅游发展部门产生工作交集，使它们在遗产活化方面深度合作。遗产本身也是分层次的，对应的重要性和保护措施也有诸多差别。遗产保护与旅游行业应该互通有无，各自延伸到对方领域，深入融合，这样文物部门和旅游部门的认识才有共同的基点，才避免出现“屁股对脑袋、互相拍桌子”，自说自话、无法对接的悲催局面（喻学才,2010）。吴必虎教授等在各个场合推进传统村落（吴必虎 等，2017）、古城（吴必虎，2012）、大运河的活化（吴必虎，2012），认为“创新+活化”是无景区化思路的主流。在北京大学旅游研究与规划中心主编的《旅游规划与设计——遗产旅游：呈现与活化》（中国建筑工业出版社，2017）中，诚如吴必虎教授所言：让不同领域的文物工作者、旅游学者、旅游管理部门官员等表明各自的文化遗产立场，各自不同的声音最后也能达成统一——“遗产传承利用的基础在于对遗产文化内涵的彰显和表达”（见陕西省文物局局长赵荣的“卷首语”）。

2 遗产活化类型：两种遗产的活化各有千秋

世界遗产申报、治理、旅游可持续发展主要是基于《保护世界文化和自然遗产公约》（1972年），人类非物质文化遗产（以下简称“非遗”）则主要是基于《保护非物质文化遗产公约》（2003年）。非遗是认知当下生产与生活世界的重要线索，是一个民族最稳定的文化DNA。非遗是提升旅游从业者的素质，并给游客展示立体旅游场景的最佳选择。非遗从社区到舞台展演，是一种具有争议性的传播途径。正面可扩大传播，认识非遗；负面则截取非遗断面，符号化、碎片化、舞台（绚丽）化。物质文化遗产旅游的发展与非物质文化遗产旅游的发展，两者研究路径是完全不一样的，前者讲究真实性、完整性、可持续性，后者讲究物质与非物质（精神）的二元结合、活态传承、动态演化与创新、与生活融合等；前者重视“物”，忽视“人”，后者重视“人”，忽视“物”。遗产旅游的研究由物及人，再由人及物，不可偏废。

2.1 物质文化遗产的活化

物质文化遗产旅游开发应该形成6种功能分区和产品空间布局：（1）保护中心（基于文化本体的原态保护或局部展示）；（2）展示中心（博物馆、艺术馆、展览馆、文化传承场所、特色步行街）；（3）文化基地（文化产业园、文化传承中心、文化聚集点场所）；（4）文化主题公园区（文化娱乐、文化参与、文化教育、文化体验型场所）；（5）文化产业区（文化商品、文化演艺、舞台展演、旅游多要素展示等）；（6）文化产业聚集区（文化产业带动并转化成多样化的旅游产品）。不同分区、不同类型的产品空间布局与文化产品针对的是不同旅游者群体，满足不同层次的旅游者需求，最终实现的是保护与发展的协调统一（王京传，2010）。

下面以大唐芙蓉园（Tang Paradise）为例阐述物质文化遗产的活化。大唐芙蓉园位于古都西安大雁塔之侧，建于原唐代芙蓉园遗址所在地（图1）。大雁塔—大唐芙蓉园景区在2011年被批准为国家AAAAA级旅游景区，大雁塔也是2014中国、哈萨克斯坦、吉尔吉斯斯坦三国联合申报成功的“丝绸之路：

图1 西安大唐芙蓉园 **图片来源：摄图网**

长安一天山廊道路网”的一个重要遗产点。官方文件称其为到目前为止“中国第一个全方位立体展示盛唐时期文化风貌的超大型皇家园林式文化主题公园”，该仿唐园林在空间格局上继承了中轴对称、主从有序、层次分明的文化传统，设置了中轴区、西翼区、东翼区和环湖区等，承载了不同的功能，立体展现了新古典“唐风雅（唐）韵”（张祖群，2012）。笔者多次对大唐芙蓉园进行调研，得知大唐芙蓉园作为西安为数不多的AAAAA景区，旅游接待人次与接待收入均居前列；旅游的乘数效应也十分明显。2010年接待游客大约为100万人次，2012年国庆长假接待游客18万人次。2017年9月大唐芙蓉园迎来了自开园来的第二百二十万零一位游客。2018年国庆七天长假期间，大唐芙蓉园合计接待超过23万人次，较2017年国庆黄金周增长30%以上。该园以门票经济为基础杠杆，强力撬动周边吃、住、行、游、购、娱等旅游相关产业的发展，创造的社会效益、经济效益和综合效益极其显著。开园13年来，大唐芙蓉园逐渐与秦始皇陵兵马俑一样，成为参观游览的必选之地。凡是去大唐芙蓉园的广大中外游客，临别时都会对这座特殊的城市产生深深的眷恋之情。

总之，从大唐芙蓉园活化案例中可以看出：将民族历史文化元素的实存形态与虚存形态均转化为复存形态是彰显其现代价值的基础。不进行民族历史文化元素的活化，遗产就会成为文化层覆盖之下“死去”的文本，得不到文化认同和有效传播。要以文化深度感知与体验为手段进行主题公园构建，而不是漫无目的地改建。只有民族的才是世界的，否则会失去民族历史文化的根基，最后受到仿造“假古董”的质疑。作为彰显西安民族历史文化元素最为成功的遗产案例，大唐芙蓉园根植于文化遗产本体与历史环境，又超脱于遗产本身，有力地进行了历史文化“活化”。

2.2 非物质文化遗产的活化

非物质文化遗产活化的首要前提在于认识非物质文化遗产价值，在于保护好非物质文化遗产本身。这种非遗保护不是孤立的、静止的保护，保护本身即具有价值。中国艺术研究院苑利先生等曾经撰文呼吁：全国各地各类博物馆不计其数，博物馆中珍藏的物质文化遗产数量更是数不胜数。这些珍藏对于保护物质文化遗产（"鱼干"防腐）固然重要，但是对非物质文化遗产的保护更加刻不容缓。豪华的博物馆留住的只是一条条失去生命力的"鱼干"。苑利先生在文章中打了一个形象的比喻："活鱼要在水中看"（苑利 等，2006），保护非物质文化遗产其实如同在水中养一条活鱼一样，一定要遵循"活态保护"原则，只有为"鱼儿"（指代非物质文化遗产）营造一个适合于它们生长的生态环境，才能够让非物质文化遗产拥有"天行健，君子以自强不息"的生命力。今天的旅游市场已经和过去有着天地迥异的变化。非物质文化遗产传承人的根本职责是保护遗产本身（具有公益属性，政府买单），非物质文化遗产的从业者需要走出相对"传统"的保守思想（具有产业属性，市场经济行为），在现代审美、消费市场大潮中找到非遗活化的契合点。只有使非物质文化遗产在新时代发展大潮中成为具有生命力的"活鱼"，鱼水兼得，鱼在中国文化的海洋里畅游无阻，非遗活化才有可能。

笔者认为，以旅游为产业化的生存路径，是国际非遗保护的有效推力之一。可对非遗保护做出重要的经济支撑与文化提升。在非遗与旅游结合的初期，很多非遗正是通过旅游业带动，走出了生存困境；但是在非遗发展后期，随着大量旅游产业资本涌入，资本的逐利性和排他性日益凸显，而政府的旅游管理部门对产业资本的约束力不强，对非遗的干预、破坏也就产生了。旅游开发与遗产保护绝不是天然对立、不可调和的。两者的二元悖论具有中国转型时期的阶段性特征，随着改革的深入，二者有融合的可能。非物质文化遗产与旅游未来融入的途径有三种：一是推进文化体制改革，进行旅游与文化部门的融合，实行大部制；二是用大的文化产业包容与消解各种矛盾，全面推进与复兴文化产业；三是将非遗融入现代生活，使其成为民族文化记忆的基础与现代公共文化服务的内在组成部分。

3 遗产活化机理：遗产地如何铭刻时代痕迹

3.1 遗产地铭刻"伤痕"案例

考虑中国独有的遗产国情，在原真性前提下分析解剖典型个案。针对遗产地保护与旅游发展的悖论，以及"申遗"和遗产治理中出现的日益严峻的建设性破坏、保护性破坏等现象，它们其实是铭刻历史"负的""文化伤痕"。特以笔者调查的北京市西城区镶红旗满洲都统衙门维修案例为例。

满洲（女真）社会实行八旗制度，这是清代旗人的一种重要社会生活和军事组织形式，也是清代的根本制度。丁壮战时皆兵，平时皆民，有利于军队保持极强的战斗力。八旗制度与清政权伴随始终，它既是清王朝入关取得军事胜利的重要因素之一，也使清王朝最终灭亡转向民国与共和之路。八旗制度是从制度层面理解满清王朝的重要切入点。镶红旗创建时间为明万历四十三年（1615年），由诸王、贝勒和贝子分统，初期为2.6万兵丁，杀伤力强。镶红旗满洲都统从品级上来说，是"从一品"，系满洲一旗的最高长官，既负责军务，又负责一旗民政事务。民国期间，镶红旗满洲都统衙门档案流入京津民间，再到上海，乃至渡海去日本，被日人辑成《镶红旗档》，后国人根据日文本重新翻译出版汉文《雍乾两朝镶红旗档》，使之成为解析康雍乾年间八旗文化的重要史料。

镶红旗满洲都统衙门的原门牌号为西城石驸马大街48号，今门牌号为西城区新文化街137号。"石驸马大街"即今西城区新文化街，两个门牌号都是对的，不同时期著作上对该衙门的地址记录出现两个也就不难理解。民国初年这里是八旗王公清理京兆八旗旗产驻所，民国后期改为文兴小学，中华人民共和国成立后为石驸马大街一小、新文化街二小。2007年被公布为第二批北京市西城区文物保护单位。镶红旗满洲都统衙门基本结构为硬山式三间五架大院，磅礴大气，现在早已成了一个大杂院，100多户私搭乱建的小屋鳞次栉比。电线火患、私建危房、下水不畅等成为严重的安全隐患。

中华人民共和国成立后，镶红旗满洲都统衙门主体建筑至少历经三次维修：第一次系1976年唐山大地震之后，前排正房因倾斜翻建；第二次系1995年前厅因破损严重翻建，样式已改；第三次系2017年7月的再次翻建。但开始大量利用钢筋混凝土，不论材料、工艺，还是流程、式样等，维修都已经与文化遗产（古建筑）的原真性维修差距甚远。

这里曾铭刻了400年的满洲历史风云与刀光剑影，记录了4个朝代的历史更迭与沧海桑田，见证了旗人入主中原、满汉一体、多元一体的民族融合过程。在文化大发展大繁荣的今天，我们需要在文化遗产现场铭记历史，而非进行改动性修改、修复历史。保持历史真实，无论是物质形式，还是非物质载体，都是一个中国人对传统应该保持的谨慎伦理与基本态度。

3.2 遗产旅游要铭刻时代的真实痕迹

遗产地旅游发展要铭刻时代的真实痕迹，特举三例。

案例1：笔者在茶马古道遗产旅游案例分析中认为（张祖群，2017），作为茶马古道上一个独特的聚落点，在错综复杂的民族文化格局中，木氏土司得以从宋元时期开始，延续千年。木氏土司在丽江附近的统治，是中原王朝对边疆羁縻治理的一种有效统治。后来，清代雍正年间改土归流，土司制度衰微，木氏王朝也开始加速融入汉民族文化。丽江古城实际上是中国边疆治理政策中一种特殊的、成功的治理方式的历史见证。

案例2：笔者在丽江古城遗产旅游案例分析中认为（张祖群，2013），外来艺术家（以张艺谋为代表）与本土民众合作共演、共创的《印象·丽江》，给了这里压抑千年的底层民众一个呐喊的机会，他们将原生活在实景舞台表现了出来。他们对着神山的呐喊，是与祖先的心灵对话，是多年压抑、自卑、边缘化的自我抗争，是对全球化的自我意识表达。

丽江自20年前申遗以来，就被卷入全球文化消费的漩涡。伴随着旅游地生命周期步入成熟，愈来愈多的酒吧消费、性消费等得以在世界遗产的符号驱动下滋生，“艳遇丽江”也成了一种驱动现象。2015年，国家旅游局对国庆旅游景区进行暗访，1家AAAAA级景区(山海关景区)被摘牌，6家AAAAA级景区被严重警告，丽江“荣登”“严重警告”之列。

案例3：笔者在西安临潼秦陵及兵马俑遗产旅游案例分析中认为，根据20世纪80年代考古资料进行影视想象的秦陵地下世界，显然包含现实世界的投影。张艺谋用他天才的艺术，将所有今天的人们置于一种文化悖论中。他不是在导演一部电影，而是在拷问所有观众。将文明人与历史传统置于一个影视悖论中进行拷问，到底是文明人拯救了全世界，还是依据传统才能拯救世界？

当我们在博物馆里看到那些如同僵尸般的历史遗迹展览时，我们不应该为文明人的这种眼光暴力而感到羞愧吗？何为文明，何为野蛮，其实不是依据历史发展的时序来划分的，我们不能因为今天西化、获得工业革命的成就而沾沾自喜。

3.3 遗产活化机理的基本观点

笔者关于遗产活化机理的基本观点如下：

（1）文化遗产具有重要的文化记忆属性，承载着一个民族的光荣与梦想、悲伤与现实。它绝非静止不动的“他者”，而是会阐述中国故事的活物（活态文物）。

对文化遗产进行属性分析需要将其置于一个更加宏观的世界视野中，而不应该以民族—国家狭隘的民族主义立场来看待。自1492年哥伦布大航海与明初郑和下西洋之后，中国已融入全球化进程，不再是一个孤立的封闭世界。中国近现代百年的转型历程中，先辈们寻找过多条变革路径，文化遗产方面则从早期激进的一切向西方看，到“文革”期间将历史文化承载扔进历史垃圾箱，再到改革开放后40年重新向西方学习。难道我们不应该反思，我们到底失去了什么？我们到底应该保留什么？文化遗产承载着千百年中国社会转型的典型历史记忆（图2），以正确的史地观看待、重新认识、保存、解读文化遗产，是对人之为人、人何以为人、中国人何以为中国人的基本伦理的追问。

（2）历史是由后来人书写的，当代人不能评判当代史，历史需要由后人来评判。

文化遗产体现的鸿沟（主要体现在西方殖民者与东方国家之间、第三世界国家之间）是世界发展时序差异所造成的。其实从2500年前的全球轴心时代开始，东方、西方即走上完全不同的两条道路，东方只是在近现代300年才被西方所超越，但是未来的全世界必定是趋同的、一体的世界。全世界最后只有一条道路。我们应该反思弗朗西斯·福山的“历史终结论”，更应该反思与深入解读

图2 百花深处胡同的历史记忆　　图片来源：由北京大地风景文化遗产保护发展有限公司提供

东方社会超稳定形态论。

如何跨越历史的鸿沟？站在历史的角度，当然会产生受害国民众与施害国民众这种二元分异。因此需要超越我者和他者，跳出西方中心论；同样也需要跳出东方殖民主义心态，“仇必和而解”。跨越鸿沟，任重而道远。

（3）文化遗产与旅游需要具备大量的知识储备、持续不断的人文素养的积累，以及连绵不绝的人生旅行经验的积淀。

遗产旅游在人文社科研究中起着重要的文化引领与风向标作用，也促进了历史研究的巨大进步。遗产旅游可以让一个民族和地区的历史变得更加清晰、更加透明，有利于了解遗产主体（物质遗产社区原住民、非物质文化遗产传承人）踏实走过的每一个脚印和每一种文化，为现实社会与未来发展折射出重要的启迪意义。同时遗产旅游也发挥着不可替代的铭刻历史真实痕迹的作用。遗产旅游用出土实物、传世纸质文献、调研访谈、案例分析、个案总结、理论提升等复原历史，替历史说话，把过去说活。遗产旅游实际上是在提供我们祖先各个时代的生活讯息和历史剖面，“讲好中国故事”。在遗产旅游之中我们要踏踏实实走好现实的每一个脚步，同时也要回头看看我们这个民族曾经走过的艰辛道路与光辉历程。脚踏大地，才可以仰望星空。

（4）“原真性”在中国化进程与语境中发生演进、变异，东西方之间判别是否应该在遗产上铭刻时代痕迹标准不一。在长达6年的研究中，笔者所在课题组主要做了三个方面的工作：一是文化遗产适用类型研究，二是文化遗产对比研究，三是《西安宣言》行动研究与实践。从记忆的文化空间、文化空间阐释与演化、旅游产品与营销、休闲与文化产业等视角进行文化遗产对比复合研究。认真总结和理清了遗产保护与利用领域目前存在的几种模式，包括退耕还林模式、集团运作模式、城市公园模式、民营建设模式、国家遗址公园模式等，遗产旅游要根植于建设中华民族共有的精神家园。寻求虚拟现实与文本体验，探索文化遗产的传播、文化传承如何与公共文化服务等因素协调统一。我们认为，以最小干预、可逆与新旧对比为原则，只要是有助于展现文化遗产真实时代痕迹的技术、方法，只要是有助于加强文化受众的真实深度文化体验，只要在文化遗产本体和历史环境的可接受范围内，均应该在遗产旅游中提倡与尝试。

（5）我们认为应该坚持以下几条基本原则：一是搜集、整理文化遗产有关历史档案、文献资料、历史地图、存档烫样、口述史料等作为复原历史的文本依据。重建时必须尽量使用传统的建筑材料和建筑工艺、方法。文化遗产考古清理所得原建筑材料，经选择后应当尽量用上，使之达到“整旧如旧”和“新旧并存”的效果。二是尊重历史，复原必须在原有遗址范围之内，因此遗址区居民可能需要全部搬迁到预留用地，需要配合区域经济（城市）建设与规划（国家重大工程选址除外）。这是一个在文保实践中极不容易把握的命题。例如，陕西省周至县隋代的仙游寺法王塔因为黑河水库兴建而异地重建，从河谷搬到山麓，官方、学术界和民间一致认可。为三峡工程让路的四大文保工程中，石宝寨实行围堰保护，白鹤梁在水底实行玻璃罩保护，张飞庙拆除后搬迁到山腰原样重建，瞿塘峡题刻复制以原地保护为主（永远沉没水下，仅将《皇中兴圣德颂》等少量石刻异地搬迁），这迥异的四者竟然成为四个文保“标本”，都得到过很多赞声，当然也有理性的学术讨论与回应。为此孙华（2014）先生认为应该分析三峡兴建过程中不可抗拒的因素和可以克服的因素，呼吁各个单位和部门应该通力合作，最大限度地避免掣肘，总结经验与教训。三是把握本体原真。它发源于西方石质结构建筑遗产修复以及文艺复兴以来对古希腊罗马古典文化的文化追忆。在UNESCO与ICOMOS双重框架中来看，原真性来源于对文化遗产本体的修复，后来的多个国际组织宣言尽管进行了东西方语境差异、历史文脉的传承与延续、本体与历史环境的二分等诠释，但是仍然忽视了一点：对不同的文化遗产划分类型可能导致对遗产真实性这一概念理解不一，原真性本身是否适合所有文化遗产类型仍然需要讨论；旅游学者也将原真性演绎到乡村旅游、城市旅游、广义文化遗产旅游（甚至包括非物质文化遗产）等不同场域中，甚至产生了客观原真、主观原真、构建原真、原真性测量等后续研究。我们需要将遗产本体原真理论与扩展性的原真理论区别开来。需要指出的是，扩展性的、延伸的原真理论，都属于构建性知识体系，与原真性原初的概念、内涵、外延相比，已经发生了巨大变化。于是学术界出现一个奇怪的现象：当A说A案例的原真性案例与解读的时候，B说B案例的原真性案例，并用B案例来驳斥A案例。其实A与B风马牛不相及，根本不能放在一起比较。两种原真性借用可逆修复理论来理解，也应该是可逆的原真，以最大限度降低演绎理论对原真性原始理论的误读风险。

（6）国家作为一个对内统治、对外御敌的暴力机器，于今天的语境之下如何与文化遗产和解？在“二战”之后，世界各国形成相对稳定的边界，国界成为一个国家行使主权的最重要标志。但是在历史长河中，很多流域性的文化被分割在现今的民族国家体系之中。从2500年前的轴心时代开始，整个东亚（辐射到日本、韩国、朝鲜、蒙古、越南、琉球等）形成了一个相对完整的文化体系，也就是东亚地区的儒家文化圈。但是今天，民族国家体系语境之下，如何分得清楚到底什么样的文化遗产是我的？什么样的文化遗产是你的？什么样的文化遗产是他的？“我者”与“他者”到底如何界定？

以旅游人类学本意界定的“我者”与“他者”，形成一种二元分类体系，是否可以作为非物质文化遗产“和解”的框架，值得反思。诚如鲁迅先生所言：“世界上本没有路，走的人多了，也便成了路。”同样，世界上本没有“我者”与“他者”，“二战”后全新的世界格局形成之后，也就有了文化的鸿沟。

1972年《保护世界自然与文化遗产公约》、2003年《保护人类非物质文化遗产公约》作为新世界格局中保护全人类最为珍贵的自然环境、文化传统、悠久文明等的重要纲领性文件，为全人类的文化保护与记忆珍藏作出了不可磨灭的贡献。但是恰恰是新世界格局中主权国家的博弈、申报规则等（如美国退出联合国教科文组织、日本因觊觎我钓鱼岛“申遗”的闹剧、日本的“广岛原子弹爆炸遗址”“明治工业革命遗址”申遗引发的巨大争议等），很大程度上消解了文化和解，引起了文化纷争。

文化是什么？文化遗产的核心是什么？可能答案有千万种。我们需要回到设立世界遗产的初衷。“冷战”期间，全世界争相援助埃及尼罗河流域阿斯旺水坝修建淹没的菲莱神殿，现代人的智慧在四五千年的古埃及时代与地方性知识面前，是那么脆弱与不堪一击。全世界主要国家在“冷战”期间达成一种契约（即1972年的《保护世界自然与文化遗产公约》），共同维护各个国家或地方或民族最值得全人类珍惜的文化遗迹或自然景观。这本身是人类的文明理性对“傲慢的”战争、政治的一种超越，是人类发展史的伟大进步。时至今日，在约50年的世界遗产发展历程中，世界遗产申报、遗产与旅游等不断在专业性—政治性、地方性—国家性之间摇摆。无论文化遗产的类型与权属多么复杂，最为重要的都在于文化传承与文化和解，在于重新认真理解世界遗产的“突出的普世价值”，在于全世界所有国家、民族、性别与地区的人能够依据各自的历史记忆共同和谐地生活于这个美丽的星球上。

4 遗产活化核心：推进文化—旅游深度融合

考虑遗产活化语境，重点在于实现文化遗产（尤其是文物大遗址）从包袱向文化财富的转型。文化遗产谱系中的文物大遗址，长期以来成为各级政府与学者研究的难题，保护与利用矛盾尤为突出。在中国国情下，要实现文物大遗址从财政包袱向文化财富（文化产业）的转型。故宫博物院原院长单霁翔先生曾总结：文化遗产不能单一地实行静态保护，也要有创新思维（紫蕊，2006；单霁翔，2013）。在全国各级（批次）的重点文物保护单位中，有接近600处文物大遗址（文化遗产）可以通过适当旅游活动与文化展示，弘扬传统文化和民族精神，同时带来遗产区域乡土（城市）文化复兴（图3）。文化遗产保护不应该成为区域发展的财政包袱，而应该主动地为所在区域创造经济财富、文化财富、培养区域核心竞争力、提高文化自信。

长期以来，文化（管理）部门、旅游部门等存在错位博弈与“两张皮”现象。典型表现为：旅游部门负责开发，文物部门负责保护；旅游部门负责挣门票，文化（管理）部门负责文化资源保护与公共开支；甚至在同一企业（单位）中保护主体与开发主体不明，各成一体，互不相干。在一些遗产旅游大省（如陕西省、山西省、河南省、甘肃省等）这种现象尤为突出，各方也在不断作着试图融合“两张皮”的努力。遗产活化的核心在于推进文化—旅游深度融合，解决“两张皮”问题。推进文化—旅游深度融合，存在三种可能的途径：

第一，自上而下理顺管理体制。为深入贯彻落实党的宣传文化工作的方针政策，经过多年酝酿，2018年3月，原国家旅游局和原文化部合并成立文化和旅游部，全面统筹规划文化事业、文化产业、旅游业发展等。由中宣部主管的文化和旅游部，势必强化旅游的公共文化服务功能与社会效益，适当弱化旅游的经济产业导向。大部制的制度设计与推行，系在政策与体制层面消解文化—旅游长期存在的“两张皮”现象，让“诗和远方”同行兼得。通过整合规划、统一审批，从机制设计上打通行政部门之间的壁垒，从多部门联动，到“大部制”下形成行政合力，自然可以推进文化—旅游深度融合，使遗产活化上一个新台阶。

第二，在遗产旅游中自下而上贯通新技术应用。以文化遗产为载体、以文化空间为场域、以文化深度体验与文化传承为目的，新科技革命在文化遗产—旅游发展领域带来日益广泛的需求与应用，成为整合文化—旅游解决“两张皮”问题的第二条可能路径。诸多文化遗产保护领域的关键技术逐步推进，专业设备瓶颈逐一被突破，不同门类的文化资源（各级重点文物保护单位、各级非遗名录、文化典籍资源等）的数字化、档案化也取得可喜进展，在理论创新基础上大规模推进文化遗产的适度利用，让“文化遗产活起来”成为广泛共识与基层行动。文物保护的无损探测与修复技术，文化遗产的风险评估与预防，旅游承载力与可持续发展（SD）预警管理智能系统，智慧旅游与博览的硬件软件、应用平台，基

图3 故宫注重遗产活化，展示多元魅力之故宫咖啡馆 徐晓东/摄

于交互的高逼真（六自由度）文化虚拟体验模拟系统，电气系统、声光电技术、人工智能等在文化场域的试行与应用等，使旅游均衡发展与文化传承得以协调共进。在复杂的自然—经济—社会系统中，“文化—旅游”在文化场域中顺畅运行，使从“一个硬币的两个方面”向本来就是“一个硬币”转变成为可能。

第三，将遗产旅游新技术应用与遗产旅游内容有效结合。要适当注意遗产旅游领域技术与内容两者的辩证关系。于文化遗产传承与旅游发展而言，“内容为王”，技术只是重构与加快整合的手段，让文化受众（外来游客与本地居民）获得深度的文化体验，拥有文化的获得感与文化自信才是根本目的。新技术在遗产旅游中的应用应该立足于现今中国国情的重大战略与现实关切（如“一带一路”倡议、“文化走出去”战略、加快构建优秀传统文化传承体系等）。聚焦于中国已有55处世界遗产、7批国家重点文物保护单位与3批国家非物质文化遗产名录，对物质文化遗产与非物质文化遗产的活化统筹考虑。加快遗产旅游高端人才培养，如果狭义的文化遗产学是“化学+材料学+文物遗产概念框架”的话，广义的遗产旅游学是“文化遗产科技应用+人文艺术+基于大数据的管理（系统）科学与工程”。

基金资助

国家社会科学基金项目“遗产地铭刻时代痕迹与旅游发展研究”（项目编号：12CJY088）。

参考文献

马木兰，汪宇明，2008. 非物质文化遗产旅游产品化的转型模式［J］. 桂林旅游高等专科学校学报（2）：282–287.

单霁翔，2013. 世界文化遗产保护事业的战略转型［J］. 世界遗产（1）： 54–59.

孙华，2014. 长江三峡库区重要文物保护工程回望：白鹤梁、石宝寨、张飞庙、白帝城［J］. 基中国文化遗产（2）：8–9，58–66.

吴必虎，徐小波，2017. 传统村落与旅游活化：学理与法理分析［J］. 扬州大学学报（人文社会科学版）（1）：5–21.

吴必虎，2012. 吴必虎：古城重建不如古城活化［J］. 广告大观（综合版）（11）：127.

吴必虎，2012. 遗产活化是重建古城的关键［N］. 中国建设报，10–17（2）.

王京传，2010. 文化遗产的保护、开发与旅游产品体系构建［J］. 旅游学刊，25（5）：7–8.

苑利，顾军. “活鱼要在水中看”［N］. 人民日报（海外版），2006–06–14（7）.

喻学才，2010. 遗产活化：保护与利用的双赢之路［J］. 建筑与文化（5）：16–20.

喻学才，2010. 遗产活化论［J］.旅游学刊，25（4）：6–7.

张朝枝，孙晓静，卢玉平，2010. “文化是旅游的灵魂”：误解与反思：武夷山案例研究［J］. 旅游科学（1）：61–68.

张祖群，2012. 基于民族历史文化元素的仿古主题公园的现代价值：以西安大唐芙蓉园的文化空间解读为例［J］. 民族艺术研究（6）：109–114.

张祖群，2013. 感知地域文化的舞台符号：基于《云南映象》、《印象丽江》与《四季周庄》的对比［M］//北京大学旅游研究与规划中心. 旅游规划与设计：旅游演艺•影视旅游. 北京：中国建筑工业出版社：36–47.

张祖群，2016. 西方世界对东方（香格里拉）的地理投影［M］//吴楚克. 中国边疆学理论创新与发展报告（2016）. 北京：经济管理出版社：121–130.

紫蕊，2006. 单霁翔指出：文化遗产不是城市发展的包袱［J］. 城市规划通讯 (12): 11.

遗产活化语境下的原真性与原真性感知综述

Authenticity and Authenticity Perception in the Context of Heritage Revitalization

文 / 王梦婷

【摘 要】

原真性作为一个多元动态概念，从文物考古到遗产旅游等诸多领域都有广泛的应用，在不同时期、不同地域、不同哲学价值背景下有不同的概念内涵；并且，原真性是遗产评价的重要标准与遗产活化的重要理论，对其进行理论梳理具有必要性。本文从遗产活化理论体系及其语境下的原真性与原真性感知的概念内涵与历史演变进行归纳总结，具体对客观主义、建构主义、后现代主义和存在主义原真性进行综述，以期有助于概念的理清以及理论框架与研究范式的构建，对遗产与旅游科学的学术研究与遗产活化、旅游规划等实际应用有所贡献。

【关键词】

遗产活化；原真性；原真性感知；客观主义；建构主义；后现代主义；存在主义

【作者简介】

王梦婷 北京大学城市与环境学院博士研究生

1 导言

联合国教科文组织宣扬:“遗产是过往给予我们的财富,为我们今天的生活享有,更是我们需要向未来一代传承的珍宝。遗产是我们的生命与灵感不可替代的宝贵源泉。”然而我们现存的遗产正在受到来自城市扩张、过度开发、重视不足等问题的严重损害,急需我们对遗产进行更好的保护和利用,进行遗产活化工作,使这些珍贵的财富为现代人、后代人以及全世界共享。

原真性对于遗产问题具有重要意义,它体现遗产历史文化价值的本质属性(阮仪三 等,2003)。原真性对于遗产旅游,即遗产活化的最主要方式——具有从客体到主体两方面的作用:作为推力,对于个人的遗产消费决策很重要;作为拉力,对于遗产目的地的吸引力很重要(陈勇,2005)。也就是说,这对于遗产旅游市场同样具有双重意义:从旅游者的角度出发来看,旅游者对遗产客体以及自我与社会关系等方面的需求及满意度会得到更加细致的重视;从旅游资源的角度出发,原真性理论的研究和拓展可以促进多样化遗产资源的保护和利用,相应地丰富遗产活化的类型与方式,甚至引领市场的多方面需求等。

并且,现代人正处在一个不真实的现代生活中或超真实的工业社会造成的异化、失范和生态环境的劣质化与人际关系的疏远化的环境中,所以产生对原真性、对真实和现实意义的追寻;人们企图通过旅游去找寻过去的场景和生活,来平衡内心真实感的缺失,而旅游也反映了人们对现代性“好恶交织”的心理(Wang,2000)。于是,为了满足这种强烈的社会需求,在遗产旅游被产业化的背景下,出现了一些为了使旅游者喜欢或满意而创造出的“过去”,也逐渐有了关于原真与否、原真性与原真性感知的争论与区分。一些学者指出,旅游者所体验的“现实”不是基于过去的现实,而是对过去的现代演绎(Walsh,2002)。随着现代大众旅游的普及,从规划设计师、研究员、评论员到普通民众,都对遗产活化与原真性之间的关系给予了关注,原真性问题从20世纪70年代至今,成为从西方旅游学术界蔓延开来的一个广受关注的话题(王宁 等,2008)。

但由于“原真性”这个术语未加清晰界定就被引入旅游研究领域,造成了许多混淆,研究者很多时候是靠直觉来揣摩该术语的含义(谢彦君,2006)。而且随着时间和地域的转变,遗产活化语境下原真性的概念内涵与理论流派都在不断发生着转变,对其进行梳理和评述对于遗产活化的实地应用和理论科研都具有重要性和必要性。

2 遗产活化的相关理论

2.1 遗产活化的概念内涵

活化原属于生物化学学科的概念,又称为激发(excitation),指粒子(如原子或离子)从外界获得足够能量后,其电子由较低的基态能级跃迁到较高能级的过程,也常指某一物质从其无活性状态转变为具有活性状态的过程。目前建筑、规划与遗产、旅游学术界对遗产活化的研究并未形成完整、一致的理论体系。

在西方国家,遗产活化(heritage rejuvenation),主要指遗产复兴(revitalization)与遗产再利用(reuse)或活化利用(adaptive reuse)。自20世纪60年代起,欧美国家就开始将目光聚焦于建筑遗产的“再利用”上(图1)。活化利用第一次正式提出是在1979年的《巴拉宪章》,宪章将这一概念定义为“为建筑遗产找到合适的用途(即容纳新功能),使该场所的文化价值得以最大限度地传承和再现,同时将建筑重要结构的改变降到最低限度”。

国内遗产活化研究起源于台湾“古迹活化”的概念,指古迹经重生和再生,以作为空间载体适应性再利用的过程(栾辰颖,2017)。时值20世纪末我国台湾地区工业转型时期,许多位于城市中心的厂房开始闲置,于是台湾推动闲置空间再利用计划,以“保存近代化发展的特殊历史背景下遗留下来的产业遗产”——现在用以“探讨遗产旅游这个事关遗产类旅游资源转化为旅游产品的战略问题”(喻学才,2010)。国内学者对遗产活化的研究最早是对民俗遗产的保护,并提出要活态保护遗产和重视传承人培养工作(叶春生,2004)。

可以说,遗产活化的概念在建筑、旅游等学科专家的研究中有不同的解释,也有不同的研究侧重。而对于旅游学界,如何把遗产资源转化成旅游产品而又不影响遗产的保护传承成为遗产活化课题中的攻坚难题,诸多学者提出了不同的观点。喻学才(2010)作为国内研究遗产活化论的重要领头人，提出遗产活化就是把资源转化成旅游产品，又对遗产的保护和传承没有负面影响。

还有另一些学者也对遗产活化理论的建构作出了贡献。龙茂兴、龙珍付（2013）指出，旅游者来到遗产地就是为了对遗产的核心信息作有效的感观与体验；因此，为旅游者提供满意的体验，是遗产活化的中心内容。遗产活化论的核心思想就是在文化遗产的旅游开发中，运用各种科技方法与手段，使文化遗产旅游产品“有声有形，有神有韵”，让遗产走出文献、进入现实，让遗产开口说话。其中，有形是指在物质层面恢复原貌，建立可视的载体；有声就是建立动态的借以体现遗产旅游特质的，能够让遗产“开口说话”的物质载体；有神有韵，就是保护利用和展示其内含的历史上形成的无形文化吸引物，这是遗产的声音神韵所在（张建忠 等，2012）。储小丽（2015）综合国内外对于遗产活化的概念界定和遗产活化发展现状，总结并提出遗产活化是遗产文化内核的复活，是文化信息借助各种载体，得以重新展示在游客面前，甚至为游客所体验的过程。吴必虎强调“活化才是对遗产最好的保护”，认为“把文化遗产资源转化成包括旅游产品在内的现代产品，保持其原址地方性，呈现其传统景观风貌，同时可以继承、转变、创新其功能，实现与现代生产、生活与意识形态接轨的思想方法和技术路径，就是文化遗产活化”。

2.2 遗产活化的原则与方式

诸多学者发表了关于遗产活化的原则与理念，不仅对“静态保护”的旧观念予以批判，还增添了遗产文化环境空间要素；不仅意识到对遗产地原住民及其承载的多样性文化的重要性，还对观赏者的游览体验和信息感知予以重视。

单霁翔（2008）认为“活态保护”主要是相对于物质文化遗产的“静态保护”衍生出来的概念和方式，主要是指该遗产不仅具有遗产的共有属性，见证当时当地历史与文化的发展变化，且仍然具有其原

图1 荷兰阿姆斯特丹城市街景 **彭婷婷/摄**

图2 浙江乌镇东栅　　图片来源：摄图网

始的使用功能，在现代社会生活中仍要发挥作用，故而不能只是保存那些历史建筑的躯壳、残体，更重要的是保护其中的原住民，保存其承载的文化，并保存文化的多样性（图2）。张建忠（2013）为遗产活化总结了三大原则——原真性原则、活化层次性原则、遗产生态原则；并赞同观点："存在性真实"应当为遗产活化的出发点；"文化信息"是文化遗产的价值源；突出"文化景观"要素，以及由文化信息、文化载体与文化环境要素相结合构成的"文化资源"整体等（喻学才 等，2008）。

基于遗产的保存与利用状况各异，其活化的方式与模式也各不相同，一些学者科学地对其予以分层分类，进行归纳探讨。

喻学才（2010）在《遗产活化论》中提出遗产分层，将遗产分为五个层次——保存完好者、保存基本完好者、破坏殆尽者、仅存遗址者、仅存文献记载者；强调不同层次的遗产要予以不同的活化措施，如变小为大、集零成整、名段选读、锦上添花、老树新花、模拟浓缩、借尸还魂、变罕为常、因缘附会、借题发挥、化朽为奇、另起炉灶、影视衍生等诸多方法。张建忠与孙根年（2012）结合"动机过程目标"模式，根据遗产保存状态将其分为四类，并结合可视性与体验层次，相应提出了旅游开发对策。除了分层分类方法外，从具体技术方法层面，储小丽（2015）将遗产活化总结为"活化载体—环境—产业"和"表面可视化—内涵可视化"两条主线，以及"本体修复法、数字解说法、环境再生法、产业再生法、功能创新法"五大具体活化方法。

还有诸多学者针对不同类型的遗产，总结了具体的活化方法（林振春，1998；蔡明哲，2009；陶伟 等，2009；黄惠颖，2013；李欣 等，2014；刘慈萱，2016），以及活化利用的业态模式（李莹，2007；张锦东 等，2013）、空间结构模式（肖星 等，2010）等，丰富了遗产活化的理论建构。

需要注意的是，有较多学者从技术与方法角度解析遗产活化的具体模式，但是哲学思考层面的问题还需要我们在时间的长河中不断探索。遗产活化不仅仅是一个科技发展和工具运用的问题，更映射着现代社会的价值选择，唯有合理地实现现代对传统的植入、市场价值与文化自觉的融合、工具理性与价值理性的统一，才能为文化遗产的活化确立科学、有效、符合时代需求的价值选择依据（林凇，2017）。原真性作为遗产评价的重要准则、遗产管理的重要手段（王晓晓 等，2007）、遗产活化的重要理念、游客体验与感知的重要测度，需要在遗产活化的语境下对原真性的内涵演变与理论推演进行进一步的梳理和研究。

3 原真性与原真性感知的概念内涵

3.1 原真性的概念内涵及演变发展

原真性，英文为authenticity，中文亦翻译为“真实性”“本真性”，词源学上有两种解释：第一种来自希腊语和拉丁语中“权威的”（authoritative）和“起源的”（original）两个词（张朝枝，2008）；第二种来源于希腊语中的authentes，译为“权威者”“某人亲手制作”（周亚庆 等，2007）。

原真性早期常被应用于博物馆中艺术品的真伪评价，后被引申到人类存在主义的哲学研究中（Trilling，2009）。最早由MacCannell在1973年的旅游者动机和体验研究中引入原真性这一概念，而后逐渐在学术界引起多角度、多方面的热烈讨论，包括但不限于讨论是否按照当地人的风俗或传统进行制作，来判断旅游工艺品、饮食和服装等的原真性（Sharpley，2018）。由于被运用于多个语境和层面，原真性是一个很难被定义的概念（Golomb，2012）。原真性这一概念在旅游、考古、哲学、艺术等领域都有所使用和传播，并且基于文化概念的时间演变性和地域差异性，其内涵也在不断被更新和扩充。根据Bruner（1994）研究整理，原真性这一词汇有四重含义：表现的历史真实（historical verisimilitude of representation）、精准的历史仿真（genuine and immaculate simulation）、不容复制的原件（originals）、授权或认证原真性的机构或专家（authority or power）。

原真性现已成为申报世界文化遗产时的基本准则，其主要经过以下重要国际法规文献的发展与完善：

1964年颁布《威尼斯宪章》，首次指出“使历史古迹能以充分完备的原真性传承（hand them on in the full richness of their authenticity）”，奠定了原真性对现在国际遗产保护的意义。

1972年，《保护世界文化与自然遗产公约》颁布；1977年，《实施世界遗产公约操作指南》作为前者实施的纲领性文件颁布，它充分吸纳了文物古迹和生态保护学界关于原真性和完整性的保护理念（张成渝，2010），以原真性检验（test of authenticity）和完整性条件（condition of integrity）为评判标准和依据，这两个概念也成为世界遗产领域的重要概念。

受到1979年、1981年、1988年3个版本的澳大利亚《巴拉宪章》关于对“重建”等符合亚洲文化遗产特征的原真性保护方式的接纳的影响，1994年在日本奈良通过《关于原真性的奈良文件》，强调了“文化遗产的多样性”，并指出原真性作为世界文化遗产的评价标准不应局限于“固定的标准之中”（张松，1993）（图3）。

2005年，国际古迹遗址理事会（ICOMOS）通过关于遗产环境背景（setting）的《西安宣言》，从有形和无形、文化与自然等方面，强调环境背景对于遗产原真性和完整性保护的重要性。

通过上述文件，可以看到各个国家和地区、各个时期对原真性及相关概念的理解具有差异性和丰富性。总的来说，文化遗产界和旅游学界关于原真性概念的不断更新呈现一种螺旋上升的趋势，关于遗产的保护、修复、利用与展示方式的原则也逐渐完善。

3.2 原真性感知的概念内涵

文化遗产旅游一般将原真性分为主体和客体两个方面，即旅游吸引物的原真性（authenticity of toured objects），也被称为冷原真（cool authenticity），以及旅游者旅游体验的原真性（perception of authenticity，或authenticity perception)，即原真性感知，也被称为热原真(hot authenticity)(Selwyn，1996)。Wang(1999)将前者阐述为，依托于遗产资源本身的，但又不等同于遗产本身的原真性；Xie(2002)等与Chhabra(2005)等将后者阐述为在主体参与下的客体目标物原真程度感知，是一种主观状态。

Chhabra(2003)等指出，人们的怀旧情结使他们希望以旅游的方式回到以前的生活，即使这个体验的过程是短暂的。那么可以推断出，遗产旅游的满意度并非取决于客体的原真性——是否严格运用了过去的材质和技术、准确呈现了历史的场景等，而是在于游客感知到的原真性——体验与人们对(或真实或想象的)历史和过去的怀旧相一致。所以，旅游中的诸多要素能够使旅游者获得原真性感知就可以达到目的(陈勇，2005)。

进一步分析，遗产旅游地的原真性对于所有旅游者而言却并非同等重要，具有不同属性和特征的旅游者有不同的原真性需求和感知；旅游者体验有存在型、实验型、体验型、转移型和娱乐型五种类型，而Cohen(1979)研究认为，前两者对原真性的关注远远大于后两者。Sharpley(2018)的研究也表明，原真性感知和对景观的认知都是具有个体差异性的，旅游者对原真性的追求程度与

图3 日本奈良东大寺　　徐晓东/摄

对现代社会异化(alienation)的意识程度有关,即异化感越强,旅游者对原真性的追求和界定就越强烈也越严格。张朝枝(2008)指出,从长远来看,旅游者对客体原真性的认知能力提高也与客体原真性标准的普及程度有关,所以遗产旅游研究中主体的原真性体验与满意度的关系将是一个渐变的过程,应从动态角度理解原真性体验。

4 原真性的主要流派

不同时期、国内外旅游研究者对于原真性的理解不尽相同,尽管在遗产学界的《实施世界遗产公约操作指南》中对于原真性有详细的标准和定义,但目前旅游学界尚无统一界定。

现今关于原真性的研究可以总结为四大学派和观点,分别是客观主义原真性(objectivism authenticity)、建构主义原真性(constructivism authenticity)、后现代主义原真性(postmodernism authenticity)以及存在主义原真性(existentialism authenticity)。前三者主要讨论旅旅游者客体的真实性,最后一种是从旅游主体的视角出发,讨论旅游体验等问题。

4.1 客观主义原真性

客观主义原真性认为原真性是旅游客体的固有属性,可以用绝对的标准来衡量,是最贴近于博物馆起源的原真性概念的一类。

客观主义原真性以Boorstin和MacCannell为主要代表学者,他们都对失真现象持批判态度,但是观点仍有不同。Boorstin(1964)认为,商业化的大众旅游促成的人造场景和设施等都是“伪事件(pseudo-event)”;旅游者容易在缺失原真性评判能力的情况下,在欣赏的过程中迷失,或逐渐失去追求原真的愿望,从而满足于被旅游业设计好的、失真的旅游体验;最终使真品相形见绌,并且使旅游变成“假象系统(system of illusions)”。MacCannell的态度相对积极,认为旅游对旅游者具有宗教一般的重要意义和贡献,认为旅游的目的是对原真性的追寻(MacCannell, 1973)。具体而言,即认为旅游者在缺乏真实的现代化、异化(alienated)的社会中,通过旅游来寻找“真实”,并且在游览空间(tourist space)中追求原真性及“舞台化的原真性(staged authenticity)”,即一种看似原真而实际非原真(inauthentic)的形式,企图进入后台(back region)去了解当地居民的真实生活和文化(尽管现代旅游吸引物多是为旅游者游览所专程设计的对旅游地舞台化、符号化的呈现)——这类旅游者也被称为“世俗的朝圣者(secular pilgrim)”,这种具有舞台原真性的人造剧场也被Edensor(2000)称为飞地型舞台(enclave space of performance),它与环境之间存在清晰的界限,以具有物理实在和空间固定性的景观单体或组合体为旅游对象物。

后续及相关的研究在两人的基础之上进行了扩展,有了更多面向大众、面向旅游体验的研究和观点。如Chhabra(2012)以客观原真性的视角对多个问题进行了阐述,更加突出了其在原真性感知中的研究价值。

4.2 建构主义原真性

建构主义原真性(也译为构建主义原真性),认为旅游中真实的体验和旅游者体验的原真性是相互建构的,以Bruner和Culler为主要代表学者。

建构主义原真性的本体论假设,在人类精神活动和符号化的语言之前不存在绝对唯一的真实世界(Bruner, 1989)。基于不同的语境和主观设定,人们会获得不同的关于原真性的理解;强调原真性是基于社会构建的,由地域信仰、观念和权利决定是否原真;它是一个相对的、可协商的、意识论上的概念,是符号化的原真性,与客体的客观原真性几乎无关,而是一个人的想象、期许在游览客体上的投射,在一定程度上受大众媒体和旅游营销方式影响。

Culler(1981)将符号学用于考察旅游者体验的原真性,他认为大部分游客更关心从而去寻找某一文化吸引物或活动所代表的符号或印象,而不是去了解它本身的意义和作用。游客想看到或愿意接受的“真实”其实是某种不寻常的、超越日常生活体验的、可以让他们结束旅程后回家回忆起来的东西。也就是说,“原真性”变成了某种符号,旅游活动不再是对真实的寻找,而是对符号的寻找。

可以说,建构主义原真性不是一个连贯一致、明晰的学说,是基于一定语境的。它的认识论和方法论也是相对的,在如遗产活化、文物保

图4 日本东京迪士尼乐园 姜丽黎/摄

护、社会认知等诸多语境下的应用也相对广泛。

4.3 后现代主义原真性

后现代主义原真性的观点比建构主义原真性的观点更为激进，甚至可以看作是对原真性的一种解构。它代表的是旅游者通过旅游设计、场所装置等对客体原真性的表达和表现进行体验的过程，不强调客体"真实(original)",而追求一种"超真实(hyper-reality)"下的"逼真(verisimilitude)"世界和体验。可以归纳为两个要点：其一，"真"与"假"没有严格的边界，"真"与"假"之间可以互相替代；其二，现代技术可以使"假"变得比"真"还要真（张朝枝，2008）。以Eco和Baudrillard为主要代表学者。

后现代主义原真性倾向于在旅游地进行及时的娱乐和消遣，真假界限变得模糊或无所谓真假。Eco（1990）还以迪士尼乐园为例（图4），论述了"超现实"问题，消除了复制品和原物之间的界限、符号和现实之间的界限。Cohen(1988)指出，对于持有后现代原真性理念的旅游者而言，舞台化的原真性作为真实本体的一个很好的替代品(substitute)，可以帮助旅游地保护当地的文化和社区。闫红霞(2013)经过研究，总结出在这种"超现实"的境界中，旅游者体验的世界可以是一个由仿真构成的世界，可以通过表演的"原真性"代替原物。

4.4 存在主义原真性

存在主义原真性源于对人类意义、旅游本质的讨论，是旅游者基于有限的游览体验和过程所产生的个人感知；与客体属性无关，而是主体摆脱日常生活环境约束后，如何接近真实自我的过程。存在主义原真性与客观主义原真性的最大差异在于前者触及了旅游的本质——发现、回归本我，追求自我的存在真实性(existential state of Being)(杨振之 等，2011；潘海颖，2012)。存在主义原真性以王宁为主要代表学者。

存在主义原真性可以分为怀旧主义和浪漫主义，前者强调更加单纯、纯真与自由的追求，如同童年；后者强调自然与情感，以摆脱现代社会的自我约束。存在主义原真性也分为个体内在的真实性(intra-personal authenticity)和个体之间的真实性(inter-personal authenticity),前者包括身体感知(bodily feelings)与自我实现(self-making),后者包括家庭纽带(family ties)与旅游者共同体(touristic communitas)等因素(Wang, 1999)。存在主义原真性解释了即使旅游的客体完全是假的,游客还是可以在其中找到原真性,即替换的、由旅游活动激发的存在的原真性(王宁 等, 2008)。

5 结语

遗产活化是遗产的重生和再利用,文化原真性和现代适用性是遗产活化的两大重要元素。原真性与原真性感知的理论在遗产活化的规划建设和理论研究领域,具有重要的科研与应用价值。

在实际应用方面,遗产具有生态、文化、科研、审美、经济等复合价值,但只有在活化利用的过程中才能可持续发展。旅游在遗产活化中起到了非常重要的作用,也是当前活化工作采取的主要措施——"活化关系到遗产的保护继承和旅游的开拓创新",甚至说"遗产活化的另一种表达就是遗产旅游化"(喻学才, 2010)。通过旅游,才能有效展示和传播遗产的文化价值,也才能更有助于遗产保护(徐嵩龄, 2008)。遗产资源的旅游利用,关键是关注原真的文化价值开发,注重文化发掘,并且注重保护原有物质载体的"原真性"(梁学成, 2006)。对于遗产活化过程当中的旅游规划、旅游体验以及旅游管理等诸多问题,原真性理论体系都有"用武之地"(邹统钎, 2008)。经过梳理之后,应当对不同的问题"因地制宜"。

在学术研究方面,我国当前的研究更多侧重于实践角度的操作方法总结,相较于西方研究过于务实,缺乏哲学层面的思考,应当融汇古今中外,从本体、认知、方法多个层面对问题进行剖析,才能"知其然,知其所以然"。基于原真性与原真性感知不是一个绝对的问题,而是一个相对的视角,具有时间的演变性、视角的多面性、评判的复杂性等特殊属性——所以,未来在遗产活化语境下的原真性与原真性理论研究,应当注意在西方话语体系下,结合中国千年古国的文化理念与遗产资源,建构符合东方价值、符合华夏文化的原真性理论体系。

参考文献

蔡明哲, 2009. 救治或加害?古迹活化的社会美学议题[J]. 美学艺术学(3): 37-54.

陈勇, 2005. 遗产旅游与遗产原真性: 概念分析与理论引介[J]. 桂林旅游高等专科学校学报, 16(4): 21-24.

储小丽, 2015. 道教文化遗产活化研究: 以武当山为例[D]. 南京: 东南大学.

黄惠颖, 2013. 福建土堡的动态保护与活化利用[D]. 厦门: 华侨大学.

李欣, 刘绮文, 陈惠民, 等, 2014. 乡村社区活化与历史街区复兴: 以台湾西螺镇延平老街为例[J]. 高等建筑教育, 23(1): 5-9.

李莹, 2007. 城市风貌建筑旅游开发模式研究(上)[N]. 中国旅游报, 1-3.

林崧, 2017. 植入、融合与统一: 文化遗产活化中的价值选择[J]. 华中科技大学学报(社会科学版), 31(2): 135-140.

林振春, 1998. 社区总体营造的教育策略: 台湾地区终身学习环境的现状与构建[J]. 教育发展研究(11): 15-19.

刘慈萱, 2016. 陕西省国家级非物质文化遗产的旅游利用研究[D]. 西安: 陕西师范大学.

梁学成, 2006. 对世界遗产的旅游价值分析与开发模式研究[J]. 旅游学刊, 21(6): 16-22.

龙茂兴, 龙珍付, 2013. 旅游开发中历史文化遗产活化问题研究: 以大唐芙蓉园为例[J]. 旅游纵览(下半月)(3): 14-16.

栾辰颖, 2017. 非物质文化遗产的活化研究: 以南京老地名为例[J]. 市场周刊(理论研究)(8): 57-59.

潘海颖, 2012. 旅游体验审美精神论[J]. 旅游学刊, 27(5): 88-93.

阮仪三, 林林, 2003. 文化遗产保护的原真性原则[J]. 同济大学学报(社会科学版), 14(2): 1-5.

单霁翔, 2008. "活态遗产":大运河保护创新论[J]. 中国名城(2): 4-6.

陶伟, 杜小芳, 洪艳, 2009. 解说:一种重要的遗产保护策略[J]. 旅游学刊, 24(8): 47-52.

王宁, 刘丹萍, 马凌, 2008. 旅游社会学[M]. 天津: 南开大学出版社.

王晓晓, 张朝枝, 2007. 遗产旅游真实性理解差异与遗产地管理[J]. 旅游科学, 21(1): 13-16.

谢彦君, 2006. 旅游体验研究: 一种现象学的视角[M]. 天津: 南开大学出版社.

徐嵩龄, 2007. 我国遗产旅游的文化政治意义[J]. 旅游学刊, 22(6): 48-52.

徐嵩龄, 2008. 遗产原真性·旅游者价值观偏好·遗产旅游原真性[J]. 旅游学刊, 23(4): 35-42.

肖星, 杜坤, 2010. 中国现存西洋近代建筑的旅游开发模式探讨: 以广州为例[J]. 广州大学学报(社会科学版), 9(6): 49-53.

闫红霞, 2013. 遗产旅游"原真性"体验的路径构建[J]. 河南社会科学, 21(10): 55-57.

杨振之, 胡海霞, 2011. 关于旅游真实性问题的批判[J]. 旅游学刊, 26(12): 78-83.

喻学才, 2010. 遗产活化:保护与利用的双赢之路［J］. 建筑与文化(5): 14-20.

喻学才, 2010. 遗产活化论［J］. 旅游学刊, 25(4): 6-7.

喻学才, 王健民, 2008. 世界文化遗产定义的新界定［J］. 华中建筑, 26(1): 20-21.

叶春生, 2004. 活化民俗遗产 使其永保于民间［J］. 民间文化论坛(5), 84-86.

张朝枝, 2008. 原真性理解: 旅游与遗产保护视角的演变与差异［J］. 旅游科学, 22(1): 1-8.

张成渝, 2010. 国内外世界遗产原真性与完整性研究综述［J］. 东南文化, 4(216): 30-37.

张锦东, 董藩, 2013. 北京旧城院落建筑的保护性再利用［J］. 团结 (2): 61-64.

张松, 1993. 历史城市保护学导论［M］. 上海: 上海科学技术出版社.

张建忠, 2013. 中国帝陵文化价值挖掘及旅游利用模式［D］. 西安: 陕西师范大学.

张建忠, 孙根年, 2012. 遗址公园:文化遗产体验旅游开发的新业态: 以西安三大遗址公园为例［J］. 人文地理(1): 142-146.

周亚庆, 吴茂英,周永广, 等, 2007. 旅游研究中的 "真实性" 理论及其比较［J］. 旅游学刊, 22(6): 42-47.

邹统钎, 高中, 钟林生, 2008. 旅游学术思想流派［M］. 天津: 南开大学出版社.

BRUNER E M, 1989. Tourism,creativity, and authenticity［J］. Studies in symbolic interaction (10): 109-140.

BRUNER E M, 1994. Abraham Lincoln as authentic reproduction: a critique of postmodernism［J］. American anthropologist, 96 (2): 397-415.

BOORSTIN D J, 1964. The image : a guide to Pseudo-events in America［M］. New York: Harper & Row.

CHHABRA D, 2005. Defining authenticity and its determinants: toward an authenticity flow model［J］. Journal of travel research, 44(1): 64-73.

CHHABRA D, 2012. Authenticity of the objectively authentic［J］. Annals of tourism research, 39 (1): 499-502.

CHHABRA D, HEALY R, SILLS E, 2003. Staged authenticity and heritage tourism［J］. Annals of tourism research, 30 (3): 702-719.

COHEN E, 1979. Rethinking the sociology of tourism［J］. Annals of tourism research, 6 (1): 18-35.

COHEN E, 1988. Authenticity and commoditization in tourism［J］. Annals of tourism research, 15 (3): 371-386.

CULLER J, 1981. Semiotics of tourism［J］. The American journal of semiotics (1): 127-140.

ECO U, 1986. Travels in hyper reality: essays［M］. San Diego, CA: Houghton Mifflin Harcourt.

EDENSOR T, 2000. Staging tourism: tourists as performers［J］. Annals of tourism research, 7 (2): 322-344.

ENTRIKIN J N, 2015. Contemporary humanism in geography［J］. Annals of the association of American geographers, 66 (4): 615-632.

GOLOMB J, 1995. In search of authenticity: from Kierkegaard to Camus［M］. London: Routledge.

MACCANNELL D, 1973. Staged authenticity: arrangements of social space in tourist settings［J］. American journal of sociology, 79 (3): 589-603.

SELWYN T, 1996. The tourist image: myths and myth making in tourism［M］. Chichester: Wiley.

SHARPLEY R, 2018. Tourism, tourists and society［M］. London: Routledge.

TRILLING L, 1972. Sincerity and authenticity［M］. London: Oxford University Press.

WALSH K. 2002. The representation of the past: museums and heritage in the post-modern world［M］. London: Routledge.

WANG N, 1999. Rethinking authenticity in tourism experience［J］. Annals of tourism research, 26 (2): 349-370.

WANG N, 2000. Tourism and modernity: a sociological analysis ［M］. Kidlington: Elsevier Science.

XIE P F, Wall G, 2002. Visitors' perceptions of authenticity at cultural attractions in Hainan, China［J］. International journal of tourism research, 4 (5): 353-366.

“路易十五在枫丹白露”历史重现（2016年）

政府角色与社会参与

Governments' Role and Public Involvement

印恬恬/摄

苏州文物利用的实践与探索

The Practice and Experiment of Cultural Relics Utilization in Suzhou

文 / 尹占群

【摘 要】

长期以来，文物领域内“重保护、轻利用”的现象比较突出。苏州借鉴国际遗产保护利用的理念及办法，结合本地实际情况进行了积极谨慎的探索。研究并编制了文物保护利用规划，提倡保护和利用并重，提出分级、分类利用的具体指导意见；鼓励有条件的文物建筑设立文化场所，允许一般文物建筑有限制地开展经营性活动；文物利用试点由低向高渐次展开，及时总结，控制风险；积极发挥政府、国有企业在文物保护利用方面的引领和示范作用；鼓励社会力量参与古建筑的保护利用。苏州的做法对传统认知有所突破，对文物利用、让文物“活起来”有一定的借鉴意义。

【关键词】

苏州；文物利用；文物建筑；文物保护利用规划；文化商业综合体；社会参与

【作者简介】

尹占群 苏州市文物局原副局长、研究员

在《文物保护法》的语境下，在传统的认知上，文物的主要价值是文化价值，主要功能是教育功能。受这一理念影响，相当长的一段时间，文物领域内“重保护、轻利用”的现象比较普遍。文物的功能单一，活力不足，有些文物资源资产长期处于空、关、闲置状态，影响了文物作用的发挥和价值的彰显，也影响了社会对文物价值的认知和评价。合理利用文物，真正让文物“活起来”，发挥积极的作用，是中央深化文物保护利用改革提出来的重要工作任务，也是文物部门回应社会关切，彰显文物价值，提升社会地位和影响力的一次重要机遇。

文物如何利用？除了开设博物馆、纪念馆、文管所和开辟为参观游览场所外，能不能做经营性活动？这是一个法理上需要研究讨论的问题，也是一个需要在实践上探索解决的问题。苏州借鉴国际遗产的理念和方法，结合本地实际，作了积极的探索，初步形成了苏州地方文物利用的基本原则。

1 研究编制文物建筑保护利用规划，有的放矢，精准施策，提高文物建筑利用的合理性、有效性

21世纪初，文物部门会同规划部门，从城市空间布局、社区需求、文物建筑的资源特点等多个方面进行综合研究，联合编制了《苏州市文物建筑保护利用规划》，提倡“保护利用并重”，重视文物利用的合理性和有效性，并提出了分级分类利用的具体指导意见。优先布局公共文化设施，积极支持有品质有特色的商业活动，努力把文物建筑用好、用活，充分展示文物资源应有的价值和魅力。

案例：苏纶纱厂开辟文化商业综合体

苏纶纱厂始建于1895年，是苏州现存最早的近现代工业遗产，建筑8万平方米，占地11万平方米。对于这样一个大体量的工业遗产，文物规划部门在“保护利用并重”原则的指导下，联合研究制定了苏纶纱厂保护利用的专门方案。

保护方面，把苏纶纱厂从原来的控制保护建筑，提升公布为文物保护单位，划定保护范围和建设控制地带，核定11个单体为文物本体，建立记录档案，编制保护规划。苏纶纱厂从建厂之初的清末，到民国，直至中华人民共和国成立之后，不同时期都有建造，为了保持建筑时代序列的完整性，建造于1983年的织造车间也被列为文物本体加以保护。

利用方面，研究制定保护利用方案，重点解决保护方式、技术手段和利用主题等问题。根据11个建筑单体的现状和利用要求，经过反复研究和专家论证，确定采用原样维修、整体平移保护、落架大修、改造利用四种方式进行保护利用。

苏纶纱厂的利用主题确定为文化综合体，是集书城、阅读、旅馆、购物、美食、休闲于一体的大型文化空间（图1）。具体设计定位为：原三纺车间为书城，织造车间和职工宿舍为阅读旅馆，工人俱乐部和医院为养生会馆，一车间为文创中心，电厂、空压机房为酒店、咖吧，老洋房为商务中心。

图1 苏纶纱厂文化综合体 **孙静/摄**

2 鼓励有条件的文物建筑设立文化活动场所，允许一般文物建筑有限制地开展经营性活动

开设博物馆、纪念馆、美术馆等公共文化场所是要有条件的，比如建筑规模、所处环境、本身的资源禀赋、藏品展品的质量和数量等。符合条件开辟公共文化场所的，政府每年安排1000万元给予鼓励扶持。从免费开放、陈列展览、学术活动、租金补贴等多个方面累计进行奖励扶持。如利用潘世恩故居设立的苏州状元博物馆和利用许宅开设的苏州工艺美术博物馆等每年都能获得近100万元的资金支持。

允许一般文物建筑开展经营性活动，尊重业主和市场的选择。利用文物建筑开展经营性活动是有限制的。除工商、消防部门的要求外，文物方面有三个基本原则：一、装修使用不得伤害文物本体；二、不得做有潜在安全风险的项目，如易燃、易爆、有腐蚀性等的项目；三、应当用适当的方式介绍传播文物建筑的历史信息和价值。

案例：吴大澂故居开设饭店

吴大澂故居（图2）是苏州市控制保护建筑，私人产权。1996年申请开设饭店。当时文物部门一般不允许在古建筑内开设饭店，因为饭店有厨房，使用明火，有安全隐患。经过讨论磋商，文物部门同意业主的申请，并按上述三点原则要求进行具体细化：一、装修不得伤害文物本体，装修方案报文物部门备案认可；二、厨房用砖混结构另外建造，与文物建筑分开，配备消防器材，确保文物安全；三、吴大澂是清代金石学家、湖南巡抚、吴湖帆的祖父，要用适当的方式介绍宣传该建筑的历史价值和人文内涵，做成博物馆餐厅或名人故居餐厅。该饭店开设至今已有20多年，客人用餐的过程，也是一次沉浸式、体验式的参观、游览之旅（图3）。

图2 吴大澂故居　　孙静/摄

图3 苏州明楼酒店　　孙静/摄

3 先从一般文物试点，逐步向高级别文物保护单位扩展，谨慎探索，积累经验，由低到高，行稳致远

文物利用目前还存在一定的政策障碍和安全风险，谨慎行事、避免失误是应该秉持的态度。苏州的文物利用从保护级别上，先从控制保护建筑试点，再逐步扩展到市保单位、省保单位以及全国重点文物保护单位；从产权性质上，先从非国有文物试点，再扩展到国有文物。这样做的目的是为了在实践中及时总结，有问题及时纠正，避免文物遭受损失。从苏州20多年的实践来看，文物在利用中，总体情况是良好的、可控的。

案例：丽则女校旧址成为同里花间堂文化空间

丽则女校位于吴江区同里镇，原为江苏省文物保护单位，2013年与退思园合并，升格为全国重点文物保护单位（图4）。丽则女校位于退思园围墙外东北部，建筑面积617m²，地理位置比较偏僻，参观的游客相对较少。2016年，花间堂在丽则女校西侧开设了酒店，并向同里镇政府租用了丽则女校作为花间堂的文化空间，设置图书阅览室、讲堂教室、影视厅、健身房、咖啡吧、茶座等（图5）。除为住店客人服务外，还免费接待普通游客参观游览。

图4 江苏同里丽则女校旧址 **图片来源：由同里花间堂提供**

4 组建国有公司，加大文物保护利用力度，进一步提升文物资源资产保护利用水平

2010年，苏州市委市政府决定组建“苏州市文化旅游集团有限公司”，主要负责苏州古建老宅的保护利用工作，明确要求在尊重历史和保护古城的前提下，坚持“古建老宅保护与改善民生相结合，古建老宅保护与彰显特色文化相结合，古建老宅保护与有效利用科学运作相结合”的原则，积极探索由“死保”变“活保”的最优方法和有效途径。苏州文旅集团，注册资金11亿元，向国家开发银行争取授信贷款70亿元，先行启动了12处古建老宅的动迁维修保护利用试点工作，又收储了42处古建老宅，为苏州文物保护利用发挥积极的引领和示范作用。目前，苏州文旅集团在修复保护好的文物建筑中，开设了苏州状元博物馆等两座博物馆，引进了花间堂酒店等一批特色品牌企业，培育孵化了“状态”等一批众筹创客文创机构。

案例：苏州博习医院旧址设立创客联盟

博习医院旧址为苏州市控制保护建筑，是一幢3层中西合璧的近代建筑，面积约2600m²。苏州文旅集团协议动迁了原有的单位和住户，结合天赐庄历史文化片区的整治改造提升工程，引进培育战略合作伙伴，联袂把博习医院旧址打造成集文化创意、项目孵化、游学休闲于一体的创客联盟，为天赐庄历史文化片区增添了文化元素和经济活力。

图5 江苏同里花间堂文化空间

图片来源：由江苏同里花间堂提供

5 支持鼓励社会力量参与文物建筑的保护利用，努力探索以国家保护为主，国家保护与社会保护利用相结合的新路

苏州文物建筑的保护利用通常有三种模式：一是政府出资保护利用，二是政府和社会力量合作保护利用，三是产权转让保护利用。第一种模式是主要模式，据初步统计，由政府出资保护利用的文物资源资产占总数的80%左右。第二种模式占15%左右，大致有以下几种情况：政府负责原住户、原使用单位的动迁安置，社会力量负责维修、租赁使用；社会力量负责维修，政府允许免费使用若干年；政府维修，个人租赁使用。第三种模式占5%左右，产权转让保护利用的，主要是尚未列入文物保护单位的一般不可移动文物，在苏州主要是控制保护建筑。

苏州鼓励社会力量参与古建筑的保护利用。2004年出台了《苏州市区古建筑抢修贷款贴息和奖励办法》，规定社会组织、个人维修古建筑申请银行贷款，政府补贴利息50%；自筹资金维修古建筑，政府奖励20%（以工程决算审计数为准）。到目前为止，已有40多个项目获得了政府3200万元的奖励补助。

同时对一部分保护利用好的文物建筑，提升公布保护级别。如任道镕故居（蔼庆堂）原为苏州市控制保护建筑，社会力量出资维修后，保护水平和环境质量有了较大提升，2009年被公布为苏州市文物保护单位，2018年又被推荐公布为第八批江苏省文物保护单位。

此外，在消防安全方面，对社会力量参与的文物保护利用项目，积极研究摸索符合古建筑消防实际的办法和措施。

案例：方宅开设平江客栈

方宅是苏州市控制保护建筑，位于钮家巷33号，东临平江河，占地面积2100m^2，建筑面积2400m^2，四路四进，是较为典型的清代苏式传统民居建筑。方宅内原有21户居民和一个旅游鞋帽厂，公房、私房、厂房混杂，年久失修，破损较为严重。2003年平江区政府引入社会资金（港资）对方宅进行全面整修，辟为民宿——平江客栈。经过几年的精心打造，现已成为苏州著名的品牌民宿。2008年被《商务旅游》杂志评为“中国最不能错过的十大客栈”，深受国内外公务、商务旅行者和背包客的喜爱。顾客感言：“这里不仅是一个客栈，还是一个体验苏式生活的场所，更是一个鲜活的苏州传统文化样本。”

方宅是苏州第一个引入港资保护利用古民居的案例，也是苏州第一个开办民宿的案例，还是苏州古建筑第一个安装自动喷淋灭火系统的案例，对古建筑设计、安装、使用喷淋系统，有效防范火灾发生，确保文物安全作了有益的探索和实践。

利用古建筑作民宿酒店的，除方宅外，还有蒋纬国故居（南园宾馆）、北半园（苏州平江府酒店）、潘氏祖宅（苏州花间堂酒店）等。

苏州文物保护利用的探索是积极的，也是谨慎的。经过20多年的探索实践，取得了一些成效，也存在一些问题。主要表现在：一、保护利用的认识还不到位，“重保护、轻利用”的现象仍然存在；二、社会力量参与保护利用的通道还不够通畅，政策和技术障碍还未实际解决；三、文物利用过程中，文物的特色价值传播彰显不够，对经济社会的直接和潜在的推动力、影响力发挥不足；四、文物利用的整体效益、对社会的贡献率还有待提升。

新时期对文物工作提出了新要求。最近，中共中央办公厅、国务院办公厅下发了《关于加强文物保护利用改革的若干意见》，聚焦文物保护利用的重点难点，明确文物事业改革发展的目标方向，是指导文物工作的纲领性文件。要认真研究领会两办《若干意见》的精神，努力统筹文物保护与经济社会发展的关系，在保护中发展，在发展中保护，坚持保护利用并重，鼓励因地制宜、试点先行，切实把文物的突出价值阐释好、传播好，把文物资源资产保护好、利用好，极大地激发文物的活力，更好地服务经济社会发展大局，更好地满足人民群众日益增长的美好生活需要。

天津洋楼街区：五大道历史风貌建筑遗产的活化与管理

Tianjin Western-style Building Block: Revitalization and Management of the Architectural Heritage of the Fifth Avenues

文 / 卢政营　孙　越　田静茹　张予婷

【摘　要】

小洋楼作为天津城市的重要建筑遗产资源，其活化利用日益成为关注的焦点。本文从法律和人气两个方面重点考察五大道历史风貌建筑集聚区内遗产资源的整理活化机制，从街区制、法律体系、原真性、网络化和文化分层等视角探讨历史风貌建筑整体开发利用的方法和策略。

【关键词】

历史建筑保护；历史街区；保护法规；原真性保护；建筑遗产网络；天津五大道

【作者简介】

卢政营　通讯作者，天津财经大学旅游研究与规划中心主任

孙　越　微泰克（天津）旅游规划有限公司副总经理

田静茹　天津市历史风貌建筑整理有限责任公司综合管理部

张予婷　天津财经大学旅游系硕士研究生

历史风貌建筑作为不可复制、不可再生且不可多得的历史文化遗产和资源，构成了一座城市的肌理与风格。天津位于九河下梢，是一座拥有600多年历史的文化名城，存有大量样式各异、美不胜收的历史风貌建筑，反映出这座城市“南北交融，中西荟萃”的多元文化韵味。

图1 天津市五大道 **图片来源：摄图网**

1 五大道：从“法律”“原真”到“全域”的制度设计

在《城市文化》一书中，芒福德（Lewis Mumford）提到过去的城市怎样“利用不同时代建筑的多样性来避免因现代建筑的单一性而产生的专断感”，这种建筑的丰富性是一种文化包容和开放的表征。为此，应该通过保护各种风格的建筑来保存历史传统特色和延续文脉传承，将五大道全面整体地呈现在世人眼前。

五大道历史风貌建筑区占地$125.5hm^2$，包含408座历史风貌建筑。各色建筑美轮美奂，包括西洋古典风格、中世纪风格、巴洛克折中风格、各种新型装饰风格、现代风格、中西合璧等多种建筑风格，形成了风情万种的西式建筑群体景观（图1）。五大道历史风貌建筑区内建筑的利用方式主要是居住和办公，功能单一，业态组合简单，不能产生多样化的需求，极大限制了街区的活力。因此，在未来的规划和发展中，要充分利用街区制的多样、混业、跨界等布局活化洋楼建筑遗产。“街区制”就是居住和商业的集中融合，即街区既要满足居住需求，又要有丰富的商业配套和休闲配套。开放式街区的概念发源于美国，作为世界上最成功的街区制产物，纽约第五大道目前是全球租金最贵的零售业场所。

街区制在西方国家历史悠久，“法律”和“人气”是政府对于这一城市布局模式的重要维护手段。对保守的英国而言，制定“白纸黑字”的法律来维护街区秩序与安宁必不可少。1967年，英国政府制定的《街区保护法》就对城市历史环境的保护和良好居住环境的维持起了很大作用。作为历史风貌建筑保护“天津模式”的典范，五大道小洋楼遗产的保护做到了形神兼备，从“法律政策”“原真保护”和“全域旅游”三个方面建立了完备的“制度”保障体系，并完善了“人气”服务设施，成为城市新旅游聚客锚地（陶凤等，2016）。

2 洋楼街区化的“法律”视角：“天津模式”

天津洋楼街区化的第一次制度设计重在单体的立法保护，从规划、机构设施和政府立法多个层面保存历史风貌建筑物质遗产。历史风貌建筑街区的“法律”保护经历了三次思潮，研究保护范围逐渐扩大，方式也逐渐多样、积极。第一次保护思潮是20世纪60年代以前，以《雅典宪章》为代表，主要集中在对建筑单体的保护上；第二次保护思潮自《威尼斯宪章》提出“setting”这一概念开始，直到后来的《关于历史地区保护及其当代作用的建议》（又称《内罗毕建议》）和《华盛顿宪章》，保护范围逐渐扩大，历史建筑群、城市景观和建筑环境成为保护的关注重点；第三次保护思潮是从《西安宣言》开始至今，指出可以采取规划、法律、政策等有效的保护手段，从而使制订具有针对性的地方性保护政策成为主角。

2.1 历史风貌建筑保护法律法规体系

追溯天津历史风貌建筑“法律”保护思想的源头，最早在20世纪80年代中期，当时的天津市市长在主持编制天津市城市总体规划的过程中，就提出要保护以五大道、一宫等地区小洋楼为代表的历史风貌建筑。在不断学习国内外先进保护经验的基础之上，确立了“保护优先、合理利用、修旧如故、安全适用”的原则，并在保护理念、技术、操作体系及成果方面创建了“天津模式”。

天津市从2002年开始启动历史风貌建筑保护的地方立法工作。经过两年多的调研、起草及论证工作，市政府于2005年向市人大常委会提出关于“提请审议《天津市历史风貌建筑保护条例(草案)》的议案”。市人大常委会经过审议并修改完善，于2005年7月20日正式通过了《天津市历史风貌建筑保护条例》，于同年9月1日起施行。《天津市历史风貌建筑保护条例》作为我国第一部针对历史风貌建筑保护的地方专门立法,明确了历史风貌建筑的概念和范围、规定了一套比较完整的保护管理体系、明确了一系列精细严格的保护标准，为规范、指导历史风貌建筑保护工作提供了强而有力、切实可行的法律保障(焦娜，2014)。

为进一步建立健全保护法规政策体系，制订了《天津市历史风貌建筑和历史风貌建筑区确定程序》《天津市历史风貌建筑使用管理办法》《天津市历史风貌建筑保护腾迁管理办法》等一系列规范性文件。

建立健全了保护技术体系，建立了历史风貌建筑地理信息系统，为每幢建筑量身定做了《天津市历史风貌建筑保护图则》，为各项管理工作提供了操作平台；编制了《天津市历史风貌建筑保护修缮技术规程》等技术规范性文件。

对全市历史风貌建筑的2000多个产权人、经营管理人、使用人进行走访，逐户签订《历史风貌建筑保护责任书》，明确了各方面的权利和义务，强化管理相对人的保护意识，有效遏制了损害历史风貌建筑的违法行为。

2.2 历史风貌建筑行政管理体系

为确实贯彻落实《天津市历史风貌建筑保护条例》，履行其赋予的法律职责，天津市国土资源和房屋管理局作为天津市历史风貌建筑管理部门，依法行政。2005 年以来，天津市相继成立了历史风貌建筑保护委员会和办公室、历史风貌建筑保护专家咨询委员会和历史风貌建筑整理责任单位、社会监督员体系，构建了保护监管工作的完整架构。其中，保护工作的领导决策机构是市历史风貌建筑保护委员会，技术决策机构是市历史风貌建筑保护专家咨询委员会(焦娜，2014)。从市局到各区县局成立了专门的执法队伍，建立了执法档案；坚持开展历史风貌建筑日常巡查。

2.3 历史风貌建筑保护的行动者网络

2005年10月，依据《天津市历史风貌建筑保护条例》，成立了市历史风貌建筑整理有限责任公司，按照“政府引导，市场运作”的方式，陆续对近百幢历史风貌建筑进行腾迁整理。该公司重点开展了五大道保护利用试验区的建设工作，通过腾空、搬迁，一大批历史风貌建筑得到整修保护，恢复了历史原貌，得到了安全保障，获得了较好的经济和社会效益。

集纳各方力量，强化保护合力。通过全方位、多渠道的工作宣传与知识普及，历史风貌建筑及其保护工作在全社会的关注度和认知度不断提高，公众的保护意识持续增强。开展重大项目或工程之前，均召开专家评审会，并邀请公众代表参加，充分听取各方面的意见，确保设计、实施方案的科学合理；项目进行中，还聘请有关专家、公众代表为监督员，保证项目严格按照设计方案执行；项目完成后，由管理部门、有关专家、公众代表三方共同进行验收。《天津市历史风貌建筑保护条例》颁布以来，各大主流媒体累计刊发历史风貌建筑报道1200多篇。

3 洋楼街区化的“原真”视角：“修旧如故”

Boorstin(1964)是第一位在旅游范畴讨论原真性议题的学者，他认为旅游是个虚假事件(pseudo-events)，旅游经营者尽心设计旅游产品来吸引游客。旅游经营者将包装过的旅游吸引物作为“原真”展现给游客，游客所体验的是舞台化的地方文化，美国社会学家MacCannell（1973）提出了“舞台化原真性”的概念，初次在旅游社会学范畴游客体验以及出游动机中探讨原真性这一概念。Cohen（1988）认为原真性远非事物本身的价值，它是社会上各种不同的主体理解的，游客从中感受到某种层面的“原真性”。

天津洋楼街区化的第二次制度设计重在风貌的有机修复，从客观性、建构性和现代性等多个层次恢复街区的活力，并进行了完善的制度安排。“修旧如故”体现了游客人气的“原真性”，原真性越高的历史风貌建筑对游客的吸引力越强。为落实“原真性”保护原则，政府从依法行政、建筑整修、保护利用等多方面入手，坚持高水平规划、高标准设计原则，深入开展历史风貌建筑保护开发工作。一是依据《天津市历史风貌建筑保护条例》，在历史风貌建筑整修过程中，依据“修旧如故”原则，为每幢建筑都制订了高标准的“历史风貌建筑整修要求”。高标准的要求、高标准的设计、高标准的施工，使整修后的历史风貌建筑成为本市城市旅游的亮点，凸显了天津的城市特色与风貌。二是为建筑物逐一建“病历”，目前已经为依法确认的4批共计672幢、102万平方米的历史风貌建筑逐一编制《保护图则》，为每一幢历史风貌建筑保护都提出严格的技术要求。三是大力开展历史风貌建筑巡查执法，规范巡查程序，建立巡查日志，设置专人对全市历史风貌建筑进行巡查，每月巡查一次，巡查率达到100%。

3.1 客观原真性的修复

客观原真性是旅游目的地客体存在的一种特征。2005年，为保护天津古建筑，出台了《天津市历史风貌建筑保护条例》，指出历史风貌建筑指的是拥有历史、文化、科学、艺术、人文价值，能够展现时代特色和地方特征的建筑。因此，客观原真性由历史、艺术、建筑、文化以及社会价值决定，其中艺术价值的影响最大,说明游客更多地关注历史建筑的艺术风格。图2展示了马场道123号刘冠雄故居经过修缮，完善了原有风貌的2m长外展式木结构挑檐的造型特色，从空中俯视形似“海军望远镜”，与建筑主人刘冠雄曾担任九任民国海军总长的经历相契合，完美地体现了建筑的客观原真性风貌。

图2 马场道刘冠雄故居（木结构外展式挑檐） 卢政营/摄

图3 庆王府（小德张故居） 卢政营/摄

3.2 建构原真性的打造

建构原真性是在客观原真性基础上的舞台化和商品化，是不同主体之间协商、建构服务游客的符号标志的过程。由解说系统、环境氛围、人文体验、旅游纪念品与节庆活动决定，其中人文体验对建构原真性的影响最大，影响最小的是旅游纪念品。和平区将在五大道举行丰富多彩的文化旅游活动，包括第四届五大道赏花节、第五届五大道国际文化艺术节、五大道国际摄影双年展和民园广场“城市记忆”文化艺术季等。在民园广场举办“第五届五大道国际文化艺术节暨‘一带一路’沿线国家民族歌舞艺术展演”，来自波兰、斯洛伐克、黑山等欧洲国家的文化艺术团体，为市民和游客轮流上演充满浓郁欧陆风情的民族歌舞，重新建构了五大道的“洋气”，凸显了建构原真性的旅游体验。

3.3 参照原真性的提升

参照原真性是经济物品生产的重要原则。“赞扬英雄，追忆特定年代，选择场域，彰显重要性”均是得到参照原真性的渠道。对以往时光追忆颂扬，是提升经济物品原真性的重要方法。历史遗产最重要的能被游客体验的吸引力就是自身的参照性。由时间参照、比附参照、场域参照及记忆参照决定，其中，比附参照影响最大，说明历史风貌建筑不能孤立发展。庆王府（图3）原为清末太监大总管小德张（张兰德）亲自设计、督建的私宅，于1923年建成，在原英租界列为华人楼房之冠。1925年，清室第四代庆亲王载振从小德张手中购得此楼，后举家迁入，因而得名“庆王府”。建筑修复进一步彰显了王府风范，体现了建筑主人的尊贵，提升了游客游览的人文体验，获得身份上的认同感。

3.4 后现代原真性的体验

后现代原真性是指游客不再真正关注事物的原真性，也不在乎一些所谓的仪式是否是假的，旅游主体只想获得愉快忘我的体验，更多地考虑当下的心态价值取向，由家文化、政治化、组织化、戏仿化与碎片化决定。其中，家文化影响最大，其次是政治化。一般认为，旅游是现代游客逃离惯常的生活去追求新奇的事物，在这个过程中，异地的家的感觉也是游客所追求的。山益里精品酒店（图4），举步间处处洋溢着浓郁的英伦“洋楼”风情，随处可见始建于20世纪二三十年代的各式花园别墅、连体住宅、公寓楼和里弄，道路幽深宁静，名人故居云集，历史积淀丰厚，别墅套房的私家庭院设计在喧嚣中带来一抹宁静。酒店提供24小时贴身管家服务，同时拥有典雅奢华的中西餐包房、惬意私密的红酒吧、浪漫优雅的庭院景观咖啡厅，非常适合与亲友相聚。

3.5 存在原真性的迷思

存在原真性最初源于自身存在、自身幸福、自我反思等话题（Carol J. Steiner, et al.,2006）。存在原真性从交流分享、自我塑造、自我认同三个维度对存在原真性进行测量，对游客体验的重要性、愉悦性与象征性等影响效果都很明显。以天津外国语大学为例。首先，洋楼的存在原真性体现为自身的存在感。天津外国语大学主楼原为天津工商学院旧址（图5），位于当时天津英租界的马场道清鸣台，1921年天主教献县教区耶稣会在此基础上创办了中国第二所天主教大学，成为天津近代大学教育的重要组成部分。其次，洋楼的存在性表现为动态的自我塑造过程。1925年，天津外国语大学主楼建成后，最初学校设有工、商两科，1933年改名为天津工商学院，1937年设建筑系，建筑师沈理源、阎子亨、陈炎仲和穆勒等均曾在这所学校任教，天津外国语大学达到天津近代大学教育的顶峰。最后，洋楼的存在原真性体现为自我认同感的形成。1945年，学校具备了三院九系的规模，并号称"东方康奈尔"，成为近代以来天津重要的大学，提高了天津教育的国际影响力，并提高了本地居民的认同感。

图4 山益里精品酒店 **卢政营/摄**

图5 天津工商学院旧址（现为天津外国语大学主楼） **图片来源：摄图网**

4 洋楼街区化的"网络"视角："全域旅游"

天津洋楼街区化的第三次制度设计重在全域旅游示范区的建设、风貌建筑遗产的网络连接、文化景观的分层以及完善的机制设计，以实现国家全域旅游示范区的功能提升，突出表现在全域旅游示范区建设政策的落实，加强洋楼资源成片开发，以及实现文化遗产富集区的功能分层管控等。

4.1 全域示范：突出洋楼资源的整体活化

天津市的历史风貌建筑和街区的代表性聚居区域——五大道，从建成之日开始就代表了一个“不一样的天津”，这种特殊的社会结构和人际关系可以更深刻地体现建筑、街区物理特性之外的社会属性（高洋，2014）。五大道地区各种建筑空间的时代多样性和功能混合能力，在历史街区的经济复兴中具有十分重要的示范作用。功能区的建筑多样性能够保证吸引不同的人流共享五大道的基础设施和配套设施等，流动不息的人群正是这个区域活力的真正来源。

天津市旅游发展委员会会议确定了2016年全市旅游工作的重点工作项目，其中包括推进和平区创建国家全域旅游示范区，推动五大道创建国家“AAAAA”级旅游景区。五大道旅游区进一步完善旅游发展保障机制，推进创建国家全域旅游示范区各项工作，以旅游业为优势产业，通过对区域内经济社会资源尤其是旅游资源、相关产业、生态环境、公共服务、体制机制、政策法规、文明素质等进行全方位、系统化的优化提升，实现区域资源有机整合、产业融合发展、社会共建共享，促进经济社会协调发展。和平区创新五大道管理机制，建设高素质管理队伍，采取有效管理措施，增设靓丽名牌,做好宣传引导工作，加强景区硬软件设施建设，完善综合交通体系，建立民园保税商品展示交易中心等经验和做法取得了显著的成效。

为深度挖掘五大道文化旅游资源，成立了五大道专家咨询委员会，与媒体联合举办“五大道的故事”征文活动，开展“五大道老照片”和“天津青少年绘画五大道”征集等活动。成功举办了第五届五大道国际文化艺术节、2018五大道国际摄影双年展等五大道特色文化品牌活动。推进五大道洋楼综合经济集聚区创建工作，加大对小洋楼的推介和招商政策宣传，将景区全部旅游企业纳入“双万双服”对象。对景区23条道路实施全覆盖的巡查和监管，重点治理了小商小贩、占路摆卖、静态停车秩序、黑导游、黑出租等扰乱景区秩序的行为，景区秩序得到明显改善。民园广场实施了精细化管理，完成了民园广场公厕“第三卫生间”提升改造任务。扎实做好景区安全生产监管工作，深化食品安全检查。

4.2 连接度：遗产网络旅游机制的建构

五大道全域旅游示范区建设的重点是加强建筑遗产的网络化连接，增强全域空间的可达性和可游览性。历史风貌建筑大部分以单体形式存在，只有不断提升建筑的连接度，形成建筑遗产网络旅游优势，才能发挥“小洋楼博物馆”的品牌优势，成为重要的旅游目的地。历史风貌建筑连接度管理包括物理网络管理、功能网络管理、组织网络管理及共享网络管理等多个层面，重点是通过硬件、软件、组织件等提供历史风貌建筑的网络连接度和密度，实现整体街区的有机更新。

本文选取了民园广场、庆王府、疙瘩楼、民园西里文化创意街区、先农大院、天津外国语大学、天津二十中学、睦南公园、曹锟故居、张伯苓故居、孙殿英旧宅、李叔福旧居、蔡成勋旧居、徐世昌故居、刘冠雄故居、狗不理贵宾楼店、宝月楼台湾菜馆17个硬件节点，建筑文化、租界文化、创意文化、休闲文化、名人文化5个软件节点以及马车观光、赶巷子市集2个组织件节点，共计24个节点，涵盖了五大道的实体建筑、业态、文化、核心旅游产品、节事活动等诸多要素，并对这些节点的联系紧密程度进行评估（图6）。第一，在硬件部分，民园体育场不论是程度中心度、中间中心度还是接近中心度都是指数最高的节点，说明民园体育场是五大道历史街区内的核心节点。民园体育场位于五大道的中心，始建于1920年。在当时，这里曾是中外闻名的体育场，也是我国第一个技术最先进、采用灯光照明的开放式体育场。2012年，改建后的民园体育场中心绿地1万平方米，保留有400米标准跑道，涵盖了包括游客服务中心、会议展览、艺术活动、运动健身、商贸购物、创意餐饮等在内的多种功能，成为游客到访五大道的必去之处。二十中学、刘冠雄故居的中心度最低，美国前任总统胡佛就曾在此居住，而刘冠雄故居现在已经成为大学的校区。这两个地方的历史文化信息没有被广泛宣传，建筑被另作他用，导致小洋楼的进入性较低，因此中心度偏低，在整个五大道的遗产网络中处于边缘位置。第二，在软件部分，建筑文化以及名人文化成为中心度最高的节点，这两种文化是五大道历史街区的核心文化。小洋楼是吸引中外游客到访的

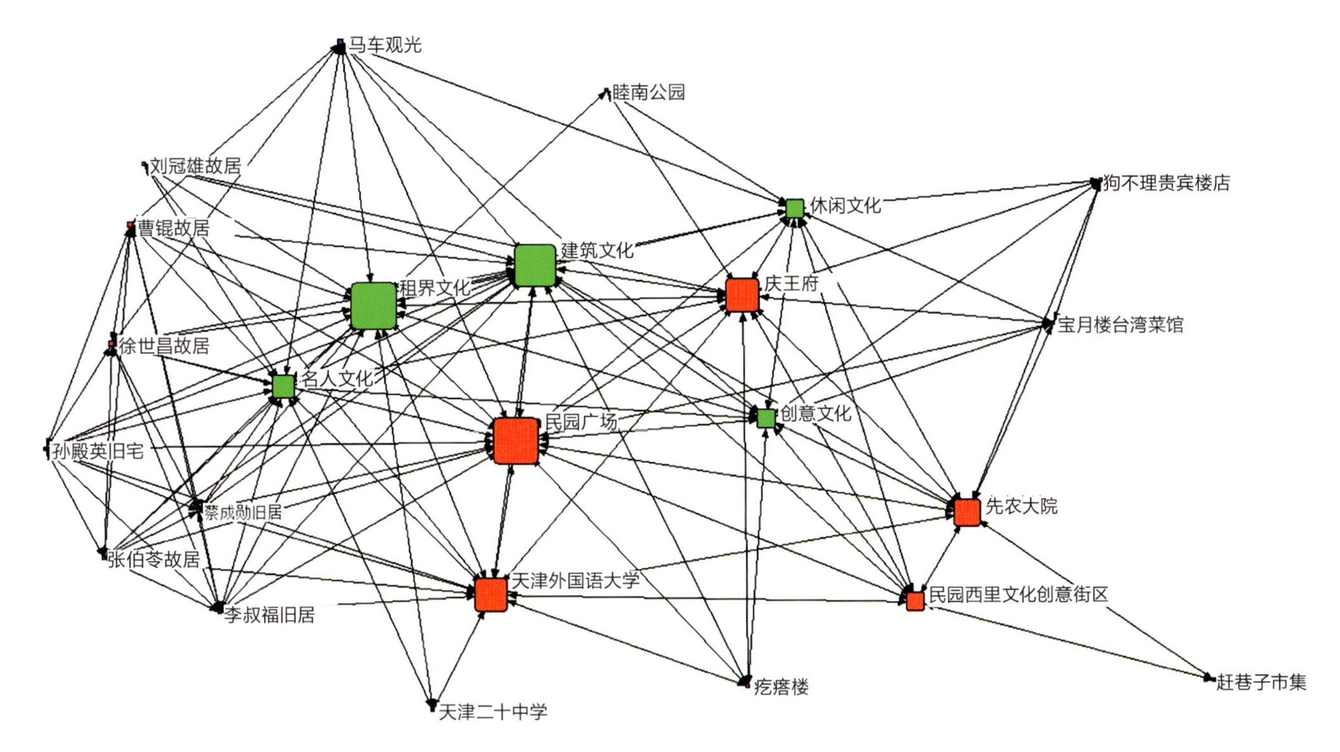

图6 五大道历史风貌建筑遗产网络　　**图片来源：孙越，2018.遗产网络旅游的管理机制研究[D].天津：天津财经大学.**

关键，是五大道旅游文化的核心载体，其背后所蕴含的名人文化以及风格迥异的建筑文化成为这里的核心吸引力，因此中心度也最高。而创意文化和休闲文化近期才在这一地区开始兴起，文化载体并不多，因此中心度较低。第三，在组织件部分，目前五大道内只有马车观光和赶巷子市集两种活动，相比硬件和软件，这两种组织件的中心度都偏低，马车观光将五大道上的部分小洋楼串联在一起，在一定程度提高了五大道的网络程度；赶巷子市集中心度最低，因为这一活动主要集中在民园西里创意街区，涉及面较窄，中心度较低。

总体来看，五大道的网络化程度较高。民园广场、建筑文化与租界文化在图中处于核心位置，庆王府、外国语大学紧随其后，这与五大道市集的游客到访情况相一致。图中红色的部分为硬件，核心是民园广场，民园广场内涵盖了人员聚集的公共绿地空间、餐饮、酒吧、咖啡店、购物店、博物馆等，经常举办小型音乐会、体育比赛等文化创意交流活动，成为游客在五大道的必去之处，因此处于整个遗产网络的中心位置；绿色是软件部分，核心是租界文化与建筑文化，五大道曾为英租界所在地，区域内的小洋楼风格各异，大多为各国设计师设计建造，正因如此，五大道也被称为“万国建筑博览会”，因此建筑文化和租界文化是这里的代表文化；蓝色部分为组织件，但在图中并不明显，目前五大道内的组织件主要以马车观光活动和民园西里创意街区为载体，但马车观光线路所串联的小洋楼及其他节点数量有限，开发较为初级，因此所起到的组织连接作用不显著。同时，民园西里创意街区为近年开发，涉及区域仅仅局限在民园西里一地，对于这种新兴的文化创意活动，参与游客较少，对五大道其他节点的带动作用不甚明显。

为改变五大道历史风貌建筑“连接度”不高、孤立开发的局面，政府确定了整体街区式的保护开发模式。一是依据《天津市历史风貌建筑保护条例》确定了首批六大历史风貌建筑区，分别是一宫花园、中心花园、五大道、解放北路、劝业场、古文化街历史风貌建筑区，共计125万平方米，整体保护更能体现城市的历史文化和特色。二是积极运用市场化手段进行网络化开发利用，不断提升洋楼内容特色，丰富内涵，充分挖掘其经济价值和历史文化价值，如在五大道打造集历史建筑展示、文化遗产博物馆和餐饮消费、休闲运动、时尚娱乐、购物等业态于一体的旅游中心。三是延续城市肌理和文脉，形成延续的、活化的城市复合功能社区，以社区生命力创造文化活力和休闲消费吸引力，并形成综合业态，打造一个集“文化+游憩+商业+社交”的高档休闲街区。

4.3 等值线：遗产访问量的文化分层

五大道文化旅游区东、西向并列着以中国西南名城成都、重庆、常德、大理、睦南及马场为名的5条街道，共有22条马路，充满国际元素的时尚文化，正成为五大道经济发展的新动能。这些风貌建筑从建筑形式上丰富多彩，构成了一种凝固的艺术。但是，不同建筑的使用功能又蕴含着不同的文化含金量，形成了不同的文化等值线，体现了文旅融合发展和资源开发的功能性要求。本文主要针对五大道整体街区的游客空间动态分布对23个监测点进行了调查，主要收集每个监测点的空间业态集聚度和游客的历时态行为状况（图7）。香港路主要包括2个监测点（01,02）；新华路包括3个监测点（03,04,05）；河北路包括3个监测点（06,07,08）；衡阳路包括3个监测点（09,10,11）；桂林路包括4个监测点（12,13,14, 15）；云南路包括4个监测点（16,17,18, 19）；昆明路包括4个监测点（20,21,22, 23）。文化等值线是通过马场道街区历史风貌建筑汇集的业态情况以及在一天中不同访问时间的瞬时游客量分布，间接反映该建筑遗产的旅游文化层级。第一个层级是交通线，常德道在河北路、新华路、香港路交叉点没有历史风貌建筑和业态集聚，因此文化等级较低。第二个层级是生活线，历史风貌建筑的利用方式主要表现为生活设施，如幼儿园、小学、便利店等。第三个层级是商务线，如古月茶艺、平安大厦等提供商旅活动的主要场所。第四个层级是过夜线，主要为大住宿业的酒店、民宿等，提供旅游过夜活动消费等。第五个层级是餐娱线，如先农大院、庆王府等，历史风貌建筑作为提供餐饮和娱乐活动的载体存在。第六个层级是观光线，如马连良旧居疙瘩楼等，是五大道新兴的游客观光热门建筑，提升了整个街区的吸引力。第七个层级是休闲线，如睦南公园，成为外来游客休闲游憩的重要锚地。第八个层级是文化线，如民园体育场等，通过五大道国际文化旅游节、夜游经济等打造最具特色的文化旅游高地。

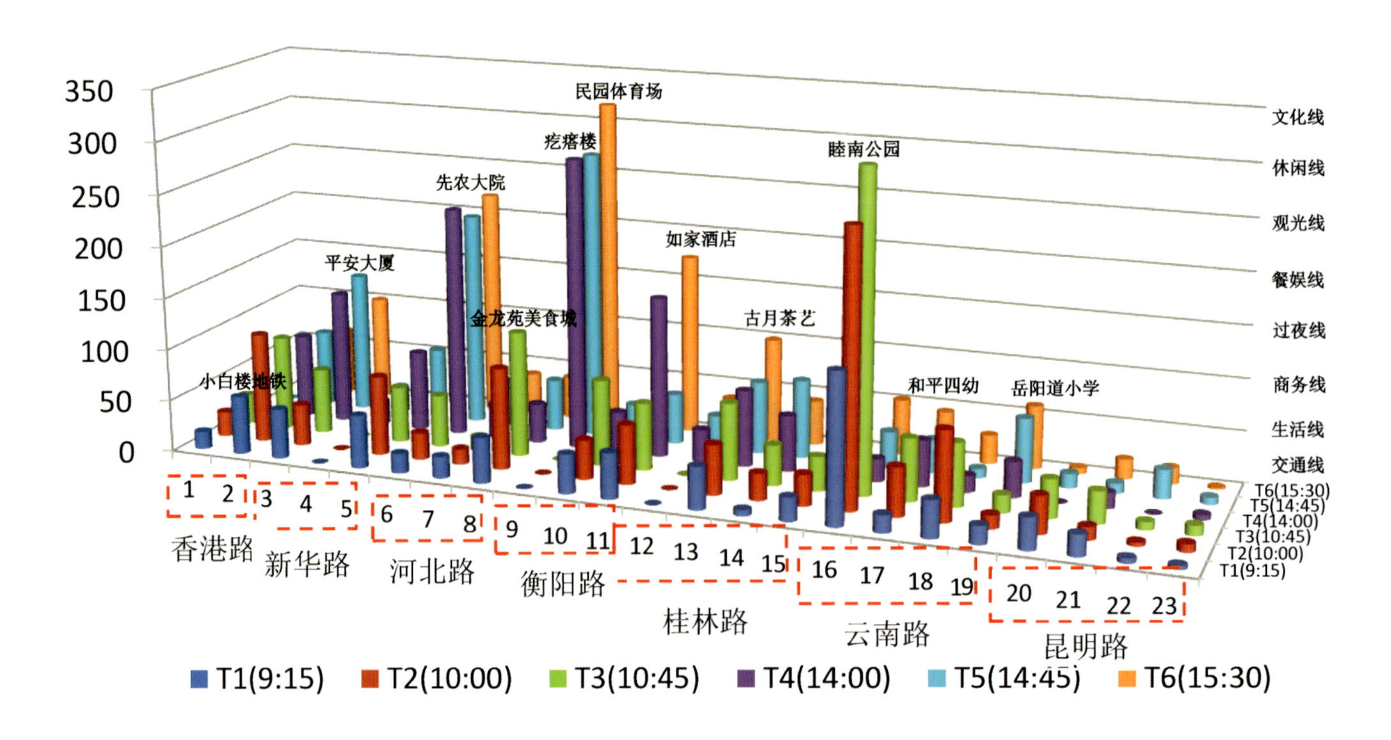

图7 五大道历史风貌建筑街区的文化等值线

图片来源：天津财经大学旅游研究与规划中心课题组提供

5 结语

五大道原是按照“花园城市”理论建设成的高级居住区，但是在历史过程中演变为集居住、办公、教育、体育等多种功能于一体的区域。本文从法律政策、原真保护、网络机制三个制度层面探讨了小洋楼的街区化开发和利用问题，重点阐释了历史风貌建筑遗产活化的“天津模式”。

一是立足法律制度层面的顶层设计，从立法、行政和行动者网络方面构建整理框架，实现建筑遗产的有机更新。天津市政府率先制定第一部针对历史风貌建筑保护的地方专门立法《天津市历史风貌建筑保护条例》，将洋楼保护纳入法制化的轨道。此外，在历史风貌建筑的活化开发方面，进一步完善技术性规范体系，从洋楼建筑的“病历”建档、确定程序、修缮规程、成立专门的执法队伍等方面实现行政程序正义。建立全面系统的行动者保护网络，天津市成立了市场化运作的历史风貌建筑整理有限责任公司，建立历史风貌建筑保护专家咨询委员会和历史风貌建筑整理责任单位、社会监督员体系，与全市历史风貌建筑的2000多个产权人、经营管理人、使用人逐户签订《历史风貌建筑保护责任书》。天津市旅游发展委员会将五大道景区全部旅游企业纳入“双万双服”对象，打造一个集“文化、游憩、商业、社交”于一体的高档休闲街区。二是基于原真保护层面的设计，从客观性、建构性和现代性等方面提升街区的活力。坚持“修旧如故”，努力保持建筑的风貌和时代特色；加强氛围营建，凸显欧陆风情的人文体验；挖掘洋楼的人居故事，加强与现代都市生活的比附，形成文化参照效应；展示后现代的精神文化，提升洋楼作为大家族旧居的“家文化”和社会价值引领作用；从提升原住民对洋楼的自我存在感和认同感方面，强化人与物之间的交流和空间互动体验。三是从全域旅游建设方面，提升建筑遗产的网络连通度，实现硬件、软件和组织件的包容发展。将文化旅游线路串联和风情活动引领，作为历史风貌建筑片区开发的重要组织要素，结合区块内的文化分层，形成立体式的历史文化体验区，使洋楼街区成为游客读得懂的旅游街区。

最初英国人的街区保护概念是针对建筑个体的，但随后发现多个建筑集合体的整体保护意义常常超过单体建筑。美国的街区制重在让街道具备“人气”，提升街道的“生动化和吸引力”，利用沿街形形色色的业态混合“强势混入”住宅区，强化街区魅力。洋楼街区化的发展需要更加关注“法律”与“人气”的平衡发展，实现洋楼资源的活态传承，落实2014年2月习近平总书记提出的重大命题，“历史文化是城市的灵魂，要像爱惜自己的生命一样保护好城市历史文化遗产”。

参考文献

高洋，2014.“父爱主义”与公共资源利用效率：基于天津市历史风貌建筑保护利用案例实证研究[D]. 天津：天津财经大学.

焦娜，2014. 城市历史街区保护及利用研究：以天津市为例[D]. 天津：天津财经大学.

陶凤，初晓彤，2016. 国外街区制是如何炼成的[N/OL]. 北京商报网. 2016-02-23http://www.sohu.com/a/60166248_115865.

田静茹，2016. 历史风貌建筑的原真性、游客涉入与行为意向间的关系研究[D]. 天津：天津财经大学.

BOORSTIN D J, 1964. The image: a guide to pseudo-events in American[M]. New York: Harper & Row.

COHEN E, 1988. Authenticity and commoditization in tourism[J]. Annals of tourism research, 15: 371-386.

STEINER C J, REISINGER Y V, 2006. Understanding existential authenticity[J]. Annals of tourism research, 33(2):299-318.

MACCANNELL D,1973.Staged authenticity: arrangements of social space in tourist settings[J]. American journal of sociology, 3: 589-603.

从不同的表述看当代文化遗产研究与实践中的“社会”

Different Meanings of the “Society” in Contemporary Cultural Heritage Studies and Practices

文 / 王思渝

【摘 要】

在当代文化遗产研究与实践当中，以“社会”为核心的系列提法已成热潮，但却鲜有更为细致的分析讨论。实际上，以“社会价值”的提法为代表，它包含的是在重视程度上，从无差别人群到对特定社会文化关系社群的延伸，并由此形成的对遗产价值认定逻辑的挑战；而以“社会力量”“社会参与”为代表，它们包含的是一种后天与外在层面的指向，但却一直在何为“社会”的问题上存在模糊性。

【关键词】

社会价值；特定社群；社会参与；社会力量；第三部门

【作者简介】

王思渝 北京大学考古文博学院博士后

在当代文化遗产研究与实践当中，与“社会”一词有关的诸多提法日渐成为热潮。在这当中，较具有代表性的表述包括“社会价值”“社会力量”“社会参与”等概念。这些表述近年来频现于各类文化遗产领域内的专题研究、政策文件和媒体报道当中，而国内文化遗产领域的相关研究者和实践者对于这些表述的理解仍多有分歧。有鉴于此，本文试图对近年来我国文化遗产领域内部分与“社会”有关的重点表述加以梳理分析，对其间所包含的“社会”二字的含义提出自身的看法。同时，也以此为契机对由此所反映出来的文化遗产领域内的诸多趋势加以分析和讨论。

1 背景：一度沉默的“社会”

今天之所以有必要对“社会”这一概念的相关表述予以关注，不仅源于该概念在近年来频繁出现所形成的“火热”局面，同时也源于从价值认定和制度管理两个层面而言，“社会”这一概念过去在文化遗产领域内均是相对沉默的。

首先，在文化遗产价值认定的问题上，我国早自1961年的《文物保护管理暂行条例》开始便有了将“历史”“艺术”“科学”三大价值并列的习惯，并在日后一系列带有官方性质的文件或法律法规当中延续。遗产类型的多元化以及保护利用问题的兴起之后，尽管“社会”对于遗产的价值贡献也屡有讨论，但是其相关问题仍在很长时间内远未成为主要的价值要素被加以讨论。

其次，站在过去我国文化遗产制度管理的角度，自1949年中华人民共和国成立之后，通过1950年《古文化遗址及古墓葬之调查发掘暂行办法》、1951年《关于地方文物名胜古迹的保护管理办法》、1961年《文物保护管理暂行条例》等一系列广义上的法律法规，便已经基本建立了由“国家”或“公有”来保护、管理文物的制度体系，且随后通过1982年《文物保护法》得到进一步巩固和确立（图1）。在此之后，“国家”或“公有”的直接代理人主要体现为政府及相应的职能机构。它们的职能、身份以及与之相关的集体属性，构成了后续研究和实践领域内对文化遗产相关主体进行表述时最主要的对象。而对这种政府主导式体制曾一度在事实上构成挑战的力量主要体现在“市场”身上。这可透过2000年前后我国文化遗产研究领域内出现的诸多专题讨论得以管窥。例如，徐嵩龄（2005）曾经把以政府为主导的建设性破坏与“不正确的享用方式和经营制度导致的破坏”列为他所认为的2000年以来中国文物保护将面临的主要破坏。这一系列讨论最直接的成果之一便是1991年版的《文物保护法》在2002年重新修订时明文新增了“国有文物保护单位不得作为企业资产经营”（第二十四条）。由此，可以看到在制度主体的层面上“政府”“市场”等概念在文化遗产领域均已开始扮演了不同的重要角色，但依然少见对“社会”概念的直接关照。

值得注意的是，在经典的人文社会科学研究当中，“社会”与“政府”“市场”等概念历来是不尽对等的。吉登斯等人（2017/2019）曾有过一段极其简明的概括，即“大规模人类共同体的内部社会关系结构和制度安排，共同体不能化约为个体的一个简单集合或汇总”。在他后续的梳理当中，能够看出不同学者对“社会”这一概念在不同语境下的使用，或强调该概念的独立性，或强调该概念与个体之间的互动性，等等。李猛（2012）也曾经总结过一系列影响当代“社会”概念的西方思想，他尤其指出，“国家”或有时可以被理解为是一种基于契约选择的“社会”，有时也被理解为与以个人关系为重的“社会”相对立的概念。这种将“政府”与“社会”相并立的切分方式尤其是在关于“第三部门”“公民社会”等问题的讨论上显得更为明显。在这些讨论当中，“社会”与“政府”和“市场”这一对所谓的“第一部门”和“第二部门”相分开，彼此是相互独立、间有重合的关系，指向于非政府与非营利性质相结合的地带（麦克尔·爱德华兹，2012）。

2 不同表述中的“社会”概念

在上述背景的基础上，我们再来梳理和讨论近年来文化遗产领域内在价值认定和制度管理层面、一度成为热议焦点的、以“社会”为核心的部分表述。

2.1 从无差别到特定社群

在价值认定层面，曾一度引起广泛讨论的提法首先当属以2015年《中国文物古迹保护准则》（以下简称《准则》）为代表的“社会价值”这一提法。

2015年新版《准则》修订后，在对文化遗产的价值加以界定时，在原有的“历史”“科学”“艺术”三大价值的基础上新增了“社会价值”与“文化价值”两个提法。在新版《准则》中，“社会价值”被定义为“包含了记忆、情感、教育等内容”。在《准则》的“阐释”部分，“社会价值”被进一步解释为“文物古迹在知识的记录和传播、文化精神的传承、社会凝聚力的产生等方面所具有的社会效益和价值”。尤其值得关注的要点在于，在这里的表述当中，所谓的“社会效益和价值”是建立在一种知识或文化精神的传播和传承基础上的，并由之引发对当代的社会凝聚力。

该版修订之后立刻引发了学术界的诸多讨论。当中实则反映了一个重要的认识变化：这里所谓的“社会”是一种无差别的、面向当代所有人的社会；还是一种有特指、建立在从过去到当代的延续关系上的社会。

之所以认为这是一种认识变化，意味着这两种声音确实是长期并存着的。

首先，在人群指向上更为无差别的“社会”含义的代表之一便是旧版《准则》。旧版《准则》并未直接使用“社会价值”的提法，但是它已经提到文物价值包括“通过合理的利用可能产生的社会效益和经济效益”，但“社会效益”和“经济效益”是两种不同的概念。所谓的“社会效益”主要依靠科学研究、社会实用（具体包括纪念、教育、观光、休闲、宗教）、审美（具体包括公众情感和兴致、艺术鉴赏水平、丰富创作题材和技法）方面的功能来加以发挥（图2）。从中可见，这里的表述对一种功用性质的、不一定带有特定人群指向的“社会”映射更强。旧版

图1 全国重点文保单位——西安明城墙

图片来源：由西安城墙管理委员会提供

《准则》在2000年正式推出，逻辑相类似的也可参见同时期部分学者的讨论。例如，徐嵩龄（2005）将遗产的价值分为“本征价值”和“功利性价值”，后者又可简称为“遗产功能”，具体分为教育功能、政治功能和经济功能；黄明玉（2009）基于管理角度，将“社会价值”表述为“遗产管理通过保存文化价值而提供更广泛的社会利益，故其潜在原则是从遗产保护中获得‘社会效益’，它需要向社会传达的讯息是遗产对社会的价值”。如果从国际上的呼声来总体考虑，这种提法在部分早期的国际文件上也有体现。例如，1975年的《欧洲建筑遗产宪章》中提到“建筑遗产是一种具备精神、文化、社会和经济价值的资本……这种资本已经世代累积……我们的社会如今不得不有节制地使用资源。遗产成为一种可以被用来拯救社区资源的经济资本，远非奢侈品”。

其次，与上文所述的“社会”含义相对的，特指意义更强、更突出特定社群延续意义的“社会”在国际国内的实践和研究领域也都有体现。

在实践领域内的例证之一便是上文已有提及的新版《准则》。新版《准则》制定者之一吕舟曾著文解释过新版修订的主要原因。在提及价值问题时，他以张飞庙与云阳当地社会生活之间的关系、正在为当地社区所使用的村落村寨为例，论证了新增社会价值和文化价值的理据（吕舟，2015）。这两个案例当中，所谓“社会”的特定边界（主要体现为一种在地性）、传承性都非常明显。

图2 唐朝三彩釉陶女佣 **徐晓东/摄**

从表述上，若将新旧两版的“社会价值”与“社会效益”相对比，便能发现，旧版《准则》中有关“社会效益”的具体解释里面，明确涉及特定社群传承意义的问题仅在“社会实用”功能下提及“民俗”和“宗教”子项时有所侧重，其余均使用的是“教育”“观光”“公众”等不带明显社群指向的词汇；而新版《准则》则将“社会价值”改为“知识记录”“精神传承”“社会凝聚力”等有特定社群作为依托的词汇。

与这种逻辑相呼应的研究性的呼声，吕舟在其早期的研究当中早已有铺垫。他曾提到，在文化遗产的历史、艺术和科学价值之外，界定了“文化价值”和“情感价值”。前者指“文物或文物建筑与某一特定的地方文化之间的联系，以及在这种文化的发展或延续过程中所具有的作用”；后者指“文物或文物建筑由于与地方文化、历史、环境所特有的密切关系而成为地方文化、历史、环境的标志物，并与特定人群产生怀古联系”（吕舟，1997）。

当然，这类逻辑并不意味着这种特指意义更强的“社会”就纯粹是根植于遗产自身传统内部的内容，而与当代的保护利用没有关系。这二者之间的关系在部分西方学者的讨论当中表述得更为全面。例如，费尔登（2008）一方面将“社会价值”列在“当代社会—经济价值”这一子项目下，同时又在对“社会价值”进行表述时充分肯定了遗产传统自身所含有的社会性，即“（社会价值）与传统的社会活动和当今相应的使用情况相关。它包括社区中当代社会的相互作用并在建立社会和文化认知上发挥着作用”。戴维·思罗斯比（2001/2011）所表述的“社会价值”将这种以遗产价值自身所包含的社会性基础为因、以利用遗产对当下产生诸多功能为果的关系表达得更为明确，他认为“既然文化是把不同群体凝聚在一起的共同价值观和信仰，这就意味着，遗产遗址的社会价值在于它的存在方式，因为它的存在能够增强社区的凝聚力和稳定性……有助于形成群体价值观念，从而使遗产所在地成为一个人们愿意在那里生活和工作的地方”。由此所比照的国际文件可以参见1999年的《国际文化旅游宪章》。该宪章中所论的“社区”尤其突出了在地社区的重要性。该宪章中提到以旅游为媒介，促进包括所在社区自身成员在内的人群对遗产和文化的理解（原则一），所在社区和原住民应该参与遗产的保护和旅游规划（原则四），旅游和保护应对所在社区有所助益（原则五）。但在引言部分，该宪章仍然先强调了遗产与社区之间产生这种关系的基础在于遗产“记录和表达了历史发展的长期进程，并形成了多样性的国家、区域、本土和当地认同的实质……每一个地区和社区的特定遗产和集体记忆都是无可替代的，且是当下和未来发展的重要基础”。这样的表述一方面与文化旅游这种活动的独特性质有关，另一方面也体现了这类逻辑下“社会”这一概念的含义。

2.2 谁是“社会”

上述尚不是“社会”概念的全部。近年来在文化遗产领域内引发热议的话题还属“社会力量”或“社会参与”概念的提出。这一概念相较于“社会价值”而言，在制度管理层面的现实意义显得更为明显。

同样是在新版《准则》当中，“社会参与”的提法也有出现。在第8条当中提及，“文物古迹的保护是一项社会事业，需要全社会的共同参与”。在随即的阐释当中，并未对“社会”的所指作出明确解释，但是开始强调“社会每一成员”“社会各方”。相较于此，引起更大关注的还是2018年通过的《关于加强文物保护利用改革的若干意见》（以下简称《意见》）。

在展开对此《意见》的讨论之前有必要先回溯其先声。早在2016年国务院下发的《关于进一步加强文物工作的指导意见》当中，便已经把“社会力量”的参与看作未来工作的主要目标，而具体则体现在保护层面鼓励“社会力量自愿投入资金保护”，以及利用层面在“文博创意产业”上“为社会资本广泛参与研发、经营等活动提供指导和便利条件”。类似的论调在2017年《国家文物事业发展“十三五”规划》当中也能看到。在此规划中，“社会参与”的问题同样是与“社会资金进入文物保护利用渠道”相关，“社会力量”则是重点作为“文化创意产品开发”的一项延伸而提出的（图3、图4）。

沿此趋势，2018年《意见》当中“社会力量”“社会参与”所占的比重明显更重，所涉及的业务范畴也更广。该《意见》首先不同于传统文博行业内的法规文件，它由中共中央、国务院直接印发，中央全面深化改革委员会直接审议通过，从而更显意义。在本次《意见》当中，“社会参与”被直接看作“主要任务”下的

图3 木渎风物记文创产品　　图片来源：由北京风景文创文化发展有限公司提供

一种“机制”建设；在与“社会力量”相关的表达当中，开始“探索社会力量参与国有不可移动文物使用和运营管理”“支持社会力量依法依规合理利用文物资源”“积极引导鼓励社会力量投入文物保护利用”，不再限定于资金流入或文创产业等特定领域。

在看到上述政策文件之后，我们依然把焦点回到“社会”概念的含义当中来。

首先，作为现实意义更明显的文件提法，这里由“社会”所引发的争议已经不再如“社会价值”那样在遗产本体的价值内涵或外在保护/利用、先天传承或后天新增的问题上徘徊，它们都明显是在讨论一个外在和后天的问题。

图4 木渎风物记文创空间落地运营　　图片来源：由北京风景文创文化发展有限公司提供

鼓励有条件的公民、法人和其他组织依法购买或者租用古建筑，对古建筑进行抢修保护利用。《黄山市古民居迁移保护利用暂行办法》允许不利于在原地保护和利用的古建筑，通过迁移重建得到保护利用。《黄山市古民居认领保护利用暂行办法》规定，纳税人对古建筑进行认保，可依照法律、法规享受税收优惠。

这些政策的出台，允许黄山市境内异地搬迁，采用原拆原建的方式改造徽派建筑，允许外来投资者通过认保、认养、认租、认购等途径利用徽州民居，为徽州民宿的发展提供了强有力的政策保障。

3.2 投资者

3.2.1 自有产权的本地人

徽州民宿的建筑主体主要是私人所有的徽州传统民居。根据《黄山市民宿业发展普查报告（2019）》，黄山市的民宿投资者中，以自有民宿建筑产权的本地投资者为主（占总数的41.03%），其次是通过租赁方式经营（占总数的37.61%），再次是购买房屋经营（占总数的17.95%）(黄山市文化和旅游局、安徽大学旅游规划与研究中心,2019)。本地投资者多是民宿原主人，黄山市本地有50.55%的民宿主人自有民宿。

3.2.2 本地投资者

有部分民宿的投资者是黄山本地人，在外地创业成功以后，回到黄山投资民宿，如御前侍卫民宿的主人张震燕是张艺谋导演的置景师。由于本地出身，外地创业，眼界开阔，思考问题的角度比较全面，这些本地投资者往往会从主人和客人两个角度看待民宿，更加注重房屋本来外观风貌的保存与徽州文化的体现，以抓住徽州民宿客人对徽州乡村恬淡生活的追求和向往。如呈坎村的澍德堂，主人苏彤女士出身徽商世家，在开办民宿时，沿用了徽商老宅家族堂号“澍德堂”（图5）。

3.2.3 外来投资者

外地投资者多通过租赁或购买的方式获得民宿产权。根据《黄山市民宿业发展普查报告（2019）》，非黄山市的外地投资者中，有57.69%选择通过租赁的方式投资民宿(黄山市文化和旅游局、安徽大学旅游规划与研究中心,2019)。投资者有来自传统旅游行业的，如旅行社、酒店、餐饮等；也有跨行业投资民宿的，他们中有企业的总裁或高管，也有诗人、画家、置景师、设计师、摄影师等。

3.2.4 不同投资者的比较

由表2可见，自有民宿产权的投资者同时拥有房屋升值的收入与经营类收入，即使存在经营不善的风险，也可以直接出售，极大地减少了损失，因此承担的风险与经营压力较小。他们更能够从长远的角度，挖掘文化内涵，对民宿进行品牌打造和口碑经营。总体上看，大部分黄山市本地的投资者受资金实力等的限制，投资规模较小，房间数少，定价相对较低，主要定位于低端市场，他们大多将自有的房屋建筑改造为民宿招揽客人。

外来的民宿投资者主要来自浙江、合肥等地，投资者的资金雄厚，投资规模较大，档次很高，房间数量多，客房价格高，管理专业化，在市场上往往定位于高端客群。如西溪南上村民宿群里的清溪涵月，拥有游泳池和丰溪河畔的大片林地，客源定位为书画界的文人雅士，房价较高。

民宿的核心在于主人文化。民宿主人凭借自身的专业背景和特色，吸引了世界各地不同的客人，拓宽了黄山市的客源市场，带动了黄山市旅游客源市场的转型。外来的民宿投资者提升了徽州民宿的品质，也给徽州民宿带来了经营管理模式的创新。

3.3 入住游客

入住游客通过亲身体验，通过网络预定平台、店内留言簿以及与民宿主人和服务人员交谈等方式，对徽州民宿提出的褒奖和改进意见，也是驱动因素之一。

在黟县碧山村由榨油坊改造的猪栏酒吧里，民宿主人兼诗人寒玉，在民宿中使用传统的收音机、竹编的暖水瓶，勾起了客人浓浓的怀旧情结。据主人介绍，一位大叔曾满怀深情地说：“这就是小时候外婆盛汤用的搪瓷缸，我家都没有了，没想到在这里还能看见。”类似的感人故事还有很多。入住游客对于徽州民宿的优美山水环境、内部徽州楹联匾额、美味徽式菜肴、徽州茶文化等褒奖有加，频频推介和多次入住，不仅提升了徽州民宿的经营收入和服务质量，更是民宿主人深度挖掘、活化利用徽州文化的动力源泉。

徽州民宿之所以是徽州文化空间再造的重要载体，最关键的是它将徽州建筑的更新改造和徽州文化的保护利用有机结合起来，赋予徽派建筑旅游功能。为适应现代旅游者的生活需要，徽州民宿在徽派传

图5 安徽呈坎村澍德堂民宿　　图片来源：由呈坎村澍德堂民宿提供

统民居的基础上，进行了有机更新，体现了创新思维。如山水间·不见山客栈对天井的改造，采用玻璃材质，对天井进行封闭，使建筑的体形系数变小，显著提升了开空调时的节能效果（贾尚宏、胡祯祥，2017）。五福民宿则采用电动天井的方式，使用有机玻璃材质，在夏季将天井打开，通风散湿；冬季将天井封闭，形成温室；下雨天封闭，并用管道将雨水集中收集排放（贾尚宏、姜毅、任康康，2017）。

尽管如此，在适应游客现代生活需求方面，徽派建筑也暴露了隔声较差、保温性能差、楼梯较窄等突出问题(黄山市文化和旅游局、安徽大学旅游规划与研究中心,2019)。由于整体建筑内部采用木质结构，木地板、木头窗子，木制构造多，隔声效果不好。徽派建筑多为两层结构，楼下设置厅堂，改造后的二楼客房保温性能较差，冬天"上面开着空调，下面放着取暖器，还是冷风嗖嗖"。尽管采取了很多措施进行完善，依然会有些影响。这些会影响入住游客的体验感。

3.4 当地居民

想要留住对一个地方的记忆，美食记忆最为有效。《黄山市民宿业发展普查报告（2019）》指出，民宿住客对黄山市民宿提供的餐饮美食点评颇多，"早餐"一词使用频率最高。据调研，黄山市民宿普遍提供早餐服务，民宿的早餐服务虽不及酒店的自助早餐品种丰富，但精致可口，一碗笋干面足已让人感受到地道的徽州味道。茶盘是黄山市民宿的标配之一，几乎每间民宿都配备了茶盘，一部分民宿有专门的茶室，如祁门县的"生在徽州"民宿。这与黄山市盛产茶叶有关，黄山毛峰、太平猴魁、祁门红茶等知名茶叶品牌都出自黄山（黄山市文化和旅游局、安徽大学旅游规划与研究中心，2019）。

枫丹白露宫遗产活化的社会参与

Public Involvement in the Heritage Revitalization of Fontainebleau

文 / 印恬恬

【摘 要】

枫丹白露宫已经有800多年的历史，是珍贵的文化遗产。自2009年“枫丹白露公共机构”成立，社会参与愈加活跃。枫丹白露艺术学院、艺术史节、历史重现等活动已经成为每年的固定项目，并且有新项目不断尝试落地。枫丹白露宫遗产活化的手段多样，对于国内遗产地有一定的借鉴意义，可以根据自身情况进行学习，尝试变革公共管理制度以适应政治经济环境的变化。

【关键词】

社区参与；访客参与；遗产活化；枫丹白露

【作者简介】

印恬恬 法国巴黎第一大学博士研究生

注:本文图片均由作者提供。

图1 俯瞰法国枫丹白露宫 © Pascal Crapet

1 导言

自1972年《世界遗产公约》通过以来，遗产管理从单纯的物理保护延伸到了经济、环境和社会等各个层面。枫丹白露宫殿及园林于1981年被列入联合国教科文组织世界文化遗产名录，如何保存遗产和促进当地的可持续发展是一个重要议题。强化社区角色，是世界遗产公约的五个战略目标之一（UNESCO,1972）；枫丹白露宫作为对公众开放的世界遗产地，访客的参与在遗产活化中拥有重要地位。

2 枫丹白露宫的建馆历史

枫丹白露（Fontainebleau）（图1）是位于法兰西岛大区（Île-de-France）东南方塞纳-马恩省（Département de Seine-et-Marne）的一个市镇，距离巴黎市中心约60km。

11世纪，这里还是一块沙地，有一片不甚茂密的森林。一名为“布里奥”的泉源中流出的小溪让土地得到了滋润，流动的水源把生机带到了山谷中。1068年，这块名为“加蒂耐”（le Gâtinais）的地区归属王室；1137年，在当时法国国王路易七世的记事录中，首次提到枫丹白露的王室住所。16世纪，法王弗朗索瓦一世和亨利二世重修、扩建枫丹白露城堡；“太阳王”路易十四执政时期，路易·勒沃（Louis le Vau）和安德烈·勒诺特（André le Nôtre）修建了法式花园（图2）。

进入20世纪，枫丹白露愈加受到国家机构管辖。自1927年起，枫丹白露宫（Château de Fontainebleau）成为法国国家级博物馆。1999年，枫丹白露宫国家博物馆以及领地全部接受国家管辖；

图2 法国枫丹白露宫现有的花园 © RMN

2009年，时任法国总统的尼古拉·萨科齐（Nicolas Sarkozy）签署了一项法令，枫丹白露宫被授予“公共机构”的地位。自此，枫丹白露宫对公众开放的程度不断加深，社会服务水平愈加提升，遗产活化手段更为多样。这些进步离不开社会的支持。

3 社会参与的典型案例

枫丹白露宫遗产活化社会参与涉及的主体多样，包括中长期访客，基金会，“枫丹白露城堡之友”（Amis du Château de Fontainebleau）（以下简称“城堡之友”）协会，学院与高校，艺术史、考古等相关专业学生，文化志愿者，商业、科技公司等。

中长期访客尤指每年的音乐与建筑暑期课程——“枫丹白露艺术学院”的参与者，这些主要来自美国的学生在基金会的支持下接受法国最优秀的音乐家、建筑师和画师的指导；他们的学习过程也因对公众半开放，成为展示法国艺术的窗口。

“城堡之友”通过吸收文化艺术赞助和发展协会会员，向枫丹白露宫提供资金支持，并在大型活动期间联合学校学生为游客提供咨询服务，当地宫廷文化、历史艺术等突破地理限制，更广泛地传播给社会。

文化志愿者则通过戏剧化表演的形式，在节庆期间重现历史场景；商业公司为枫丹白露宫策划和落实全年的主题演出；科技公司例如谷歌（Google）、百度为枫丹白露宫殿和园林的数字化建设提供了支持。2018年6月，百度百科平台开放了“枫丹白露宫数字博物馆”。根据估算，上线一周时间内总覆盖人数超过150万。

枫丹白露宫在社会力量的帮助和支持下得以提升参观者重游率，推陈出新，扩大影响力。除了举办临时展览，扩大开放面积，文化、艺术、历史、运动等各式活动与庆典的组织都丰富了遗产活化的形式。枫丹白露宫作为法兰西岛大区的重要景点之一，在开发与保护过程中逐渐摸索出经验。特选取具有代表性的几项活动略作介绍。

3.1 枫丹白露艺术学院

枫丹白露艺术学院全称美国枫丹白露艺术学院（Ecoles d'Art Américaines de Fontainebleau），已经有近百年的历史。从20世纪20年代以来，它一直为音乐与美术系的学生提供暑期课程。

3.1.1 枫丹白露艺术学院的历史

枫丹白露艺术学院有音乐与建筑两个分院。音乐学院创建于第一次世界大战期间。时任美国远征军总司令的约翰·潘兴（John J. Pershing）希望提高美国军乐队（United States Military Bands）的演奏水平，便向纽约交响乐团的指挥沃尔特·达姆罗施（Walter Damrosch）要求组建一所音乐学校。战后，美国方面希望延续这所学校，法国政府也给予支持，“有感谢美国在‘一战’期间帮助法国胜利的意思在内”（何平，1998）。于是，“美国音乐学院”（American Conservatory）于1921年在枫丹白露宫的路易十五翼楼开办。创办该校的目的是给予有潜力的年轻人最优秀的法国音乐教育（Widor,1931）。著名音乐教育家娜迪亚·布朗热（Nadia Boulanger）自该校成立起便成为其中的一名教师，在1948年晋升为院长，担任此职务直至1979年去世。美国音乐学院影响了众多世界知名的音乐家，如艾略特·卡特（Elliott Carter）①、丹尼尔·巴伦博伊姆（Daniel Barenboim）②、伯特·巴卡拉克（Burt Bacharach）③等。

枫丹白露美术学院（The Ecole des Beaux-Arts at Fontainebleau）于1923年成为枫丹白露艺术学院的另一个重要组成部分，目的也是为了向来自世界各地的年轻人传播法国优秀绘画、雕塑和建筑艺术。枫丹白露宫展现了法国不同时期的建筑和装饰风格（图3），同时作为“枫丹白露画派”的起源地，成为美术系学生汲取养分与灵感之处。

图3 枫丹白露宫狄安娜长廊 © Jérôme Schwab

3.1.2 艺术学院的现代进行时

每年夏季，枫丹白露宫免费为两个学院提供练习与学习场地，让学生们在老师的指导下近距离观赏800年历史中遗留下来的建筑与装饰，与过去的人使用同一空间，在他们生活、休闲与工作之处实地演奏。全球的学生（主要来自美国）都可以通过总部位于美国的枫丹白露艺术学院基金会（Fondation des Écoles d'Art Américaines）申请参与暑期课程。

持续1个月左右的暑期课程期间，这些学生居住在距离枫丹白露宫不远的宿舍或者是当地居民的家中。周一至周五，学校提供三餐。课程学习采用学分制，授课语言为英文。部分学生上课、练习之处与参观枫丹白露宫的游客之间并没有界限。无论是当地居民还是旅游者，都可以聆听在圣三教堂（Chapelle de la Trinité）（图4）或者圆柱厅（Salle des Colonnes）进行的“音乐大师课”。后者是通常不向公众开放的厅室。同时，学生也能够在独立的厅室——例如圣萨图南教堂（Chapelle basse Saint-Saturnin）练习音乐。宫殿内会不时举办小型演奏会，部分活动免费，部分活动需要另外购票。演奏会也会在枫丹白露镇上，或者是相邻的雅芳（Avon）镇上进行。

美术学院的上课地点不仅仅局限于城堡内部或者是花园与庭院，枫丹白露镇上也有可以用于临摹的建筑与装饰范本。这些来自法国以外国家的学生，多数用英语进行学习与交流，当地居民也因此明显感受到“外地人”如何充满好奇与热情地研究法国的文化遗产。

向公众开放的活动还包括针对少年儿童的艺术工坊，以及城堡内与音乐或建筑艺术主题相关的导游导览和讲座。2019年艺术工坊通过听觉游戏的形式，向少年儿童们展示作曲家与其最重要的作品；同年，题目为《枫丹白露艺术学院的历史》的讲座，让当地社区能详细了解这一已经持续百年的艺术文化活动。

3.2 枫丹白露宫艺术史节

2011年，由法国文化部、国立艺术史学院（Institut National d'histoire de l'art）组织的第一届“艺术史节”（Festival de l'histoire de l'art）在枫丹白露宫举办。国立艺术史学院属于法国高等教育研究学院，以发展艺术史与遗产领域的科学活动、促进国际科学合作为目标。“城堡之友”协会会员在节日当天为参观者免费提供咨询和讲解。该协会成立于2006年，由法国文化部鼓励设立，是以传播枫丹白露文化、活化与保存历史艺术遗产为目的的社会力量。该协会拥有超过1100名会员，最低会费与参观两次宫殿费用相当。除了全年免费参观枫丹白露宫经典线路、获取展览及活动开幕式邀请函以外，会员还可以就所交会费数额享受税收优惠。

枫丹白露宫遗产与藏品保管总监文森特·德罗盖（Vincent Droguet）先生表示，艺术史节的灵感来源是法国中部城市布卢瓦（Blois）的“相约历史”（Les Rendez-vous de l' histoire）活动。“相约历史”为该市重要文化活动，是前法国文化部长贾克·朗（Jack Lang）[4]1998年在担任布卢瓦市市长期间创办的。20多年以来，研究人员、教师与公众可以在每年10月持续5天的活动期间，对与“历史”相关的指定主题进行讨论。活动的另外一个重要目的是思考“历史”的角色与传承。

与“相约历史”每年度有不同主题一样，枫丹白露宫艺术史节每年都会更换主宾国，搭配不同的主题。主宾国和主题由国立艺术史学院讨论产生。从2011年创立以来，活动主宾国经历从西欧国家到美国，再到亚洲国家（日本，2020年）的拓展，体现了地理位置由近及远，以邀请艺术史研究发达国家为优先的特点。

在持续3日的艺术史节期间，宫殿以及各类活动免费向公众开放，演讲、辩论、电影放映、书展等活动在整个城堡内呈现。除了向大众普及艺术史知识以外，这个活动还成为法国艺术史学者、研究人员、外国专家与艺术史爱好者的交流平台。国立艺术史学院试图通过与主宾国的艺术史研究协会、博物馆、高校等机构之间的合作建立更广泛的联系，保持法国在艺术史研究中的地位。

从第二届活动开始，包括卢浮宫学院（École du Louvre）在内的艺术史学科的青年学生也是重要参与者，他们来自法国本地、主宾国或者欧洲其他国家。这些学生在宫殿各处用专业知识解答访客的各类问题，或是依自己的学习主题来展开讲座。两年前增设的“180秒介绍我艺术史和考古的研究”比赛，考验了学生们的总结、表达能力。针对儿童与家庭访客，活动也专门设置了趣味与娱乐性更强的手工作坊、影片放映或者特殊导游导览，以更生动活泼

图4 枫丹白露宫圣三教堂

© Jérôme Schwab

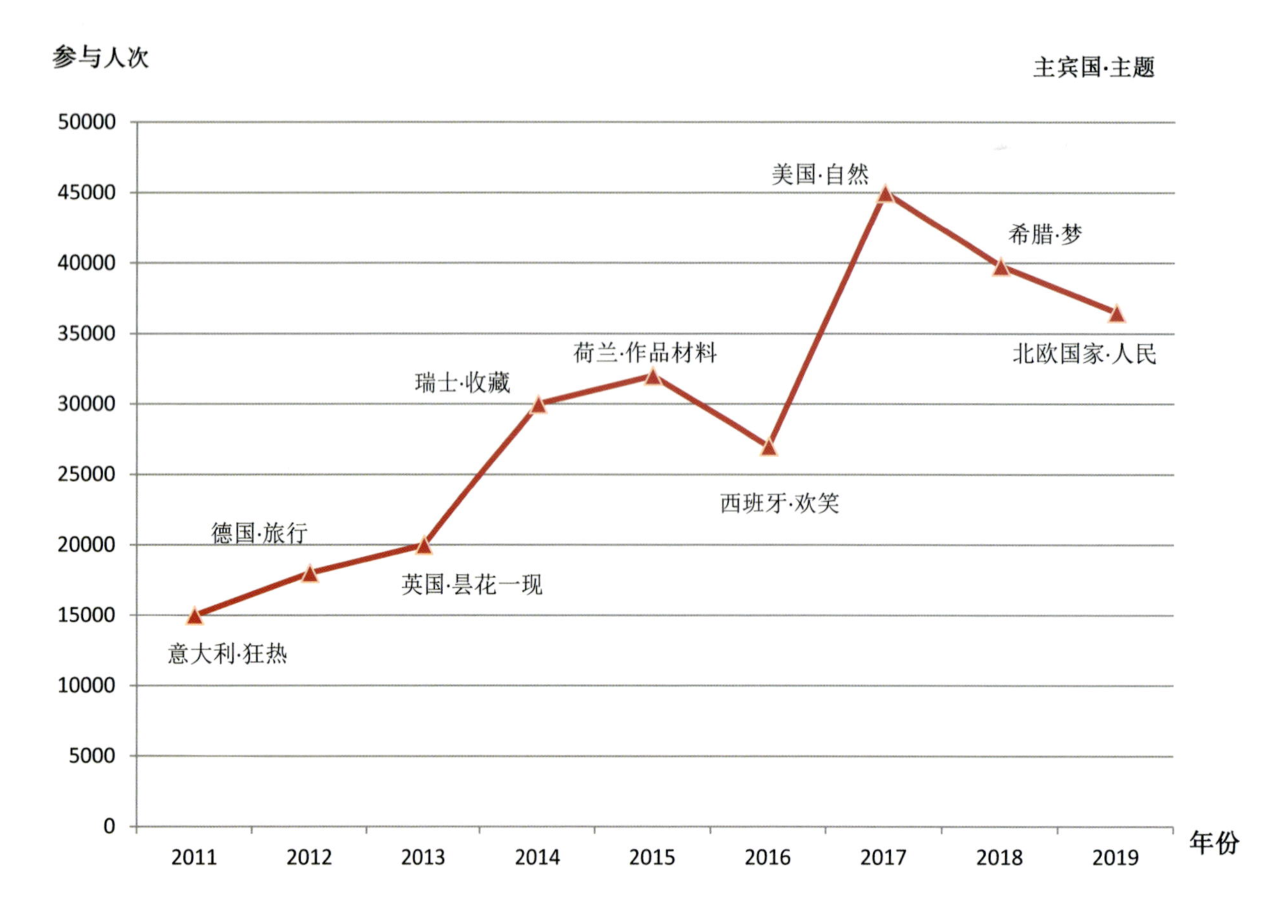

图5 2011–2019年艺术史节参与人次变化

的形式展现艺术史学科的魅力。

自从2011年艺术史节创立以来，参与人次整体呈上升趋势，意味着活动影响力的提升与社会参与面的不断扩大（图5）。这与枫丹白露宫国内外声誉的提高、国立艺术史学院的组织联络工作是分不开的。

3.3 戏剧表演与历史重现

2009年负责管理枫丹白露宫殿与园林的枫丹白露宫公共机构（Etablissement Public Du Château de Fontainebleau）成立，该机构每年不断研究、开发和活化遗产，丰富文化产品。除了每年的临时展览以外，“历史重现活动”还展现重要事件与纪念日，各类主题的课程和戏剧表演在宫殿内数个厅室举办，这些活动以贴合城堡历史的主题、生动的展现形式、有趣的创意，不断吸引新的观众。击剑课程、古典舞蹈课程、戏剧化导览全年在城堡中进行；学生假期期间，莫里哀戏剧、《美女与野兽》等戏剧表演在公众参观线路之外的厅室中上演；拿破仑三世皇家剧院于2019年6月底开放后，题为“剧院魅影”的戏剧表演也在此迎接观众的到来。这些课程、戏剧表演的组织者是独立的公司或者社会团体，内容由他们策划，枫丹白露宫进行审核（图6）。

2014年起，春夏之交会举办历史重现（reconstitution historique）活动，内容多由文化志愿者负责提供。第一年的主题是纪念拿破仑第一次向他的将士们告别并被流放到厄尔巴岛200周年（1814.4–2014.4），3个周末的活动共吸引了4万名参观者。2016年，配合“路易十五在枫丹白露”的临时展览，历史重现展现了路易十五时期的宫廷景象（图7）。2017年与2018年，主题分别是“拿破仑和约瑟芬在枫丹白露”和“拿破仑与玛丽–路易莎（Marie-Louise）在枫丹白露”。

参与历史重现活动的“演员”人数从200~450人不等。他们自己购

枫丹白露宫荣誉庭院

书展

导游在狄安娜花园进行讲解

讲座

图6 枫丹白露宫2019年第九届艺术史节活动

印恬恬/摄

图7 “路易十五在枫丹白露”历史重现（2016年） 印恬恬/摄

买、制作服装、首饰等，从法国各个地方乃至临近的国家出发——到枫丹白露宫出席这一场盛会。他们不收取报酬，只是以志愿者的身份，全身心投入表演，让游客有“穿越时空”的感受。除了“统治者在宫廷人员陪同下穿越弗朗索瓦一世长廊”的经典场景，还有独幕剧、音乐演奏等活动。根据每年不同的主题人物，会重现历史上在枫丹白露进行过的重大活动。若与志愿者攀谈，会发现他们对自己扮演人物的地位、性格、家庭都有所了解，并会以所扮演人物的口吻与参观者聊天、回答问题。

3.4 枫丹白露宫内的王室掌球运动

除了艺术、文化、历史活动，枫丹白露宫还保留了具有上百年历史的掌球厅（Salle du Jeu de Paume）进行体育活动。

掌球戏（Jeu de Paume）是一种双人或多人在室内进行的击球运动，是现代网球运动的前身。它于12-13世纪在法国出现，14世纪中叶传入英国。在球拍发明之前，是用光秃秃的或戴有兽皮手套的手掌来击球的。掌球戏结合了网球和壁球运动，需要制作价格不菲的球拍，在过去是受王公贵族推崇的运动,被称为“国王们的游戏，游戏中的国王”。

枫丹白露宫中的掌球厅始建于16世纪末17世纪初亨利四世统治期间，1702年在大火中受损，于1732重建。它是枫丹白露宫至今仍作最初功用的最古老的厅室，也是法国唯一至今依旧对公众开放的掌球厅之一。厅室由法国网球联盟（Fédération Française de Tennis）管辖，除了用作日常训练和教学，还开展比赛。法国的中学生们是这里的常客，常以班级为单位来到掌球厅体验；普通民众或者体育爱好者希望尝试，也可以向球场负责人预约教学课程；欧洲（特别是法、英两国）的青少年掌球运动员也会时常来这里练习、切磋。掌球戏至今在美国、法国、英国、澳大利亚等国家依旧有不少受众。2018年，爱好掌球运动的英国威塞克斯伯爵，即爱德华王子携夫人和使团参观了掌球厅。频繁的交流、互访和宣传，让这项古老运动始终保持着生命力。

4 枫丹白露经验对中国的启示

19世纪时，宫殿的所有者就已经在考虑如何部分开放他们的居所，邀请数量有限的访客入内参观，在文化传播和私人空间之间取得平衡。在当代，作为遗产地和公共机构，枫丹白露宫又有了新的目标。枫丹白露宫遗产活化的社会参与面广，除了当地民众以外，还能够吸引当地协会、专业人士、文化艺术爱好者参加其组织的各类活动，受当地政府的影响相对比较小；活化项目注重和突出了博物馆的教育职能，尤其是针对青少年和儿童、社会弱势群体和行动不便人群，让他们也能参与到宫殿和博物馆遗产活化进程中来。从中可以总结归纳出以下几点经验：

（1）深入挖掘历史上的活动。大部分遗产地有相对悠久的历史。可以参考具有百年历史的枫丹白露艺术学院，挖掘过去有代表性的活动，继承优秀传统，再作适应当下的改编、予以重现，做好代际传承。

（2）活动小而精，突出专业性。无论是艺术史节，还是历史重现，或者是戏剧表演，作为公共机构的枫丹白露宫并不一味追求活动规模的庞大，而是充分征求各方意见，用专业、充实的细节填充整台活动，不断丰富活动的内容、完善表现形式，在谨慎推进的同时有所创新。

（3）给予社会人士充分的自由度。枫丹白露宫的历史重现活动，完全以文化志愿者为主角，这一方面倚赖馆方的信任和魄力，另一方面也体现了志愿者们的专业程度。遗产地应拥有开放的心态，多征求社会人士的经验和建议，增加专业方面的互动，并争取以更生动活泼的形式展现给更广大的公众。

（4）加强与国外机构的合作，扩大本国文化、艺术的影响力。在这个全球化的时代里，在中国不断崛起的过程中，如何讲好中国故事，展现文化自信正变得越来越重要。邀请不同国家作为活动主宾国，是让两国人民的思想交流、碰撞，增进相互理解的一种方式，也是推广本国文化、艺术的实践。跨国合作并非一蹴而就，也会受到经济、政治等各方面的影响。能否坚定地推动活动一步步执行，是对主办方的一大考验。

枫丹白露艺术学院、艺术史节、历史重现等活动已经成为每年的固定项目，并且有新项目不断尝试落地。枫丹白露宫遗产活化的手段多样，值得国内遗产地根据自身情况加以学习，尝试变革公共管理制度以适应政治经济环境的变化。

注释

①艾略特·卡特（1908 – 2012），美国当代古典音乐作曲家。

②丹尼尔·巴伦博伊姆（1942 – ），犹太裔钢琴家、指挥家。

③伯特·巴卡拉克（1928 – ），美国歌手、作曲家、唱片制作人及钢琴家。

④贾克·朗（1939 – ），法国政治家，社会党成员。曾推动多项举世闻名的文化政策，包括“大卢浮宫扩建计划”。

参考文献

UNESCO,1972. La convention du patrimoine mondial: objectifs statégiques : les“5 C” [EB/OL].[2019-05-29]. https://whc.unesco.org/fr/convention/.

WIDOR C,1931. Les écoles d'art Américaines de Fontainebleau [M]. Paris : Gazette des Beaux-Arts.

日本世界文化遗产——天龙寺

多学科参与及理论完善

Theory Development and Multidisciplinarity

徐晓东/摄

恋地主义原真性及其地理学解释

Topophilian Authenticity and Geographical Explanation

文 / 吴必虎　王梦婷　薛 涛　黎筱筱

【摘要】

本文基于遗产研究的理论局限与术语争议等问题，在简述原真性的概念内涵演进、地方理论体系与恋地情结的基础上，基于中国本土化的遗产科学现状，结合地理学的理论视野，提出了恋地主义原真性的理论概念，对其进行了系统的理论阐释，并提出了基于恋地主义原真性的理论框架应用和遗产活化建议，以期为东方遗产科学研究提供新的理论视角。

【关键词】

原真性流派；地方理论；恋地情结；恋地主义原真性；代际群体幻想；地理学解释

【作者简介】

吴必虎　北京大学教授，北京大学城市与环境学院旅游研究与规划中心主任

王梦婷　北京大学城市与环境学院博士研究生

薛　涛　南开大学旅游与服务学院博士研究生

黎筱筱　北京大地风景文化遗产保护发展有限公司总经理、中国旅游景区协会景区文化遗产保护与利用专业委员会秘书长

注：本文图片除标注外均由作者提供。

1 导言

“原真性”研究作为现代社会科学研究的重要概念与命题，自博物馆学贡献概念以来，在遗产保护、旅游研究和社会经济等领域都得到了多重延展和修正，并演化出不同的研究侧重与意义，尤其经跨学科领域知识解构和重构后，“原真性”的内涵变得更加扑朔迷离、复杂多变。“原真性”作为当代遗产学的核心价值判断之一，一直以来不断遭到来自遗产本身信息来源的可靠性辨识、价值性判断和动态性发展的多重挑战。静态、不发展，脱离了社会文化需求的“原真性”遗产保护观，不仅割裂了人们与遗产之间的联系，更让承载着“祖辈精神”的实物载体无法在当下社会得到“继承(inheritance)”。因此，本文基于地理学的视角，提出恋地主义原真性概念及其地理学解释，不再过分讨论遗产所呈现的物理表征真伪，而强调那个具有经纬度、海拔高度和历史事件发生的唯一“地方”载体与社会过程的互动，提出了在地理视角下的恋地主义原真性解释框架。

2 原真性的概念内涵演进

原真性(authenticity)是遗产评价与研究的核心概念，英文词义表达“真正(true)”“真实(real)”“原件(original)”等多层含义。起源于博物馆学讨论的原真性这一概念，逐渐在社会学、哲学等多个研究领域都广为使用。因为原真性概念的语义多重性、领域多样性，使得对这一概念的界定愈发困难(Golomb，1995)。随着全球一体化带来的经济、文化、社会等因素的流动，原真性的含义也在不断地复杂化、丰富化，是一个较难被定义的概念(张朝枝，2008)；并且，时代的变迁与社会的发展，也在不断扩充着原真性的背景和价值。

2.1 原真性概念的纵向拓展

自1964年《威尼斯宪章》首次提出原真性至今，关于原真性的讨论与争议不断。“原真性”已成为申报世界文化遗产项目的基本准则，也成为诸多国际法规文献发展与完善的重要参考。值得注意的是，《巴拉宪章》关于对“重建”等符合亚洲文化遗产特征的原真性保护方式的接纳，以及在日本奈良通过的《关于原真性的奈良文件》，从东方的视角拓展和强调了“文化遗产的多样性”等要素，是“西学东渐”和“本土化”的重要尝试。

不同国家的地域文化、建筑形制、风土民俗不同，因此不同地区的原真性评价标准不应当局限在一个固定的标准之中；尊重差异的多样化原真性，更有助于保持世界文化遗产的多样性(图1)。随着现代性的流动，不同地域、不同民族的文化逐渐得到关注、重视和接纳，原真性的内涵也呈现螺旋式上升、扩散式丰富变化的趋势。

2.2 原真性流派的横向对比

基于目前的研究进展，在遗产领域中针对旅游客体的原真性讨论，主要有客观主义原真性(objectivism authenticity)、建构主义原真性(constructivism authenticity)、后现代主义原真性(postmodernism authenticity)三大流派。

客观主义原真性与最初博物馆情境下对原真性的讨论联系较为紧密(Trilling，1972)，强调对遗产主体的信息判断：原真性被视为遗产主体固有的属性，可以用绝对的标准来衡量。客观主义原真性流派以Boorstin(1964)和MacCannell(1973)为代表。Boorstin所批评的“伪事件(pseudo-event)”和“假象系统(system of illusions)”、MacCannell提出的“舞台化的原真性 (staged authenticity) ”以及Edensor(2000)提出的“表演的飞地空间(enclave space of performance)”，都是对大众旅游兴起后，遗产旅游出现的“客体不绝对真实”且“主体不寻求绝对真实”等矛盾现象的有益讨论。

随着现代性与空间的产生，社会在不断被构建与被认知。旅游客体的“原真性”也由社会赋予，或令大众接受新的价值；它既是社会的一种选择性信息传递，也是大众个人信仰、期望和偏好的投射。被旅游者体验、感知为真实的旅游客体，并不代表其本身的绝对真实，而仅仅是一种符号和象征(Culler，1981)。Bruner(1989)认为传统的原真性概念不足以用来探讨和分析现代旅游体验现象，明确提出了建构主义原真性的概念；他认为在建构与投射的过程中，旅游者与经营者达到了一种对“原真性”的共谋。Cohen(1988)更是提出随着时间的流逝，一些事物的“原真性”会逐渐浮现出来，“原真性”应当是一个相对的、需要商榷的概念。

图1 日本世界文化遗产——天龙寺　　徐晓东/摄

在消费主义与后现代主义大潮的冲击之下，后现代主义“原真性”也“浮出水面”。Baudrillard（1983）曾经指出：当人类进入“仿真（simulation）”时代，真伪的判断面临更大的挑战。在传统与现代技术对抗的层面上，难以区分真假，因为“假的”可以做得比“真的”还要真；在需求与感知层面上，也无需区分真假，因为游客在体验中都获得了“原真感”。以迪士尼公园为代表的景区，就是后现代主义原真性的重要体现（Eco，1986；Cohen，1988），对学界产生了巨大冲击。

2.3 原真性研究对“代际群体”的忽视

从纵向和横向的对比中可以看出，不论是努力建构社会共识的宪章、条约，还是思潮中的各类主义，都是在找寻当下社会对于遗产保护的恰当态度。新思潮产生的背后往往是基于“后来者”对“过去”的自省和反思，在“当下人”和“过去人”的理念冲突之中，充斥着各自阵营里领袖所构建的“群体幻想”，也即在时间演进和思潮演变的过程中，不同“代际群体”所构筑的“原真性幻想”往往左右着大众对“原真性”本意的理解。因此，如果在“原真性”三大思潮流派当中加入“代际群体幻想”这一中间概念，就可以看出，三大流派对遗产客体的原真性解释并不冲突（图2），客观主义更多是基于史实的视角，建构主义更多是基于呈现的视角，后现代主义更多是基于大众感知和体验的视角。这些观念流派的产生，是基于不同的代际群体和哲学背景的自省和批判，并混杂着不同学科思维演化的结果。

人们对于遗产问题的分析往往最先从“有形的”建筑、历史的角度入手，然后对相关利益主体的行为和体验进行研究，对遗产的保护和利用进行考量，往往忽视了“无形的”

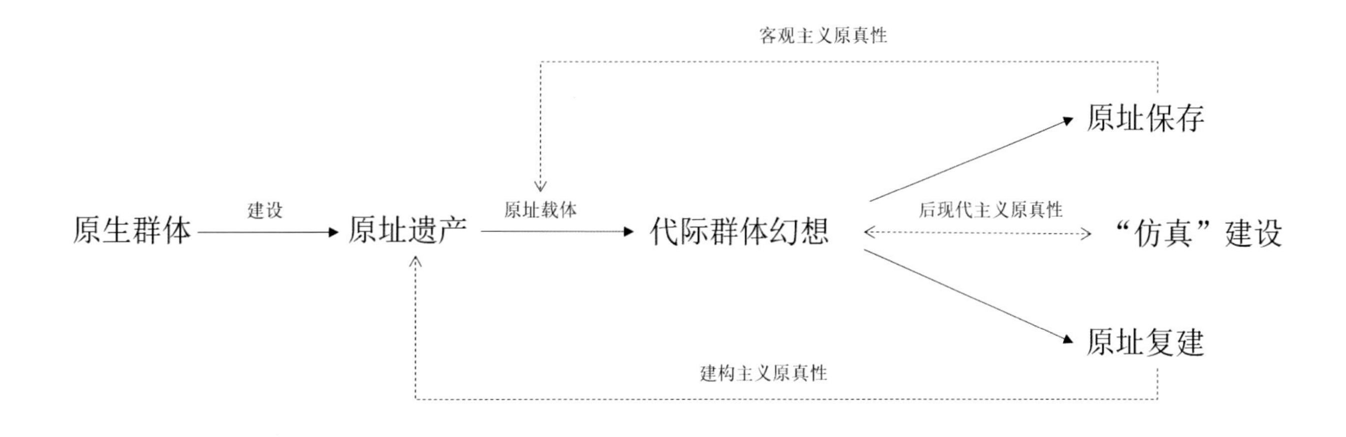

图2 代际群体幻想与遗产原真性的关系

遗产背后的“代际群体幻想”，而且忽视了这一要素背后，即地方“所在”的重要价值——遗产本身坐落和发生的地方蕴涵着人们幻想的源头信息。并且，参与构建大众幻想的往往以历史学、考古学、社会学、传播学等学科为主，地理学作为自然与人文相得益彰的重要基础学科却缺席了。因此，未来地理学需要参与对原真性概念体系、呈现技术进行评价、研究与活化的工作。

3 地方理论体系与恋地主义情结

3.1 地方感的概念内涵

地方感（sense of place）是现代人文地理学研究的重要话题之一。段义孚提出“恋地情结（topophilia）”，对人地的情感联结进行研究，这是一种经过文化与社会特征改造的特殊人地关系（Tuan，1974）。段义孚将广义的地方感分为“根植性（rootedness）”与“地方感”两个维度：前者体现的是心理上的情感依附与满足，后者体现的是社会层面上身份的建构与认同的形成（Tuan，1977）。地方感是人与地方不断互动的产物，是人以地方为媒介产生的一种特殊的情感体验——使得地方成为自我的一个有机组成部分，它的意义是与人紧密连接的（Steele，1981）。地方感以人类地方体验的主观性为基础，内涵包括地方本身的特性，以及人对于地方依附的情感与认同（Eyles，1985）。地方感是地方理论（place theory）的核心概念，概念体系中还包含3个子概念，分别是地方依恋（place attachment）、地方认同（place identity）和地方依赖（place dependence）。

3.2 恋地主义情结相关概念辨析

地方依恋起源于环境心理学的研究，用以描述人与地方之间的情感联结。地方依恋是人与环境之间交换的一般概念，强调人在心理上对于地方积极的情感依附和融入，希望与情感依恋的地方保持较近的距离（Hidalgo et al.，2001），而不是客观环境本身。国外学者对“地方依恋”与人们改造居住环境行为之间的影响（Tuan，1974）、地方依恋在身份和社区缔造中的作用（Heidegger，1962）、旅游开发与冲突管理（Wester-Herber，2004）以及地方依恋在邻里复兴中的作用（Droseltis et al.，2010）等课题，都给予了关注和研究。国内地方依恋的地理学研究仍在起步阶段，一些研究者进行了有益的探索（唐文跃，2011），主要运用地方依恋对旅游影响（Kyle et al.，2007；唐文跃，2007）、游客行为（唐文跃 等，2007；张中华 等，2009）、旅游品牌与忠诚度（汪芳 等，2009）、城市休闲（韩光明 等，2013）等问题和领域进行了研究。可以看出，地方依恋始终在强调人们的心理过程（Low et al，1992），强调人与环境的共情和移情作用，也即人们为地方注入感情后，地方同样反作用于人们的心理，将情意（emotion）作为一种契约，产生了社会群体与地方互动的共情联结。

地方依赖是人与地方之间的一种功能性依恋，体现资源及设施对满足人们行为的重要性（Stokols et al，1981），多强调的是一种技艺性（technic）的原址建设崇拜。也就是

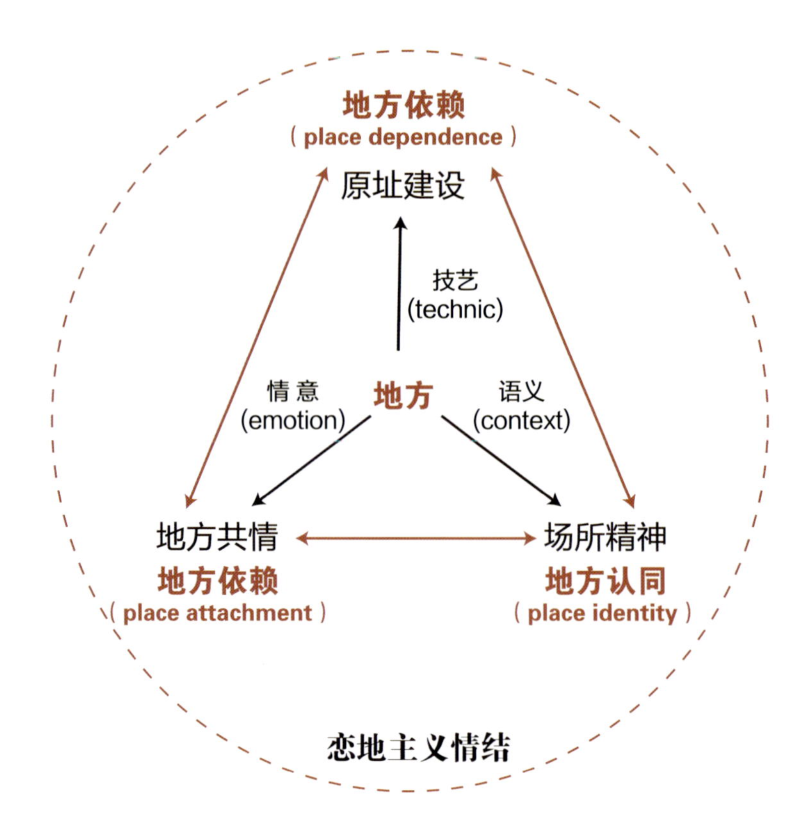

图3 恋地主义情结概念模型

说在最初原生群体通过集体智慧创造了具有技术典范的原址建筑后，利用各类测绘古籍、绘画作品、风水诠释、文学演绎等资料载体，把这一地方技艺载体勾勒成了后世代际群体的重要参考系，后来的代际群体对原址建筑出现了"刻舟求剑"般的地方依赖之情。

地方认同是一种与社会认同相对的概念，指的是人与地方互动从而实现社会化的过程（包含情感、感知与认知等多种复杂的过程），人将自我定义为某个地方的一分子（Stedman，2002），从而建构自身在社会中的位置与角色。也就是说，地方认同是个人认同的组成部分，是根据特定地方的独特要素、人地互动的本质而发展出来的（Bernaedo et al，2005）。显然，个体通过对地方的解读和诠释，把个人与地方的情感互动丰富成社会"语义（context）"的过程，是让地方产生场所精神的重要过程。场所精神，因为不是社会认同的泛概念，且兼容个人身份认同的重要"所指"，是可供不同群体丰富解读的重要样本，成为后世建筑学、地理学、景观学、社会学等领域的重要研究内容。

地方依恋（place attachment）、地方依赖（place dependence）和地方认同（place identity）作为地方感理论的有机组成概念，是以"地方"为核心研究对象的重要学术创建。本文基于三个概念体系，诠释了基于地方"技艺（technic）"产生的原址建设依赖、基于"情意（emotion）"产生的地方共情依恋，以及基于"语义（context）"产生的场所精神式地方认同，以三个概念为核心构筑了恋地主义的概念模型（图3）。

3.3 恋地主义的东、西方差异根源追溯

可以看到，地方理论在西方的现代科学研究中开拓较快、进展较早，尤其以公元前447年—前432年建成的帕台农神庙（Parthenon Temple）为例（图4）的建筑保护研究，奠定了西方遗产保护理论的基础。这种历经两千多年框架未变的"类永恒"建筑物体，成为西方人心中不可侵犯的原真性"能指"对位载体，对于遗产的保护一定程度上不需要借助所谓的"代际幻

想”，对于遗产载体保存的原真性，往往要求区别新旧，并且这种静态保存的意识作用于“地方”时，往往产生的是“历史地方（historical place）”——一种静态式的、少更新和非流动性的“地方”。值得一提的是，静止与客观的原真性，始终作为西方人强调的原真性主流，即便有“迪士尼”的倾向也只是娱乐化的后现代主义思潮和对修正现代主义的过激尝试。结合世界历史遗产的保护条约演进来看，这种基于“类永恒”建筑所产生的遗产保护视角，在亚洲和东南亚地区并不能完全适用，且这一理念的差异早在历史上就已经有了分化。事实上，或因为海洋文明和农耕文明的差异，西方对此问题的现代科研虽然较早，但东方却更早地记录了这种特殊的人地情谊，两者对比，可以见到传承对创新、集权对多元、神性与人性的对垒。

诚如范仲淹在重修岳阳楼时所著的《岳阳楼记》中所表达的那样，“庆历四年春，滕子京谪守巴陵郡。越明年，政通人和，百废具兴。乃重修岳阳楼，增其旧制，刻唐贤今人诗赋于其上。属予作文以记之。”翻开历史，中国的诸多物质文化遗产是通过不断原址重建形成的，如作为“中国第一古刹，世界著名伽蓝”的洛阳白马寺（图5），创建于东汉永平十一年（公元68年），在东汉初平元年（公元190年）被烧殆尽，却在东汉建安二十五年（公元220年）原址重建，西晋永安元年（公元304年）再次遭毁，到了唐武周垂拱元年（公元685年）武则天敕修白马寺……这期间又历经战乱和繁荣，直到明嘉靖年间大规模整修白马寺后，所谓的白马寺原址景观才逐渐稳定下来。除了白马寺，还有如保俶塔、六和塔、曲阜孔府等数不胜数的

图4 希腊帕台农神庙　　张时/摄

图5 河南洛阳白马寺　季辉英/摄

原址景观修建案例，可以看出东方人对于地方的浪漫追求，不仅仅局限于文字和影像的“看到”，更强调对“再现”的追求，这与我们过去的建设活动留存下的哲学思想有着不可分割的关系，如我们的风水、五行理念就是被寄予了更多的地方感情和类似巫神般的庇佑情结。东方人重构媒介，就是重构东方人过去的人地联系，这种基于动态重建的理念作用于“地方”时，往往产生的是“再现地方（re-spirit place）”，是一种动态式的、多更新和强流动性的“地方”。

回溯这些东西方著名的历史遗产保护案例，可以发现，因为“地方”概念寄托了当下社会群体对历史原址的幻想，把原本缠绕在“地方”上的“技艺”“情意”和“语义”具象到原址建设、地方共情和场所精神中。“地方”载体由于属性不同，历经的历史文化背景不同，因而淬炼出了东西方不同价值观下的恋地主义情结（图6）。

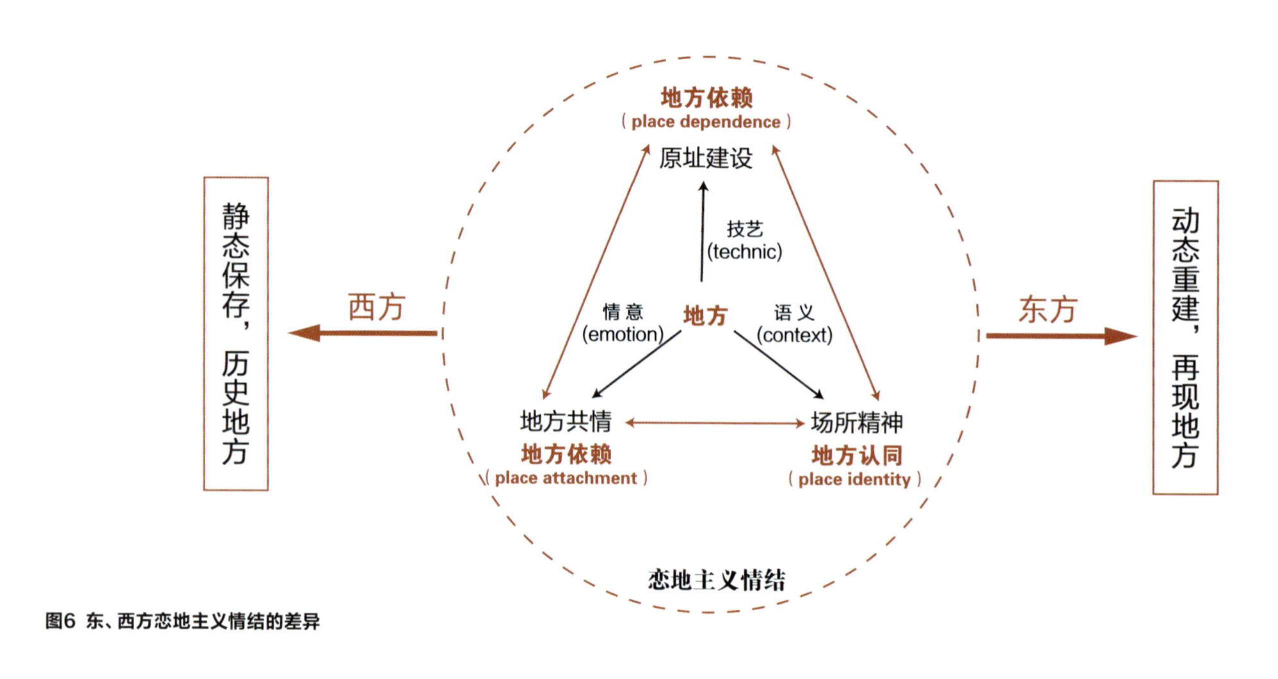

图6 东、西方恋地主义情结的差异

4 恋地主义原真性理论阐述

反思东西方恋地主义情结的差异与分野，在人地关系方面，恋地主义情结可以说更早、更深地融入在东方人的文化当中。我国作为历史文明古国，拥有众多文化遗产，应当基于独特的东方视角、结合资源与文化优势，提出关于遗产问题的恋地主义原真性解释框架，以动态和包容的视角看待遗产活化的问题，这对于华夏文明的保护与传承具有不可替代的适用性、实用性和重要性。

从恋地主义情结的模型中可以看出，“地方（place）”这一概念始终处于核心，即“地方”始终是联结“人—地”关系的重要载体，因为地方始终具有唯一性。这一地方唯一性，符合地理学的科学规律和定理，也即地理唯一性。所谓地理唯一性，是指原址本身具有经纬度、海拔高度、历史事件发生地点的唯一性，它因承载了大量高价值信息而被人们视为联结人地关系的唯一载体。历史上的原址遗产和文物，作为历史证言的载体，一方面包含着过去在“地方”上屹立着的建筑文物，另一方面也包含着世代相传的具体社会活动内容。这是历史地段最具有价值的景观内涵，但是这一景观内涵，并没有被传统遗产学界、历史学界广泛了解，它对于历史地段的价值判断依然停留在“认物不认人”“只认空壳不认内涵”的阶段，也即忽略了“地方”背后所传达的社会含义和文化意义，更忽视了地理唯一性背后所承载的“人—地”关系的意义。与这种排他性的观点相呼应的认识，在文物保护领域同样存在，如我国《文物保护法》第二十二条规定，“不可移动文物已经全部毁坏的，应当实施遗址保护，不得在原址重建。” 这一规定的产生是受西方文化理论影响的结果，且与欧洲多石框架文物遗产相协调，并不完全适用于东亚文化圈，尤其是对中国以土木建筑为主要文物遗产的国家的理论适用性不足。自古希腊学者斯特拉波（Strabo）初步建立地理学概念与知识领域以来，地理学家对于空间和地方的持续关注和研究，形成了整套与地方空间自洽的理论。地理学一般认为，文物所在的“地方”空间，比遗留的建筑物更为重要，更值得保护和传承给后代，某个具体地址为何会构筑建筑物、为何会发生特定事件，其价值和科学理由应该如实保留给后人研判。

因此，学界应就“妥善保存原址、科学指导原址重建”这一问题进行深入的理论自省和实践反思，需要澄清的是，是否需要重建一定要进行具体分析，在科学的指导（尤其是地理学的参与和指导）下，结合不同时代下产生的代际群体幻想，结合适宜的原真性理论，基于恋地主义情结的三个核心概念要素，满足社会实体对原址遗产的共同幻想和恋地情结以及原真性追求，共同缔造新遗址遗产，以传递给后世“当下”的“人—地”关系（图7）。

如图7所示，产生于原生群体的地方技艺在作用于地方时，人们利用技艺进行了原址建设并塑造了原址遗产，当地的人们（local people）移情、共情于地方。伴随着时间的线性演化过程，原生群体用不断丰富的语义赋予了地方场所精神，并将这一恋地情结传递给了后续的代际群体。随着历史的演进和人类文明的洗礼，原址遗产在受到不同程度的影响和作用后，后续的代际人群在面对这些围绕遗产所留下的文字影像、语言描述时，产生不同的原址幻想，并与不同时代的代际群体幻想进行叠加，共同构成了一种基于社群实体的共同幻想，原址遗产在经历了人们对原真性追求过程中的不断复建后，最终在某一定格的当下形成了新的遗址遗产。

5 基于恋地主义原真性的理论框架应用和遗产活化建议

近年来，关于地方依恋的研究随着全球化趋势也在不断增加，文化的多元性和人口的流动性在不断交织、重构我们与地方的“人—地”关系。从宏观上来看，恋地主义原真性的核心内涵表征了社会文化建构的过程，始终处于不断变化与发展的过程中（朱竑 等，2011），这也对研究者提出要以动态观点展开研究的要求。从微观上来看，人口学变量（包括年龄、性别等）、物理环境变量（包括居住和接触时间、距离和到访频次、地方的熟悉性和空间类型等）以及社会变量（包括社会关系、人际关系、社会流动性、经济地位和教育水平等）都会对恋地主义原真性产生不同程度的影响（古丽扎伯克力 等，2011）。

未来，恋地主义原真性理论的应用领域将会得到不断的扩展和深入，从城市休闲到旅游开发、从环境心理到社会矛盾的诸多关联方面，涉及心理学、社会学、地理学、旅游

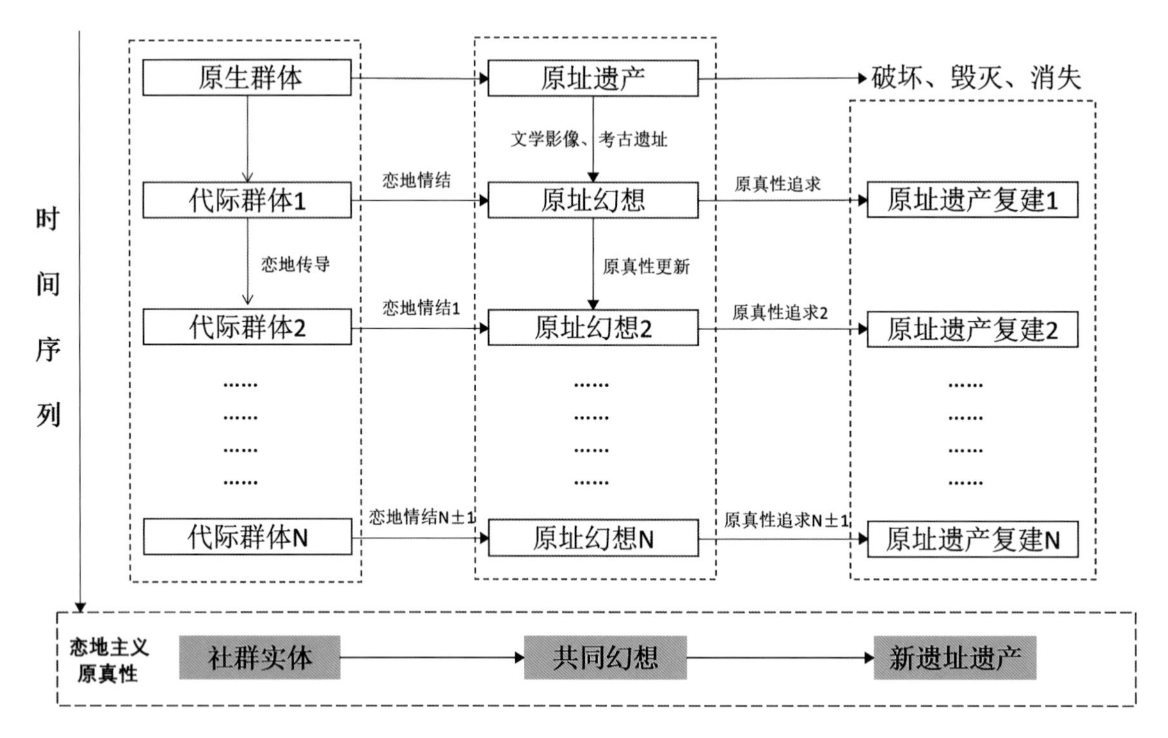

图7 恋地主义原真性的遗产创新模型

学等广泛学科。单就旅游研究一个学科，也存在旅游开发、冲突管理、游客行为等诸多问题，城市游憩和遗产旅游可能是问题集中的两大领域。当下来看，最亟待使用该理论框架的当属遗产活化领域，且应作为我国《文物保护法》更新的法理支撑。

5.1 遗产活化领域的应用

基于恋地主义原真性的提出，未来的遗产活化规划实践和管理标准不应当仅仅局限于西方传统物理建构上的原真性，而要凸显东方特有人地关系与文化价值下精神层面的原真性，要尊重场地特征和文脉延续以及遗产空间的保护与利用，并且通过对地方生活场景的注入、访客参与性活动的补充，达到真正深入地域文化内核原真的遗产活化和价值传播。

在遗产活化理论不断创新、发展、进步的过程中，对于建筑本体，甚至建筑环境的保护已经得到了充分的重视，但是活化工程在规划与落实的过程中，对于场所精神与地方价值的认知尚有不足。事实上，场所精神比物质遗产本身更需要保护，恋地主义原真性是遗产诸多原真性中不可替代、不可忽视的一种，这一点需要融入遗产活化的最新理念之中。

5.2 文物保护更新的法理支撑

《文物保护法》第二十二条规定，“不可移动文物已经全部毁坏的，应当实施遗址保护，不得在原址重建。但是因特殊情况需要在原址重建的，由省、自治区、直辖市人民政府文物行政部门报省、自治区、直辖市人民政府批准；全国重点文物保护单位需要在原址重建的，由省、自治区、直辖市人民政府报国务院批准”。基于恋地主义原真性的学理分析，这条法律未能充分考虑地理学认知与科学精神，与我国以土木结构为主的文物现存状况不相符，亦无法满足当前人民的精神文化需求，更是跟不上我国新时代社会的主要矛盾——“人民日益增长的美好生活需要和不平衡不充分的发展之间的矛盾”这一变化以及文化自信的建设工程，因此有必要对法律法规作出相应修改和调整。从地理学的角度看，要保护中国传统文化、适应社会现实矛盾，在一定程度上需要对建筑文化遗产进行原址重建、再建，尤其是大遗址和不可移动文物毁损后的遗产活化和原址建设工作，其意义就在于体现东方价值观的恋地主义原真性，继承由特定的地理位置与历史地方所携带的特有的场所基因、特定原址的地方精神价值。

现代社会不断在前进与发展，文化遗产在岁月的消磨下也会不断发生变化，无论是我们的保护理念，还是具体的实施方法都需要不断适应新的社会环境。客观来说，历史建筑的保护与修复无时无刻都面临着一种取舍与权衡，没有一栋历史建筑的保护可以符合所有原则，也没有任何原则适用于每栋历史建筑。这既需要文物保护工作者有勇气作出抉择，也需要根据每一座历史建筑的实际状况作出理智判断。

参考文献

唐文跃，2007. 地方感研究进展及研究框架[J]. 旅游学刊，22(11)：70–77.

唐文跃，张捷，罗浩，等，2007. 九寨沟自然观光地旅游者地方感特征分析[J]. 地理学报，62(6)：599–608.

唐文跃，2011. 城市居民游憩地方依恋特征分析：以南京夫子庙为例[J]. 地理科学(10)：1202–1207.

汪芳，黄晓辉，俞曦，2009. 旅游地地方感的游客认知研究[J]. 地理学报，64(10)：1267–1277.

张朝枝，2008. 原真性理解：旅游与遗产保护视角的演变与差异[J]. 旅游科学，22(1)：1–8.

张中华，张沛，王兴中，2009. 地方理论应用社区研究的思考：以阳朔西街旅游社区为例[J]. 地理科学，29(1)：141–146.

朱竑，刘博，2011. 地方感、地方依恋与地方认同等概念的辨析及研究启示[J]. 华南师范大学学报(自然科学版)(1)：1–8.

BAUDRILLARD J, 1983. Simulations[M]. New York: Semiotext(e).

BERNAEDO F, PALMA J M, 2005. Place change and identity processes[J]. Medio ambientey comportamiento humano (6) : 71–87.

BOORSTIN D J, 1964. The image : a guide to Pseudo-events in America[M]. New York: Harper & Row.

BRUNER E M, 1989. Tourism, creativity, and authenticity[J]. Studies in symbolic interaction (10) : 109–140.

COHEN E, 1988. Authenticity and commoditization in tourism[J]. Annals of tourism research (15) : 380.

CULLER J, 1981. Semiotics of tourism[J]. The American journal of semiotics (1) : 127–140.

DROSELTIS O, VIGNOLES V L. 2010. Towards an integrative model of place identification: dimensionality and predictors of intrapersonal-level place preferences[J]. Journal of environmental psychology, 30(1): 23–34.

ECO U,1986.Travels in hyper reality[M]. London: Picador.

EDENSOR T, 2000. Staging tourism: tourists as performers[J]. Annals of tourism research, 27(2): 322–344.

EYLES J, 1985. Senses of place[M]. London: Pion.

GOLOMB J, 1995. In search of authenticity [M]. London: Routledge.

HEIDEGGER M, 1962. Being and time[M]. New York: Harper & Row.

HIDALGO M C, HERNÁNDEZ B, 2001. Place attachment: conceptual and empirical questions [J]. Journal of environmental psychology, 21(3): 273–281.

KYLE G, CHICK G, 2007. The social construction of a sense of place[J]. Leisure sciences, 29(3): 209–225.

ALTMAN I, LOW S M, 2012. Place attachment [M]. New York: Plenum Press.

MACCANNELL D, 1973. Staged authenticity: arrangements of social space in tourist settings [J]. American journal of sociology, 79(3): 589–603.

STEELE F, 1981. The sense of place[M]. Boston, MA: CBI Publishing.

STEDMAN R C, 2002. Toward a social psychology of place: predicting behavior from place-based cognitions, attitude, and identity[J]. Environment & behavior, 34(5): 561–581.

STOKOLS D, SHUMAKER S A, 1981.People in places: a transactional view of settings. Cognition, social behavior, and the environment [M]. New York: Lawrence Erlbaum Associates.

TRILLING L, 1972. Sincerity and authenticity [M]. London: Oxford University Press.

TUAN Y F, 1974. Topophilia: a study of environmental perception[M]. Englewood Cliffs, NJ: Prentice-Hall.

TUAN Y F, 1977. Space and place: the perspective of experience[M]. Minneapolis, MN: Minnesota University Press.

WESTER-HERBER M, 2004. Underlying concerns in land-use conflicts—the role of place-identity in risk perception[J]. Environmental science & policy, 7(2): 109–116.

或是成为中心城镇，伴随长城功能转变而失去了原防御体系的空间结构。据统计，北京地区大约有132座城堡，大部分城堡仅存部分遗迹，而部分城堡已经难寻遗迹，仅在史书中能找到名称，如云安岭堡。这就意味着社会需要急切关注长城沿线聚落体系的保护工作，积极挽救正在消失的历史信息。

在长城功能研究方面，早期长城研究者注重研究军事聚落的形态特征和布局情况（陈喆 等，2008），分析影响军事聚落选址的因素（李哲 等，2011）。现在越来越多研究者开始关注军事聚落的演化过程，例如薛程（2016）等人根据长城发展的三个阶段，分析了各个阶段城堡的形成特点，并总结其分布与军事形势的关系；马明（2017）等人则在分析城堡空间布局的基础上，总结空间形态演变的三种形式——规模扩张、规模不变、或为废墟或建新址。

在长城遗产保护方面，焦睿红（2013）等人提出要通过构建长城文化遗产廊道整合长城沿线聚落，形成完整的长城保护体系；徐凌玉、张玉坤（2018）等人则认为有必要对长城遗产的价值进行综合定量评估分析；汪芳团队（2018）则跨区域分析了长城文化带的文化关联性和空间结构，进一步为长城整体保护提供了依据。

总体来说，学者们已经对长城保护进行了大量研究工作，而增加对功能演变的探索，将有利于我们进一步理解遗产的价值和生命力。自中华人民共和国成立之后，长城的军事功能完全退出历史舞台，旅游功能逐渐兴起，本文则尝试在前人的研究基础上，对长城功能与沿线聚落空间的关系进行深入分析，着重解决以下几个问题：

（1）以重要军事战略点为核心，梳理明代长城沿线军事聚落体系空间结构的分形特征；

（2）还原分形特征背后的历史事件逻辑；

（3）与当代旅游功能主导下的空间逻辑进行对比，探索长城周围聚落空间属性、使用状态的变化情况；

（4）基于上述研究结果，尝试从建筑学视角对现有城堡聚落体系的活化与利用工作提出建议。

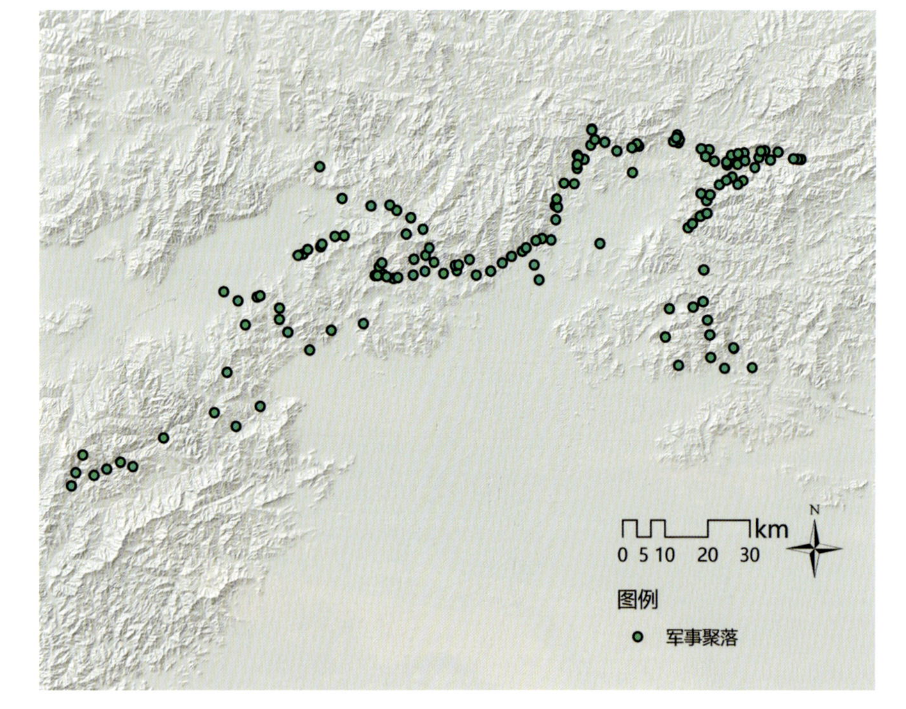

图2 北京长城段沿线军事聚落分布图 **图片来源：作者自绘**

2 研究对象与研究方法

2.1 研究对象

本文主要聚集于北京地区的长城沿线聚落分布研究。根据北京地区长城的发展特点，选择明代军事聚落为主要研究对象，并与当代旅游聚落进行对比分析。将明代分为明洪武—明正统、明景泰—明嘉靖、明隆庆—明崇祯三个时期进行军事聚落空间特征和军事作用分析，重点收集长城附近关城堡和营城堡的地理信息（图2）。其中关城堡主要指在关口附近所建设的建筑体；营城堡位于关城堡附近，专门为屯军屯粮而设立。部分军事战略点同时存在关城堡和营城堡的，则选择营城堡地理位置为统计数据。

2.2 研究方法

2.2.1 文献及地方志研究

主要分为两部分：一是历史文籍，包括《四镇三关志》（刘效祖，1997）、《九边图说》（明兵部，

1981）等；二是现代文献，主要是各类图书、论文、地图集等，其中包括由中国长城学会组织（2016）编纂的《中国长城志》、以华夏子（1988）署名的考察专著《明长城考实》、张鸿翔编辑的《长城关堡录》、尹钧科的《北京郊区村落发展史》、谭其骧（1982）主编的《中国历史地图集》、张玉坤（2018）主编的《明长城宣府镇防御体系与军事聚落》等。通过阅读文献，了解长城防御体系的形成背景和组成结构，明确各个时期长城主要功能的变化过程。

2.2.2 分形维数分析

分形理论主要揭示隐藏在复杂的自然和社会现象中的规律性、层次性和标度不变性，为探索复杂对象提供了一种新方法（刘东 等，2016）。分形理论从提出至今，被应用于不同领域的研究当中。在城市层面，分形理论在城镇体系（陈彦光 等，2001）、城市交通（陈彦光 等，1999）等方面的应用较成熟。目前，在乡村聚落体系层面，分形理论应用较少，但已有研究表明乡村聚落体系也具有类似的分形特征（吴江国 等，2014）。本文主要采用聚集维数了解不同时期长城周边聚落的聚集程度，以判断长城功能对聚落体系的影响。

3 数据来源与数据处理

3.1 数据来源

通过翻阅《关城堡》《中国长城志》《四镇三关志》《明长城考实》等资料收集各管辖区内的城堡信息；同时通过网络资料、实地调研确定各城堡的地理位置，最终将城堡的地理位置呈现于ARCGIS软件中。本文主要以《四镇三关志》的资料为基准，其他相关资料作为补充。大部分地理数据与古文献上记载的城堡信息相对应；部分地区只确定有城堡遗址，但名称不详，这一种以当地地名形式记录（表1）。由于历史资料的地理信息表达方式不够准确，少数关城堡的确切地理位置不能确定，因此本文所使用的数据有局部缺损，但对整体信息的把握影响不大。

针对当代长城沿线的乡村旅游信息，主要是结合网络评价信息和景区等级选出具有代表性的长城主题景区，并在Airbnb网站（https://zh.airbnb.com/）搜索景区附近的民宿信息，结合民宿所在乡村的地理位置、民宿宣传标题中提示的“旅游信息”来判断该乡村是否在附近长城主题景区的影响下选择提供旅游服务。

3.2 数据处理

确定北京地区长城沿线军事防御体系中的重要军事战略位置（以重要关口为主）。在ARCGIS中利用北京市DEM进行地形校正，划定这些战略位置的腹地，并计算腹地内军事聚落的集聚维数值D和无标度区拟合优度（图3）。若双对数坐标下无标度区拟合优度≥0.9000，则认为符合分形结构的标准。根据集聚维数值D大小判断重要节点周围的密度衰减特点，若D=2，则表示聚落空间呈均匀分布状态；若D>2，则聚落空间呈离散分布，且D值越大其离散程度越大；若D<2，则反之（吴江国 等，2014）。利用集聚维数判断长城沿线重要军事战略节点所产生的空间集聚影响力。

4 军事功能主导下的聚落分析

明代长城防御体系在发展过程中，先后经历了“元人北归，积极防御”“敌患日多，边防甚重”“女真南侵，加紧修城”三个历史阶段，长城沿线军事聚落布局变化则体现了各阶段的政治特征。因此，本文选取了1368—1449年（明洪武—明正统）、1449—1566年（明景泰—明嘉靖）、1566—1644年（明隆庆—明崇祯）这三个阶段进行分析。

重要军事战略点分别选取了沿河城、居庸关城等7个节点（表2）。

4.1 明初期：军事功能与聚落分布之间的空间响应关系

（1）分形特征：“集聚分布—均匀趋势—集聚分布”

明代初期，朝廷在北京地区陆续修筑了100多处军事聚落，长城防御体系初步形成。其沿线聚落空间分布模式基本奠定了明代中后期的格局基础。根据集聚维数的计算结果（表3、图4），可以看出：①位于北京西北地区的沿河城和居庸关两处节点的维数D值小于1，表明其周围军事聚落分布体系具有较强的集聚特征；②石塘路营城的维数D值约为2，四海冶堡和古北口堡的D值约为1.5，表明从北京北部到东北方向的长城沿线军事聚落呈现均匀分布的趋势；③将军关堡和大角峪堡位于北京地区的东北区域，与天津、河北衔接。其中，大角峪堡的维数D值为

表1 各时期长城沿线军事聚落分布情况

明洪武—明正统时期							
鱼子山村	熊儿寨	沙坡峪	南水峪	北水峪	将军关	柏岭关	石沟峪
黑峪关	辛营村	西水峪	田仙峪	大臻峪	铁矿峪	南冶村	大片
北洞	居庸关	上关	八达岭	石峡古堡	石佛寺村	南口村	大寨岭关
沿河城	天津关	榆林堡村	德胜口	长元堡	新城子村	大角峪	曹家路村
黄松峪村	五虎门景区	遥桥古堡	小口城堡	吉家营村	大虫峪	古北水镇	东关
令公城堡	土墙子城堡	石岩井城堡	姜毛峪	上营村	白马关堡	下营村	黄崖口堡
黑山寺村	白道峪村	大水峪村	石佛	高家庄堡	南地	南响水峪	西驼古城堡
水堡子村	石塘岭堡	西白莲峪	彰作关	将军关	黄松峪水库	西驼古村	东驼古村
亓连口关	河防口	小水峪	牛盆峪	东水峪	蔡家店堡	东沟村	黑峪关
破城子	丫髻山寨	上营城	杨家堡	苏家峪寨	大水洼寨	沙岭儿寨	砖垛子
潮河川堡	高崖口	东小龙门口	燕家台	梨园岭村	江水河	洪水口村	房良村
淤白村	镇罗营镇	鸦鹘安寨	卢家安寨	河南营	营房村	黄岩口	花园村
司马台	河西城堡	半城子村	北白岩村	三角城城堡	黑水湾村	帮水峪	二司
三司村	四司村	头司村	东灰领村	营城村	海子口	永安堡村	马营堡
龙泉堡	西水峪	小城城堡	蚕房峪寨	京城马友会	冯家峪村		
明景泰—明嘉靖							
渤海所	黄花城	巩华城	贾儿岭	长峪	兴隆城	擦石	石湖峪
长峪城	四海冶	黑汉岭	周四沟村	岔道口	柳沟古城	白河堡	古北口
石匣堡	马营城						
明隆庆—明崇祯							
磨石口关	鹞子峪城堡	撞道口	二道关	刘斌堡	上峪 关上城堡	神堂峪堡	

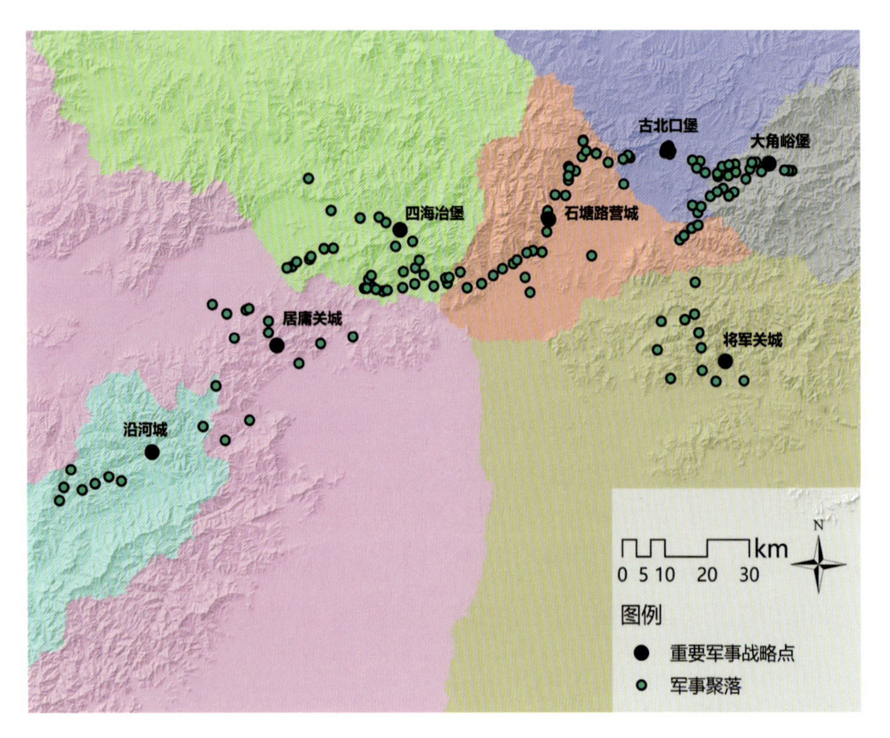

图3 各重要军事战略点的腹地范围　　**图片来源：作者自绘**

2.5575，表明其聚落密度由内到外逐渐增大，呈离散状态。在所有节点中，大角峪堡出于长城大转弯处，加上集聚维数的计算特点，导致此处D值较大。将军关堡的维数D值则为0.8934，军事聚落布局空间重新呈现集聚状态。整体而言，明代初期北京地区长城沿线军事聚落呈现“集聚分布—均匀趋势—集聚分布”的空间状态。

（2）军事作用：元人北归，积极防御

该时期主要有两个重要历史事件增加了北京地区的军事防御压力。一是元人北归，为了稳定朝廷的统治，有必要通过长城防御体系来防止

表2 重要军事战略点信息

重要军事战略点	特点
沿河城	沿河城修建于明代万历六年（1578年），因此城临永定河，故称为沿河城。此城是北京通向塞外的要道之一，为明清时期的重要关隘
居庸关城	作为京城西北之要塞屏障，居庸关拥有完善的防御体系，自北而南分别由岔道城、居庸外镇（八达岭）、上关城、中关城（居庸关）及南口五道防线组成，而居庸关则作为整个体制之指挥中心，也是万里长城关隘中战事较多者之一
四海冶堡	据《延庆县志》载："四海冶城，元时入上都通衢，创于明天顺八年。"此城堡居四山之内，地势孤危，上可通独石口，下连横岭，实为宣府镇东路咽喉要冲，且正在皇陵之后，为防守要地
石塘路营城	石塘路营城为长城的重要关隘和交通要冲，清代《密云县志》誉其为"密云首险"。明代初年，建营城（北城），称石塘岭堡
古北口堡	古北口与居庸关东西对峙，是华北平原通往内蒙古高原的要道，自古雄险，有"地扼襟喉通朔漠，天留锁钥枕雄关"之称，也是万里长城战事繁多的关隘之一
将军关城	将军关正处谷口，地势开阔，形势险要，为要冲之地，是平谷东北区域的重要关隘
大角峪堡	大角峪堡是曹家路的东南屏障，地势险要，战略地位重要

表3 以重要军事战略点为中心的军事聚落集聚分形特征

重要军事战略点	时间	无标度范围/km	R2	q	D维数
沿河城	1368—1449年（明洪武—明正统）	9.910~17.665	0.9967	1.1167	0.8955
居庸关城		2.497~13.547	0.9958	1.0579	0.9453
四海冶堡		3.722~15.380	0.9348	0.6418	1.5581
石塘路营城	1368—1449年（明洪武—明正统）	3.239~14.629	0.9907	0.4878	2.0500
古北口堡		2.979~7.191	0.968	0.6703	1.4919
将军关城		3.598~11.167	0.9875	1.1193	0.8934
大角峪堡		1.820~9.259	0.9973	0.3910	2.5575

元人的侵扰；二是迁都北京，这进一步提高了北京的政治地位，也极大地促进了北京地区长城防御体系的建设。而"集聚分布—均匀趋势—集聚分布"的军事聚落分布格局正是当时军事压力和山地空间特点共同作用的结果。

（3）空间响应关系

北京地区各长城段有不同的军事压力，其聚落空间分布特征也会相应有所区别。长城首先过彰作关，向北到将军关，又折西至黄松峪关，后一直向北入密云。该段长城是北京地区的边防力量，沿线聚落以将军关为核心呈现集聚分布。长城进入密云后向北走，经营房村后折向东北方向，在黑峪关处掉头180°，然后一直向西绵延到古北口。该段长城选取了大角峪堡作为重要节点，它目前在北京和河北的分界线附近，在历史上同样拥有军事作用。据记载，蒙古军曾入侵到大角峪，威胁到北京的安全。虽然大角峪堡的维数D值大于2，但从空间上来说，周围聚落密集分布。古北口长城段，历史上一直是军事战略要地，曾发生多次战事，最著名的是"庚戌之变"，其沿线军事聚落呈现均匀分布的趋势。经过古北口堡后，长城一路向西，经白马关处折向西南方向，进入石塘路长城段。在《密云县志》（清）中，石塘路被誉为"密云首险"，具有重要的军事地位。和其他节点相比，石塘路营城周围长城军事聚落分布得比较均匀。长城随后经神堂峪，往西转向磨石口关，到达北京结附近。明长城在这里出现两道长城，一路沿西南方向过黄花城，另一路沿西北方向到达张家口。四海冶堡则处于两道长

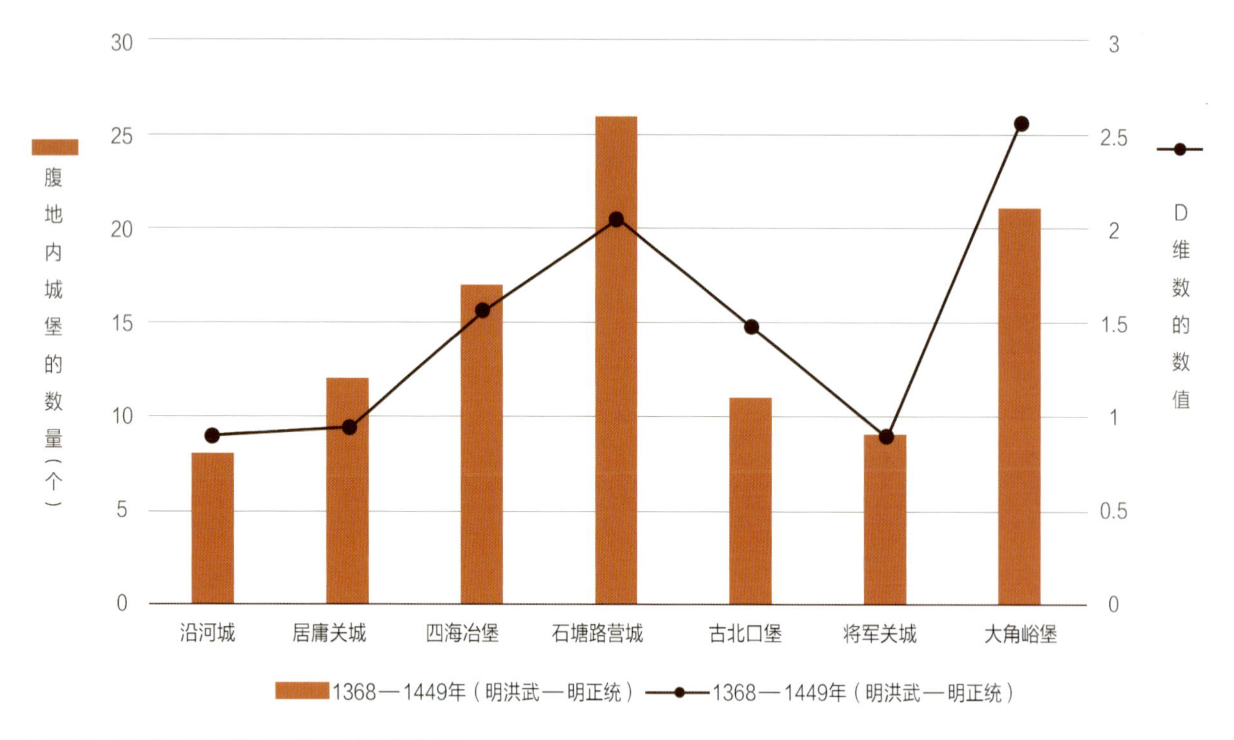

图4 明洪武—明正统时期长城沿线城堡体系集聚维数分布图 **图片来源：作者自绘**

城之间，对周围军事聚落而言具有集聚作用。居庸关城是历史上著名的战略要地，周围聚落同样表现出较强的集聚性。

4.2 明中期：军事功能与聚落分布之间的空间响应关系

（1）分形特征："集聚分布—均匀趋势—集聚分布"

与明代初期相比，部分节点腹地内军事聚落的集聚性发生了变化，较为明显的是，四海冶堡周围的聚落分布呈现均匀状态，居庸关城的集聚性变小，从而形成"集聚分布—均匀趋势—集聚分布"的军事聚落空间分布状态（表4、图5）。

（2）军事作用：敌患日多，边防甚重

在明代中期，对长城沿线军事压力产生较大影响的是昌平十三陵陵寝的建设。为了保障其安全，朝廷分别于嘉靖三十年和三十八年在蓟镇长城所辖防御区内，增设昌镇和真保镇（尹钧科，2001）。因此，明十三陵北部长城段沿线的军事聚落出现较大调整。

（3）空间响应关系

在空间上，具体表现在：四海冶堡西北方向长城段沿线增加了黑汉岭堡、周四沟堡；西南方向增加的城堡数量较多，有石湖峪堡、黄花城堡、大长峪城堡、擦石口、渤海所共5处城堡。这些城堡都处于军事要地，黄花城堡和渤海所更曾是参将驻扎所在地，可见这段时期该长城段的军事地位大幅提升。居庸关城周围则增加了岔道城一处，形成了著名的"岔道城—八达岭—上关城—居庸关—南口"五道关卡，也成为守卫明十三陵陵寝和北京城的一道重要防御力量。

4.3 明末期：军事功能与聚落分布之间的空间响应关系

（1）分形特征："集聚分布—均匀趋势—集聚分布"

与明代中期相比，四海冶堡和石塘路营城由均匀化状态转变成离散发展趋势，且四海冶堡离散程度更大，将军关城附近的集聚性变小，整体上北京地区长城军事聚落体系呈现"集聚分布—均匀趋势—集聚分布"的空间状态（表5、图6）。

（2）军事作用：女真南侵，加紧修城

明代末期的政治环境表现为"女真南侵，加紧修城"，北京地区各长城段沿线军事聚落有少量

表4 以重要军事战略点为中心的军事聚落集聚分形特征

重要军事战略点	时间	无标度范围/km	R2	q	D维数
沿河城	1449—1566年（明景泰—明嘉靖）	9.910~18.104	0.9979	1.0474	0.9547
居庸关城		3.972~13.348	0.9908	0.8898	1.1238
四海冶堡		2.632~16.089	0.976	0.4895	2.0429
石塘路营城		4.173~14.629	0.9934	0.4764	2.0991
古北口堡		2.719~6.885	0.9722	0.6657	1.5022
将军关城		3.598~11.167	0.9875	1.1193	0.8934
大角峪堡		1.820~9.259	0.9973	0.391	2.5575

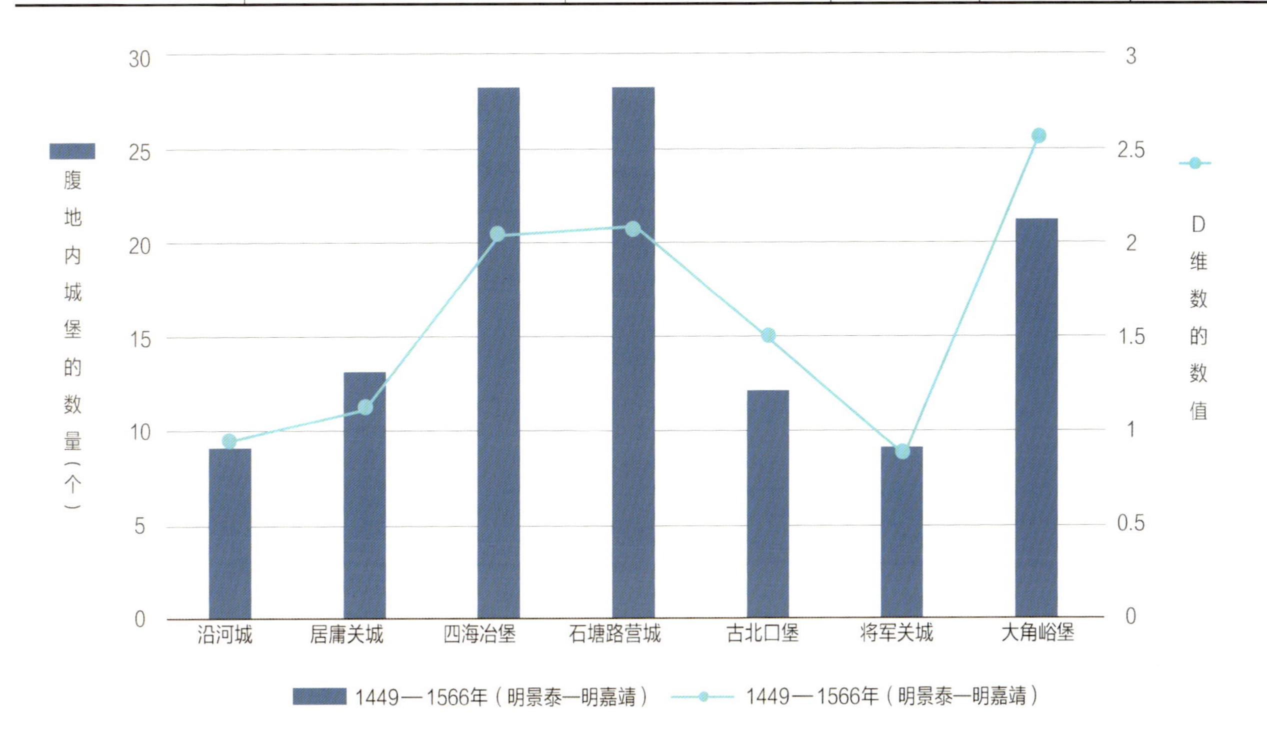

图5 明景泰—明嘉靖时期长城沿线城堡体系集聚维数分布图 **图片来源：作者自绘**

增加，主要依旧集中在明十三陵的军事防线上。

（3）空间响应关系

四海冶堡周围长城段军事聚落依旧有所增加，其中西北方向增加了刘斌堡一处，西南方向增加了鹞子峪堡、二道关、撞道口、磨石口共五处城堡，再次巩固了明十三陵周围的军事防线。在石塘路附近长城段，明万历年间在神堂峪关附近增设一座驻兵城堡以稳定该极冲之地；同时增设一座上峪城堡，加强对北方侵兵的防御。总体上，明代后期所增加的军事聚落相对于重要节点来说呈分散分布状态，是对之前防御体系的再次调整和巩固。

5 旅游功能主导下的聚落分析

5.1 长城军事功能与旅游功能之间的空间关系

从聚落体系的演化特征来说，明代长城修建过程中的军事聚落体系对后来的乡村格局有很大的影响，目前北京北部山区的部分行政村是在原有城堡基础上发展而来的，例如鹞子峪村、撞道口村等。这些聚落，部分成为普通的小村子，部分依靠城堡文化、乡村特色发展农家乐等旅游服务行业。

北京地区为旅游重点的长城段大多是明代的重要战略地段，它们往往修葺得比较坚固，结构比较完整。部分长城段出于军事防守的目的，改

表6 各景区周围旅游聚落集聚分形特征

景区名称	八达岭风景区	慕田峪风景区	司马台长城景区
旅游乡村数量/个	16	15	14
地理影响范围/km	13	12	13
集聚维数	3.2530	4.1017	1.6946

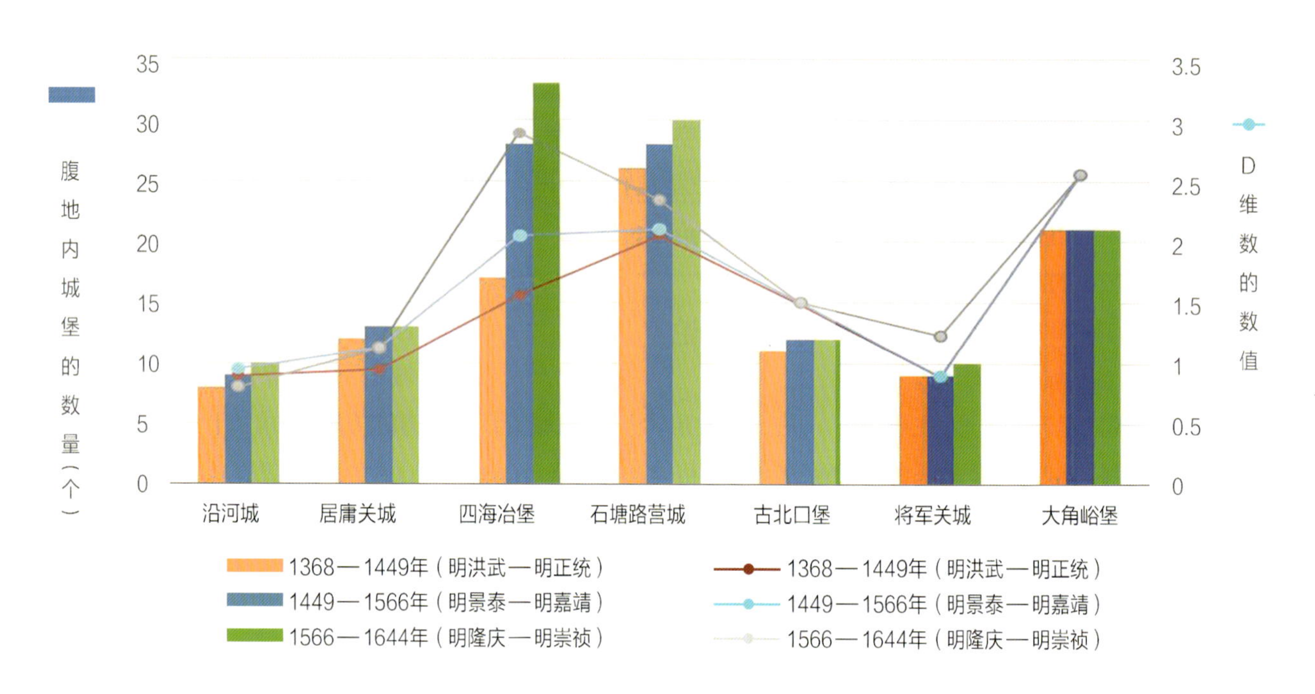

图8 不同时期明长城沿线军事聚落空间特征变化图 **图片来源：作者自绘**

长城对沿线聚落空间的影响模式会发生本质的变化，具体表现为市场成为促进旅游聚落发展的主导因素。但单靠市场不足以结合古代军事防御布局特点形成带动发展的机制，例如大角峪堡、石塘路、四海冶堡一带聚落曾是受军事功能牵制的主要战略区域，但旅游功能无法深入发展，导致人们对它们的认识和理解不够，这不利于长城文化带的全面发展。同时，旅游业的发展也对建筑布局和形态产生了负面影响，具体表现为传统风貌被商业化开发，历史建筑周围增修的旅游服务场所破坏了聚落的历史风貌。

因此，在“单点”旅游文化的影响下，人们所理解的“长城文化”与长城的客体原真性（葛丹东 等，2018）存在偏差，人们对长城的认识仅限于“城墙”，而非整个防御体系；人们对“八达岭”等著名长城段有所了解，但对整段长城缺少全面认识。因此，对于长城文化遗产发展，应该立足于古代的军事防御体系串联长城与周围乡村的网络空间系统，并进一步根据长城的功能转变衍生出新的“城”“乡”空间体系，从而促使长城功能有效对接和转变。对于遗址尚存、军事作用突出的聚落，主张保留与军事功能相适应的建筑布局和形式，为人们提供文化认知服务；对于遗址失存、军事作用不显著的聚落，主张发展与当地人生产生活相适应的建筑布局和形式，由此长城周边聚落逐渐形成有层次、有结构的长城活化体系。

参考文献

陈海燕，董耀会，2016. 中国长城志［M］. 江苏：江苏凤凰科学技术出版社.

陈喆，董明晋，戴俭，2008. 北京地区长城沿线戍边城堡形态特征与保护策略探析［J］. 建筑学报(3)：84–87.

陈彦光，刘继生，1999. 区域交通网络分形的DBM特征：交通网络Laplacian分形性质的实证研究［J］. 地理科学(2)：114–118.

陈彦光，周一星，2001. 豫北地区城镇体系空间结构的多分形研究［J］. 北京大学学报（自然科学版），37(6)：810–818.

葛丹东，徐威，高宁，2018. 基于主客体原真性的古镇更新策略与机制研究：以浙江乾元古镇为例［J］. 浙江大学学报（理学版），45(2)：251–260.

韩福文，佟玉权，张丽，2010. 东北地区工业遗产旅游价值评价：以大连市近现代工业遗产为例［J］. 城市发展研究，17(5)：114–119.

华夏子，1988. 明长城考实［M］. 北京：档案出版社.

焦睿红，杨珊珊，丁奇，2013. 长城文化遗产廊道构建初探［C］//中国风景园林学会.中国风景园林学会 2013年会论文集(下册). 北京:中国建筑工业出版社:346–349.

刘东，王大伟，王俊，等，2016. 三江平原农业水土资源系统复杂性测度理论与方法：熵、分形、混沌［M］. 北京：中国水利水电出版社.

李利，白颖，李春青，2019. 西湖自然文化遗产地的演进途径及其启示［J］. 北京建筑大学学报(1)：38–44.

刘效祖，1997. 四镇三关志（四库禁毁书丛刊史部第10册）［M］. 北京:北京出版社.

李哲，张玉坤，李严，2011. 明长城军堡选址的影响因素及布局初探：以宁陕晋冀为例［J］. 人文地理(2)：103–107.

明兵部，1981. 九边图说［M］. 台北：正中书局印行.

马明，孙富，2017. 晋蒙交界明长城沿线堡寨式聚落空间形态演变研究［J］. 现代城市研究 (3)：124–130.

谭其骧，1982. 中国历史地图集［M］. 北京：中国地图出版社.

吴江国，张小林，冀亚哲，2014. 不同尺度乡村聚落景观的空间集聚性分形特征及影响因素分析：以江苏省镇江市为例［J］. 人文地理，29(1)：99–107.

王燕燕，王浩，唐晓岚，2014. 南京明城墙历史意义变更及现代价值更新研究［J］. 中国园林 (8)：89–91.

薛程，段清波，赵丛苍，2016. 论明长城区域军事聚落的形成［J］. 西北大学学报（哲学社会科学版），46(4)：151–155.

徐凌玉，张玉坤，李严，2018. 明长城防御体系文化遗产价值评估研究［J］. 北京联合大学学报(人文社会科学版)，16(04)：96–105.

杨国庆，2011. 城墙的文化意义与当代城墙文化保护［J］. 中国文化遗产(1)：7.

尹钧科，2001. 北京郊区村落发展史［M］. 北京:北京大学出版社.

尹龙，2017. 南靖土楼的功能演变与遗产保护［M］//陈建中，郑长玲. 守望古厝的探索：两岸大学生闽南聚落文化与传统建筑调查夏令营暨学术研讨会论文集. 北京:文化艺术出版社：260–268.

杨申茂，张玉坤，张萍，2018. 明长城宣府镇防御体系与军事聚落［M］. 北京：中国建筑工业出版社.

张鸿翔，1936. 长城关堡录［M］. 中国地学会地学杂志抽印本.

张荣天，管晶，2016. 非物质文化遗产旅游开发价值评价模型与实证分析：以皖南地区为例［J］. 旅游研究，8(3)：60–66.

HARGROVE C M，2017. Cultural heritage tourism: five steps for success and sustainability［M］. Maryland：Rowman & Littlefield.

NECISSA Y，2011. Cultural heritage as a resource: its role in the sustainability of urban developments. The Case of Tlemcen, Algeria［J］. Procedia engineering，21：874–882.

TIMOTHY D J，BOYD S W，2006. Heritage tourism in the 21st century: valued traditions and new perspectives［J］. Journal of heritage tourism，1(1)：1–16.

TIMOTHY D J，2018. Making sense of heritage tourism: research trends in a maturing field of study［J］. Tourism management perspectives，25：177–180.

WANG F，XU Y Y，ZHAO Y，et al.，2018. Belt or network? The spatial structure and shaping mechanism of the Great Wall cultural belt in Beijing［J］. Journal of mountain science，15(9)：2027–2042.

历史文化建筑重建与地区更新的耦合机制研究：以衙门口地区骆驼会馆重建为例

Research on the Integration Mechanism of Historical Building Reconstruction and Regional Renewal: Take the Luotuo Huiguan Building of Yamenkou Area as an Example

文 / 薛晓宁　黄　菲　张夏华　尹文超　刘　博　朱文睿　宋　媛

【摘　要】

城市更新需重塑空间文化品质。历史文化建筑作为城市的重要文化节点，与城市持续发生着互动，城市是其发展的基底，其是城市发展的节点。因此，如何从耦合的角度对历史文化建筑的重建进行优化，引导地区更新科学推进是本文的研究重点。本文以北京石景山区衙门口地区城市更新中重新修建骆驼会馆这一事件为例，从历史文化建筑与更新地区的双重关系的视角，深入探讨历史文化建筑重建与城市地区更新的耦合机制，从耦合取向、耦合功能、耦合过程等角度研究重建的历史文化建筑的功能定位、场所营造、方案设计等同城市地区更新的耦合机制。从而将历史文化建筑重建置于城市地区更新的场景中，为实现区域和历史文化建筑复合价值的提升提供具体的方式方法及建议。

【关键词】

历史文化建筑；重建；地区更新；耦合机制；骆驼会馆

【作者简介】

薛晓宁　中国建筑设计研究院绿色设计研究中心城乡生态发展研究所所长助理

黄　菲　中国建筑设计研究院绿色设计研究中心城乡生态发展研究所规划师

张夏华　北京市建筑设计研究院建筑师

尹文超　中国建筑设计研究院绿色设计研究中心城乡生态发展研究所所长

刘　博　中国建筑设计研究院绿色设计研究中心城乡生态发展研究所建筑师

朱文睿　中国建筑设计研究院绿色设计研究中心城乡生态发展研究所建筑师

宋　媛　中国建筑设计研究院绿色设计研究中心城乡生态发展研究所建筑师

1 研究背景

文化是城市重点地区更新的灵魂。当今时代,文化在综合国力竞争中的地位和作用越来越突出。然而,城市的发展也面临着自身成长和文化传承的矛盾——人文关怀日益丧失,文化冲突不断显现,城市记忆消失,富有特色的区域和传统文化不断被格式化的现象日益严重。在这种背景下,如何将文化与城市更新有效融合,为城市化的进程注入全面、协调、可持续发展的动力,在“地区更新”中不忘“文化传承”,有着世界性和长远性的意义。文化不是点缀,文化建设是地区更新的核心,能为地区创造新功能和价值,是地区更新过程中继生产建设、公共设施建设之后迎来的城市发展的更高阶段。如何在地区更新中安放这样蓬勃的文化热情,如何弘扬民族文化自信,适应新时代,满足人民日益增长的美好生活需要,是每一个规划师亟须思考的问题。

历史文化建筑的合理重建将对整个城市更新区起到画龙点睛的作用。城市里的建筑,特别是历史文化建筑,集中体现了每一个城市的精神与文化身份,是城市的历史印迹和文化价值之所在,是地区的重要文化节点,承载着整个地区的文化,起着重要的传承作用,能对整个区域起到文化提升作用,同时也将是未来城市科技展示的窗口。城市更新是一个长期、系统的民生工程,是一个弘扬历史文化的过程。善待历史文化建筑,其实就是善待我们自己的历史和文化。

2 衙门口地区更新概况

衙门口街区位于北京市石景山区南部,西五环路与莲石东路交叉口,属于北京市中心城16片区(图1、图2)。2017年,区委区政府按照“全面深度转型、高端绿色发展”战略,将石景山区衙门口地区环境综合整治项目纳入2017年重点工程。在此之前,该地区是石景山区大杂院和低端产业聚集的典型城中村,制约了地区经济发展和整体空间环境品质提升,当地居民多次上访表达改造意愿。

2019年的石景山政府工作报告里也提到,“衙门口地区是石景山区未来城市格局的重要组成部分,要同步高标准推进安置房、周边公共服务配套和市政基础设施建设,提

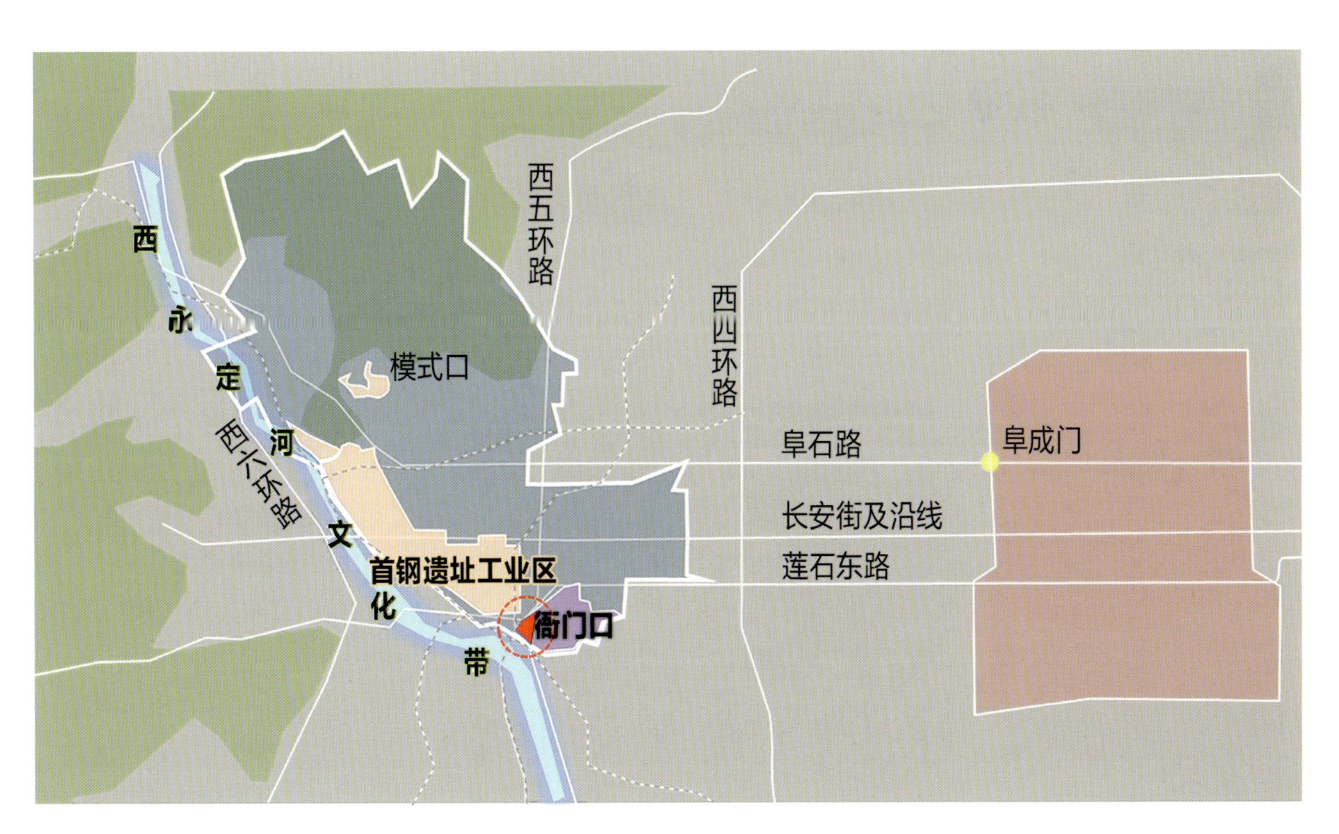

图1 新骆驼会馆建设区位

图片来源:作者自绘

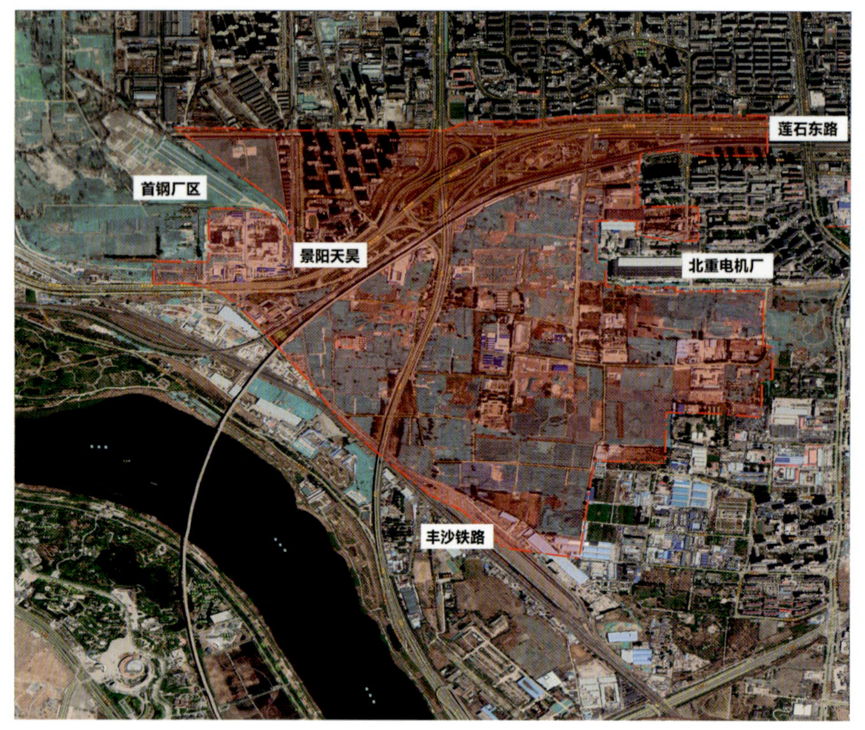

图2 更新地区现状卫星图　　图片来源：作者自绘

图3 现状保留的建筑　　图片来源：作者自摄

图4 当年骆驼会馆办公院内西厢房三间用作乡公所　　图片来源：《故乡往事》

高棚户区改造整体规划建设水平，打造成城市有机更新的样本”。

目前衙门口地区除剩余的有文化意义的几个老旧建筑院落之外（图3），所有建筑均已拆除。已完成控规编制，规划建设一座城市森林公园。2018年，区里与多方专家沟通，决定在城市森林公园里重新修建骆驼会馆。

老舍的《骆驼祥子》中做过一段关于骆运的精彩描述：“运煤人走到这里的时候，正是一半的路程，骆驼饿了，人也乏了，一边喂喂牲口，人同时也可以歇歇脚，喝上几杯。”元代，北京骆驼支援外埠驭用“翠幌金车锦骆驼，芙蓉绣褥载双娥”。衙门口村是北京骆驼运输队伍的必经之路，由此也带来了骆驼行业在此地的兴盛。为给驼户排忧解难，清代同治年间修建了骆驼会馆（图4）。骆驼会馆是该区域的重要公共建筑，于2010年北京市修五环过程中被拆除。

3 研究思路

历史文化建筑的重建落实到城市重点地区更新中，若想达到互相提升的双赢效果，需要通过以下几个方面研究其耦合机制（图5）。

3.1 明确骆驼会馆的耦合取向

衙门口地区若要借此次有机更新实现城市空间功能的重置，首先需要结合北京市总规、石景山分区规划等考虑其自身功能定位，同时明确地区的新时代发展需求和方向，从而为骆驼会馆的建设提供明确的方向和约束条件。

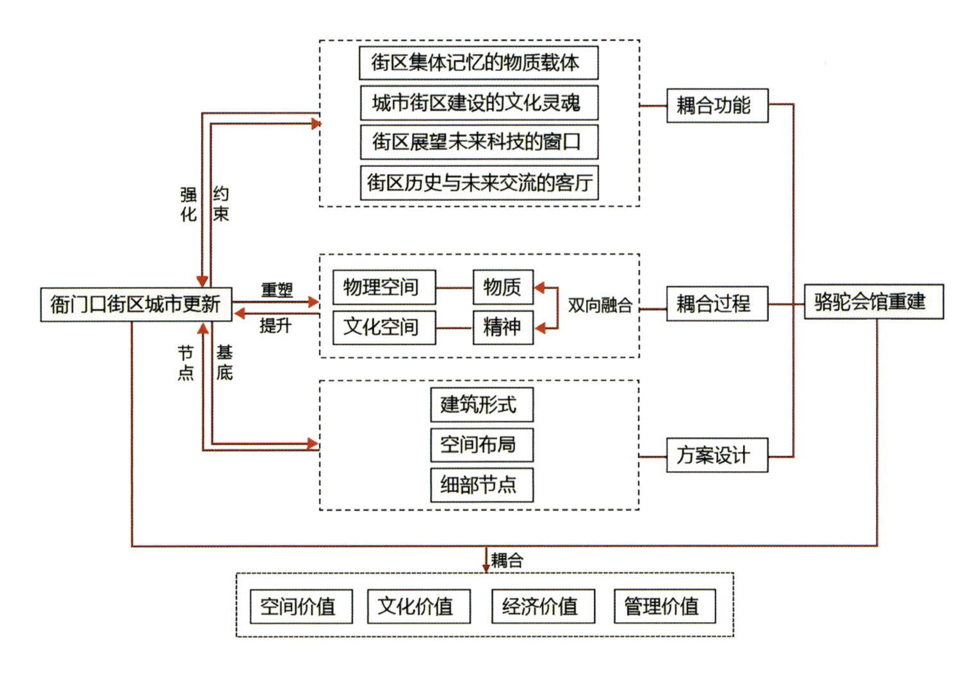

图5 研究路径　　图片来源：作者自绘

3.2 明确骆驼会馆的耦合功能

深入挖掘骆驼会馆的历史文脉信息，基于衙门口地区的功能定位和发展需求，通过整合分析，明确骆驼会馆在该地区的功能定位，从而为建筑方案设计提供基础。

3.3 明确骆驼会馆的耦合过程

建筑和场地不是孤立存在的，尤其是新建的骆驼会馆位于衙门口城市森林公园内，根据其功能定位，需研判建筑室外及室内空间，通过场所营造强化其功能定位是整个建筑设计的核心。

3.4 确定骆驼会馆的建筑设计方案

基于以上分析研究，骆驼会馆的设计方案将从建筑形式、空间布局、细部节点等方面着手，以其为物质文化载体作为衙门口地区重要的空间功能节点。

3.5 实现建筑和地区有机融合的复合价值

文化价值：衙门口地区城市更新需将文化渗透到城市的各个空间。骆驼会馆作为物质实体存在，并在其建成后举办各项文化活动，以动态和静态相结合的形式，成为地区重要的文化节点，并辐射带动整个区域的文化品质提升。

空间价值：衙门口地区城市更新以城市森林公园为依托，打造城市品质空间，骆驼会馆建筑本身接纳城市功能，同周边环境相互作用，共同营造城市空间，实现区域空间品质提升。

经济价值：骆驼会馆作为历史文化建筑，亦承担着商业、教育等功能，同衙门口地区商业、办公建筑形成区域效应，促进城市化进程，共同带动地区经济价值提升。

管理价值：探讨新时代文化建筑的运营方案及策略，为区域高效发展提供样本和范例。

4 骆驼会馆重建与衙门口地区更新耦合机制研究

4.1 骆驼会馆重建与衙门口地区更新耦合基础

在地区更新的过程中，针对已有的建筑、景观与城市设施进行重新设计与利用的手法正在全世界范围内兴起。伴随着可利用土地不断减少所带来的经济压力，也伴随着人们日益增长的对历史保护和可持续发展的兴趣，现有建筑适应性再利

精神，繁荣的商贸体现人们的服务精神，经营实业体现务实精神。

4.3.1.2 文化符号提炼

包括建筑符号、构筑提炼、传统工艺、文化典故提炼、地名人名提炼、生活意境提炼等方面。

4.3.1.3 色彩元素提炼

骆驼会馆出于塑造文化、科技、先进形象的设计需求，根据自身历史传承特点来确定建筑主调色，同时为保持文化建筑的稳重形象，严格控制辅调色以及点缀色的使用。从北京和石景山城市色彩中选用饱含历史底蕴的中明度、高彩度的砖红，高明度、低彩度的复合灰，中明度、低彩度的红棕以及中高明度、中高彩度的米黄作为建筑主调色；以白墙和玻璃的灰蓝色为辅调色；深红色和蓝色为点缀色。

4.3.2 方案生成

4.3.2.1 建筑形式

新骆驼会馆不仅是人们集体记忆的承载空间，更是当代人感受、学习和交流当代文化的场所。因此新骆驼会馆是这个时代与历史记忆的交汇点，空间与功能必须符合当代使用需求，并且在建筑形式与空间上充分体现当代文化与元素。主要体现在以下四个方面：一是顺应自然文化，充分结合自然山水资源，利用永定河文化带及北京“西绿东引”合理开展方案设计，打造滨五环高架岸线景观。二是传承历史文化，深度挖掘片区深厚的历史文化内涵，以历史脉络为故事线索，厘清衙门口地区各个朝代的历史沿革、空间演变及人文故事；把握骆驼会馆作为衙门口繁荣时期地区中心的定位，传承衙门口片区历史文脉，彰显传统风貌特征，让居民重温旧时记忆，记得住乡愁，让游客体验衙门口的历史文化精髓。三是写意当代文化，充分把握传承与发展的关系，既要传承历史，又要展现未来，更要服务当代，系统谋划好新骆驼会馆对衙门口片区的整体提升作用，以及片区城市设计与京西的有机衔接和协调统一。四是引领未来文化，领航整个片区，成为与未来对话的窗口。

骆驼作为沙漠之舟，驼峰中的脂肪会代谢产生水，驼峰是最主要的特征，这种精神需要在设计中加以提炼、表达。因此骆驼会馆的重建，选择用坡屋顶承载衙门口的乡愁记忆（图7）。

本次方案主要采用“聚”与“流”的空间意象。首先，通过传统坡屋顶，结合曲线流动，整合全新的展览空间。其次，用曲线屋顶与直线屋顶共同围合出内部静谧的庭院，既承接京西山地地貌，又充分体现对农耕文化的传承。最后，将建筑隐于森林之间，融于自然环境中。在细部做法方面，运用坡屋面形式致敬传统。在山墙的处理上，通过不同的砖墙砌筑方式，形成丰富的立面效果。在屋面设计处理上，通过屋面结构外露展现韵律美（图8、图9）。

4.3.2.2 平面布局

建筑分为地上一层和地下一层两部分，平面布局分为展示区、教育区和服务区三个部分，充分考虑衙门口地区文化印记，以特色文化廊道的形式展现衙门口地区的历史、现在和未来（图10、图11）。

（1）展示区

骆驼会馆展示区主要分布在地下一层和首层，包括门厅、展厅和庭院等空间，依托骆驼文化底蕴，打造特色文化廊道。凸显“古老文化艺术馆”的体量感，通过骆驼会馆丰富的文化底蕴记录文化变迁，通过静态展示和动态展示表现骆驼会馆辉煌的历史。

（2）教育区

骆驼会馆教育区主要分布在首层的多功能厅和图书阅读室，分为室内和室外两个部分，可进行全方位系统互动。既是科考、教学、培训的重要场所，又是旅游观光、避暑度假的理想胜地。沿途的古文化遗存，是旅游、科研、挖掘历史文化不可多得的珍贵实物资料，也是中小学生、青少年爱国主义教育基地。

（3）服务区

骆驼会馆服务区在首层及地下层均有分布，提倡协作并服务于展示区、教育区，实现资源共享，在兼顾展示、教育、示范的基础上，利用自身特点为骆驼会馆做好基本保障，实现休闲、娱乐的互联互通，让骆驼会馆更加多元化、体系化，形成有序、规范、快捷的服务综合体。

4.3.2.3 细部设计

骆驼会馆的细部设计就“门头设计”和“饮水石槽”两个部分展开论述。

（1）门头设计

京西建筑有着与生俱来的特色，屋顶以石板覆顶，以瓦垄压固石板，起清水脊，以雕花砖装饰蝎尾，或以石板覆顶，不起脊，不饰砖雕，简朴实用。石板是京西特有的一种建筑用板材，在京西民居中使用普遍。墙体一般青砖抱角，石砌台明。上身或圈三套五，五出五进，或月白灰墙心，讲究的甚至做灰塑。

图7 建筑形式元素来源 图片来源：作者自绘

图8 建筑设计方案人视图 图片来源：作者自绘

图9 建筑设计方案鸟瞰图 图片来源：作者自绘

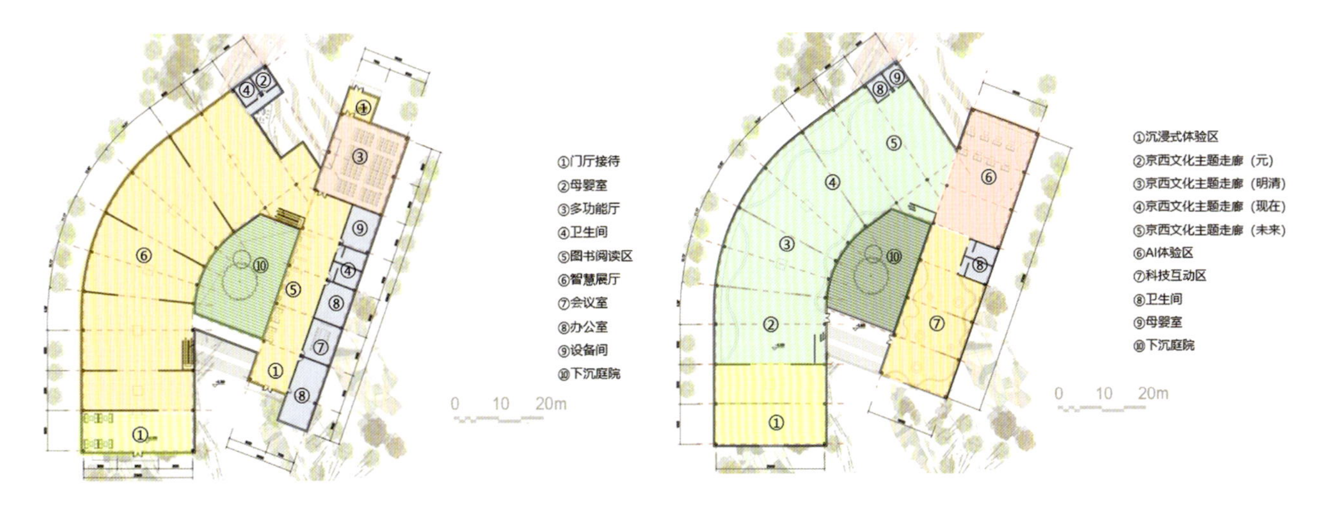

图10 建筑首层平面图 图片来源：作者自绘 图11 建筑地下一层平面图 图片来源：作者自绘

新骆驼会馆门头设计提取京西古建筑屋顶及墙体部分元素，将古代骆驼会馆的印记与现代建筑相结合，创造古今对话的建筑风格（图12）。

（2）“饮水石槽”

骆驼喝水是件大事。每条街都有一口水井，看管井的“井倌”把水从井中提上来后，倒入靠井口的中型水槽里，水从中型水槽流到一个小水槽里，最后从小水槽流到大水槽中，大水槽一般有三四个，互相贯通。水槽是用一米多宽，三四米长的整块大石头凿成的，清凉的井水把大水槽全灌满后，本街的骆驼都要到井台边的大水槽来饮水。过几天对水槽还要清刷。“井倌”每年要向驼户收一次“绳罐钱”，作为酬劳，同时用于井和水槽的维护及购买用品。驼运已消失在历史长河之中，而当时饮骆驼的大石槽却保留了下来，这些重达两吨的大石槽刻下了当时的记忆，老一辈仍能回忆起自家驯养骆驼的故事。我们把这些石槽留在骆驼会馆，通过造景与现代景观融合，保留这些历史的回忆（图13）。

图12 建筑设计细部图——门头

图片来源：作者自绘

造景

“挖出来的水槽，摆在那儿，能给我们老年人一些回忆。”

——衙门口老一代村民

图13 建筑设计细部图——水槽景观

图片来源：作者自绘

5 结论

北京市近年来陆续发布城市更新相关政策，以推进街区更新，引导城市更新。2019年2月召开的北京街道工作会议中，明确提出要有序推动街区更新，落实“老城不能再拆了”要求，爱惜城市历史文化遗产，在街巷整治的同时推进街区小规模、渐进式、可持续更新。

本文以北京市石景山衙门口地区历史建筑新骆驼会馆重建为例，从建筑设计与城市规划两个方向，探索历史建筑重建与地区更新的耦合机制，从而实现建筑和地区有机融合的复合价值。

城市更新如何能从自上而下提升城市文化吸引力，到自下而上结合地区文化建筑设计，实现区域和历史文化建筑双重价值的提升是当代城市更新面临的直接问题。为此，在设计工作中需要规划师和建筑师通力配合。一方面需要规划师积极深入了解地区现状情况，分析文化因素，在空间规划上规划清晰的文化节点，并实现其区域联动效应；另一方面，也需要建筑师建立宏观的、城市的视角，将建筑置于更广阔的城市时间维度和空间维度中，关注建筑与城市的交融界面，以此实现城市更新的多重价值和目标。

项目资助

北京建筑大学未来城市设计高精尖创新中心资助项目（UDCGJ002）

参考文献

北京门头沟区旅游发展委员会,北京门头沟区文化委员会，北京永定河文化研究会，2012. 北京城市的根和魂：走京西古道探源之旅［Z］.

北京市规划委员会，2002. 北京旧城25片历史文化保护区保护规划［M］. 北京：北京燕山出版社.

北京市城市规划研究院，2006. 北京市城市总体规划(2004–2020) ［J］. 北京规划建设(5)：98–101.

北京向阳亨泰投资管理公司，北京景阳天昊投资管理公司,石景山区衙门口农工商联合公司，2010. 故乡往事:衙门口村史料集锦［Z］.

汉宝德,黄健敏，2014. 建筑·历史·文化［M］. 北京：清华大学出版社.

韩光辉，2011. 从幽燕都会到中华国都:北京城市嬗变［M］. 北京：商务印书馆.

韩扬，北京市古代建筑研究所，2014. 北京古建文化丛书：近代建筑［M］. 北京：北京美术摄影出版社.

刘抚英，2012. 绿色建筑设计策略［M］. 北京：中国建筑工业出版社.

刘加平，2010. 绿色建筑概论［M］. 北京：中国建筑工业出版社.

历史文化名镇文旅融合的要素分析与体系建构研究：以浙江省盐官镇为例

Study on the Elements Analysis and System Construction of Culture and Tourism Integration in Distinguished Historical and Cultural Towns: A Case of Yanguan Town, Zhejiang

文 / 程 鸽　刘佳艺

【摘 要】

在经济、社会、技术、政治等宏观环境的积极推动下，文旅融合成为当前社会发展的一大热点，但在理论层面还缺乏对其体系构建的深入研究。入选浙江省首批历史文化名镇的盐官，在经历了2000多年的历史变迁后，形成了以潮文化、灯文化、名人文化为核心的特色古镇文化体系。当前，在其旅游业发展过程中，文旅矛盾、产品单一、文旅融合深度浅等问题日益突出。在这样的背景下，通过梳理盐官的资源、功能、产品、产业、品牌、技术、顶层、保障、情感等文旅融合要素，构建包含基础层、核心层、支撑层、延伸层的盐官古镇文旅融合体系。

【关键词】

历史文化名镇；文旅融合体系；要素分析；融合体系；盐官古镇

【作者简介】

程　鸽　山东大学历史文化学院文化产业管理系硕士研究生

刘佳艺　山东大学历史文化学院文化产业管理系硕士研究生

产业融合是在专业化分工加深、市场逐渐成熟的背景下进行的。文化产业和旅游产业在资源、技术、市场等方面的强关联性和天然耦合性为两者的融合提供了可能，两大产业的融合不仅可以更好地满足现存市场的需求，更能开拓新的市场领域，最终形成融合产业——文化旅游业。基于此，本文将文旅融合的概念界定为：随着市场需求的变化和市场竞争的日益激烈，文化产业与旅游产业因在资源、技术和市场方面有着较强的关联性而相互渗透，相互融合，逐渐形成以旅游为载体、以文化为灵魂的文化旅游业的重构过程（胡萌萌，2018）。

当前文旅融合的宏观环境是十分有利的。在经济层面，2018年我国人均GDP为9376美元，远超物质消费向精神消费的临界点5000美元，越来越多的人开始将旅游作为生活的必需品；在政治层面，2009年9月，文化部、国家旅游局共同发布《关于促进文化与旅游结合发展的指导意见》，提出“文化是旅游的灵魂，旅游是文化的重要载体”，2018年3月，十三届全国人大一次会议批准设立中华人民共和国文化和旅游部；在技术层面，云计算、物联网、AR/VR等新技术成为推动旅游管理、体验、服务和营销升级的第二生产力。

虽然目前文旅融合的宏观环境是十分积极的，但仍存在一些亟待解决的问题。首先，从国家顶层设计来看，文旅融合缺乏一部清晰可循的指导性文件。十年前出台的《关于促进文化与旅游结合发展的指导意见》主要是基于产业层面的谋划，与当前作为新产业组织形态的文旅融合已经相去甚远；其次，从政府组织机构来看，2018年3月成立了文化和旅游部，各省市也相继成立相关机构，重组后的机构还有待磨合；最后，从理论体系的构建来看，还缺乏综合性的理论成果，仍需要在文旅融合的实践过程中进行系统的理论探究（冯健，2018）。

目前国内对于文旅融合的研究主要集中于三方面：一是肌理研究，包括对基本理论、文旅融合机制和制度的研究；二是融合路径研究，包括对资源融合、产品融合、功能融合、服务融合、产业链融合、载体融合、市场融合的研究；三是模式研究，包括对路径要素模式、子产业模式、地域个案模式的研究。但对区域文旅融合体系构建的深入研究目前还较为缺乏（陈国忠，2019）。

基于以上实践背景和理论研究现状，本文以浙江省首批历史文化名镇—— 盐官古镇为例，通过分析盐官古镇文旅融合的现存问题，以及资源要素、功能要素、产品要素等文旅融合要素，构建包含基础层、核心层、支撑层、延伸层的盐官古镇文旅融合体系。

1 盐官古镇概况

盐官镇始建于西汉，因吴王刘濞煮海水为盐并在此设司盐之官而得名。盐官镇隶属浙江省海宁市，总面积为56.02km^2，辖17个行政村、4个社区，2017年总人口约5.15万，是举世闻名的观潮胜地。盐官是浙江省首批15个历史文化名镇之一，名胜古迹颇多，历史文化底蕴深厚，现为国家AAAA级旅游景区（图1）。当地既有诸如海神庙、王国维故居、海宁陈氏故居等文化遗址，也有始于唐盛于宋被列为朝廷贡品的硖石灯彩，还有因特殊地形而形成的“天下奇观钱江潮”。经过2000多年的历史积淀，盐官形成了以“潮文化”“灯文化”“名人文化”为核心的特色文化体系。

1.1 天下奇观涌起“潮文化”

海宁独特的地理位置赋予了它观潮胜地的美称。杭州湾是典型的喇叭状海湾，外深内浅，外宽内窄。钱塘江出海口以东的海面宽达100km，而海宁盐官镇一带的江面只有3km宽。每年农历的八月十六日至十八日，太阳、月亮、地球几乎在同一条直线上，海水受到最大的引潮力，涌入宽深的湾口，由于江面迅速收缩变小变浅，上涌的潮水还来不及均匀上升，便相互推搡，形成陡立的水墙，在海宁形成了“一潮三看四景”的追潮旅游，有盐官镇东约8km处大缺口的“双龙相扑碰头潮”、盐官镇的“江横白练一线潮”以及盐官西约11km处老盐仓的“惊涛裂岸回头潮”“月中齐鸣半夜潮”。

浩瀚的海宁潮撞击了历代文人墨客的灵感，李白、白居易、苏东坡、孙中山、徐志摩、毛泽东等都曾在此一睹奇观后，留下千余首咏潮诗词，凝成了一部特殊的“潮文化”历史教材。

1.2 轻罗万眼映出“灯文化”

海宁硖石灯彩以针刺纹精巧细美见长，集诗词、书法、绘画、篆刻、金石、刺绣于一体。除了有与各地制作灯彩相同的工序外，还在书画既成的纸面上以极其细致的针刺和铲刻把书画图案以外的空隙刀刀铲除、针针刺透，一个灯彩少则刺几十万孔，多则刺千万余孔。针刺后的灯彩在灯烛下透明发光，五光十色。

有灯必有会。在海宁，元宵节举行灯会时，农历正月十三为上灯，十五元宵最盛，十八为落灯（图2）。每逢五谷丰登、社会升平之时，海宁民众手提肩舆各式各样的彩灯，伴以丝竹管弦鼓钹之乐，欢声笑语，穿街走巷；迎灯队伍长达数里，观灯群众人山人海，通宵达旦（金海龙 等，2015）。

1.3 人才辈出汇成“名人文化”

海宁人杰地灵，人才辈出，这块土地孕育了东晋学者干宝，棋圣范西屏、施定庵，书法家陈奕禧、查升，藏书家吴骞、蒋光煦、蒋光，医学家王士雄，数学家李善兰，近代国学大师王国维，诗人徐志摩、穆旦，军事理论家蒋百里，作家金庸、陈学昭，古书画鉴定家徐邦达，篆刻书画家钱君等一大批名人。在清代更是出现了“一门三阁老，六部五尚书”的及第盛况。

2 盐官文旅融合的现状分析

盐官拥有十分丰富的历史文化资源，在文旅融合方面也取得了一定的成果，金庸书院、棋圣故居、陈阁老宅等名人故居已被开发成旅游景点；海神祭祀、元宵灯会等节庆活动被开发成了旅游节庆；皮影戏、《鹿鼎记》拍摄地等也开发成了演艺旅游地。尽管如此，盐官目前的文旅融合仍处于初级阶段，未形成产业，并没有综合考虑文旅融合的诸多要素，仍停留在浅层次的开发状态，存在以下几个亟待解决的问题。

2.1 文化和旅游之间的矛盾性

在盐官文旅融合的进程中，文化和旅游的矛盾性表现为：第一，文化资源稀缺性与旅游业逐利性之间的矛盾。在经济效益的驱使下，目前盐官景区文化资源的开发重视经济效益，忽视社会效益，例如在景区内

图1 浙江海宁盐官古镇　　图片来源：摄图网

打造格格不入的酒吧、游乐场等现代设施。第二，盐官文化严谨性与景区旅游随意性之间的矛盾。盐官的文化是完整而严格的，具体表现为法律、乡规、民约等，而旅游则是随心所欲的。想要将严谨的盐官文化与随心所欲的旅游相结合，很有可能会导致一方向另一方的妥协。盐官选择了文化向旅游妥协——将文化进行娱乐化改造以迎合游客的需要。第三，盐官本土文化和外来文化之间的矛盾。古镇在接待游客的同时，也会受到外来文化的冲击。现代化和旅游化正不断侵蚀着盐官传统文化的生存空间，无节制的经济欲望导致了古镇记忆的消失、群体认同的瓦解乃至历史文化内涵的离散（王韬钦，2018）。

2.2 旅游产品单一，未形成成熟的产品体系

在文旅融合的背景下，盐官古镇虽然出现了一批富有文化创意的旅游产品，但总体来说，观光型产品仍占绝对份额，门票依旧是盐官古镇景区主要的收入来源，特色鲜明的文化旅游产品体系尚未形成。以当地负有盛名的皮影戏为例，当前的开发还停留在简单的表演上，尚未进行相关衍生品的开发。

2.3 文旅融合深度浅

在旅游六要素中，“购”和“娱”是最具弹性和增长空间的要素，盐官却未对其进行深度挖掘。盐官旅游商品缺少地方特色，游客“购”的比重偏低，而结合当地习俗打造的一些旅游项目，比如皮影戏、元宵灯会、海神祭祀活动的特色未得到充分彰显，导致“娱”对旅游收入的贡献也较小（郝向耕，2018）。当前，盐官地区文化与旅游结合不紧密，特色的文化资源未被转化为文化生产力，互动的体验式项目缺乏，后续产业链断层的现象十分严重。

3 盐官文旅融合要素分析

具有2000多年历史的盐官古镇文化资源十分丰富，如何通过文旅融合将这些文化资源转化为文化生产力是笔者想要解决的一个问题。鉴于盐官文旅融合现存的问题，需要对文旅融合要素进行更广泛的考察，进而从构建体系的高度推进盐官文旅融合进程。主要包括以下要素。

3.1 资源要素

但凡积淀深厚的文化元素，历经长时间的传承和总结，往往会变得越来越抽象和深奥。为了让文化元素更具传播力和生命力，让旅游更具有特色和吸引力，将文化融入旅游资源就显得尤为重要。盐官地区拥有丰富的历史文化资源，如灯文化、名人文化、独一无二的钱江潮以及与之伴生的鱼鳞石塘、明代占鳌塔、孙中山观潮亭等。从这些旅游资源的特点出发，在产业链的各个环节融入文化创意元素，形成“新、奇、特”的旅游产品和服务，是构建盐官文旅融合体系的起点。

3.2 功能要素

盐官古镇首先应当是居民的生活空间，然后才是旅游经济的产业空间，如历史街区、宗庙祠堂、桥梁街道、海神庙等设施首先是为满足当地社区居民的生产生活需要而建立的，到了现代后，才被赋予了旅游功能。当前，盐官旅游业的发展面临着诸多问题，例如旅游业对社区居民的“挤出效应”，旅游开发所带来的环境破坏、遗址古迹的破坏等。为了妥善解决这些问题，在功能区设计上，要以满足居民需要为主，兼顾游客需要；在利益分配机制上，要将居民利益保护作为重中之重，例如在进行宰相风情街区、观潮胜地公园等景点建设时，既要整合利用现有名人故居、砚台博物馆、皮影戏观赏店等原有设施，又要完善休闲场所、特色街区、游览观光步道、休闲绿道等公共景观和游览设施，为居民和游客建设丰富多元、主客共享的公共休闲场所。

3.3 产品要素

利用产业链纵向、横向整合延伸机制，寻找盐官文化产业与旅游产业相交叉、相关联环节，以此作为盐官文旅产品打造的突破口。一方面利用盐官文化元素创新旅游业产品，拓宽旅游产业链。通过向旅游产业链不断提供创意产品和智力服务，将文化元素融入旅游产品和旅游服务中，提升其文化内涵和附加值，如旅游演艺、主题餐饮、主题住宿、旅游纪念品等，既丰富了旅游内容，满足了游客的多样化需求，又拓展了文化产业发展空间。另一方面在文化产业发展中融入旅游活动，延伸文化产业链。将盐官文化产业的某些价值链环节，如名人故居、《鹿鼎记》影视基地、海神祭祀、元宵灯会等开发成旅游产品进入旅游市场。通过文化资源和旅游资源的互补整合，打造富含文化内涵的旅游产品和富含旅游价值的文化产品，展现盐官地方特色。

3.4 产业要素

文化和旅游业的融合发展不仅会延伸原有产业链条，带来发展新动能，还会产生新的产业形态——文化旅游业。例如盐官的海神祭祀大典，不仅推动了“潮文化”的市场化开发，也成为带动当地经济社会发展的重要力量。随着盐官古镇文旅融合的深入推进，深挖文化资源，文旅综合体、文旅度假区、文化主题酒店等文旅融合新业态将在盐官不断涌现，并在文化创造、产业打造和满足并引领市场需求的前提下发展壮大。

3.5 品牌要素

品牌是指旅游产业融合区域优势、文化资源特色以及景观形象，打造展现地域特色的区域名片。在旅游行业发展现阶段，古镇旅游的市场竞争越来越激烈。以海宁潮为核心要素，结合“潮文化”“灯文化”“名人文化”，依托颇具名气的皮影戏，打造盐官古镇文化旅游品牌，有助于提升盐官古镇的市场竞争力，获取更多的经济效益和社会效益，有效解决盐官目前存在的规模小、分布散、自发经营、产品单一雷同等问题，为盐官文旅融合的发展提供巨大的推动力和持久的生命力。

图2 浙江海宁硖石元宵灯会

3.6 技术要素

利用新技术和新平台，将盐官丰富的历史文化资源与大数据、区块链、全息影像等新技术相结合，形成高附加值的文旅产品，是盐官文旅融合的新方向。例如在棋圣故居中，运用虚拟现实和全息影像技术，通过科技再现当年棋圣博弈教学场景。这样的开发方式比单纯将其作为观光景点，仅靠门票收入来维持运转要更为健康。通过数字化制作技术，借用沉浸式全息投影和数码感应互动系统打造沉浸展，在旅游的各个方面充分融入技术手段，将文化艺术之美与游客观展、互动、体验相结合，形成文旅产业技术价值链，是盐官文旅融合的一条重要路径。

3.7 保障要素

人才、资本和制度是推动盐官文旅融合的三个重要保障要素。

盐官地区经济基础薄弱，资金匮乏，除观潮日的其他时间，游客稀少，盐官经济模式以门票经济为主导，要实现盐官产业升级，需要大量的资金支持。一方面，政府部门可加

图片来源：摄图网

大投入，给予相关优惠政策，鼓励农户合伙投资，实现投资主体多元化；另一方面，盐官可拓宽收入渠道，改变门票经济模式，实现旅游收入的顺增长。

盐官文旅融合发展需要高水平、多层次特征的人才资源。对当地的劳动力资源就地培养，实现人才本地化；扶持乡贤和民间技艺传承人；创新利用外来人才等措施，建立健全盐官文旅融合的人才培养与引进制度，调整人才结构，提高人才素质，延伸人才价值链。同时，设立产学研一体的文旅新部门，匹配新制度，尽快启动干部培训工作，培养一支既懂文化又懂旅游，既具有融合理念新思维和前瞻性，又具有创新思维的文旅人才队伍。

盐官文旅融合需要在制度建设上进行统一规划和正确导向：一是要明确整体规划。推进盐官文旅融合首先要围绕古镇建设作好整个区域的文化旅游业整体发展规划。集中资源、整合力量，由当地政府部门、附近高校、企业组织以及相关机构组成合作团队，深度挖掘、研究并制定盐官文旅融合规划，进一步明确盐官文化旅游的发展定位。二是要深化体制机制改革。深化改革才能激发活力，一方面优化文化产业与旅游产业内部体制机制，引入企业管理力量，实行古镇法人治理体制，理顺文旅行业管理体制、经营机制和利益关系；另一方面，构建文化产业与旅游产业融合发展的协调机制，探索成立文化旅游业综合协调委员会，对涉及古镇文旅融合发展的重大事项进行统一决策、统一部署、统一管理，防止出现政府和企业相互推诿、降低融合效率的现象。

3.8 情感要素

人们在对事物进行判定时，都会不可避免地受到自身情感的影响，旅游目的地的选择亦不可避免。古镇旅游能使旅游者暂时远离城市的紧张和喧嚣，体验乡下古镇的生活，享受与家人相聚的欢乐时光，流连忘返，沉溺于轻松、自然的环境中，激发其美好情感与回忆。因此，盐官在深化文旅融合时，应充分考虑游客的情感需要：一要提升旅游过程中不同产品的体验以及服务水平，通过优质的产品和服务，让游客在盐官能够感受到精神上的愉悦、满足，并通过积极性情感的传递，让游客感受到远超过旅游浅层价值的深层文化内涵；二要站在游客的角度对旅游环境、文化、产业以及地域、亲和度等进行综合性考察和创造，使消费者产生愉悦、忠诚、感动等积极情感，提高消费者的消费意愿，实现情感价值向经济价值的转化（刘慧贞 等，2018）。

4 构建盐官古镇文旅融合体系

文旅融合是以文化资源和旅游资源融合为起点，形成文旅产品，并向更高层次的文旅产业演进，最终形成文化旅游业的一系列过程。本文基于文旅融合各要素的关联属性，从基础层、支撑层、核心层以及延伸层四个方面来构建盐官古镇文旅融合体系。各层级之间相互影响、相互渗、相互交叉，关联成一个盐官文旅融合体系。

4.1 基础层

资源要素和功能要素是实现文旅融合的起点，二者构成了盐官文旅融合的基础层。一方面通过分析盐官文化资源和旅游资源的自然属性、人文属性、资源特色、地域分布，得出盐官文化旅游资源开发的方向和潜力，明确开发的重点和序位，从而为打造文化产品、文化产业和盐官品牌提供多方面的依据；另一方面以功能为核心，在盐官景区规划和旅游项目建设过程中兼顾旅游者和本地居民的需要（图3）。

4.2 核心层

文旅产品、文旅产业和文旅品牌三者构成了文旅融合的核心层。在实现对基础性层次的构建后，通过对盐官古镇文化和旅游资源的综合开发利用，形成兼顾居民、游客需要的产品和服务，并逐步形成稳定发展的文化旅游业，最后构建属于盐官的文旅品牌。在构建文旅融合核心层的过程中，以产品和服务为载体传递品牌文化价值，能够为盐官文化旅游业的持续性发展提供不竭的动力支持，实现文化旅游业经济和社会价值的综合提升。

4.3 延伸层

延伸层主要由情感要素构成。一方面，旅游者在古镇旅游活动中，形成的情感价值是推动游客消费的精神动力；另一方面，通过核心层传递的盐官形象、轻松愉快的旅游体验以及难忘的情感记忆将促使旅游者再次回到盐官游玩。而这反过来又将进一步增强核心层价值创造的潜力，构成一个循环提升的价值增值系统。

4.4 支撑层

支撑层包括保障要素和技术要素。文旅融合发展的源动力在于技术、人才和资金三大基础要素的供应状况对政府顶层制度设计可以起到推动作用。只有当这三大基本要素都完备时，才能保证盐官文旅融合的科学性和发展的长效性。在盐官当前文旅融合体系的构建中，首先必须保证有充足的资金，能够有效支撑其各项产业建设和发展；第二，必须有具备高素质、强专业能力、既懂文化又懂旅游的人才，这样才能保证盐官文旅融合发展的科学性，第三，盐官文旅融合过程中必须坚持技术创新，依据创新性的原则，将新兴技术融入盐官古镇文化旅游产业链的各个环节，保证盐官文旅融合的技术竞争力。另外在融合体系构建的过程中，必须坚持制度建设的正确导向。

5 结语

本文基于产业融合的观点，分析了盐官古镇文旅融合要素，并在

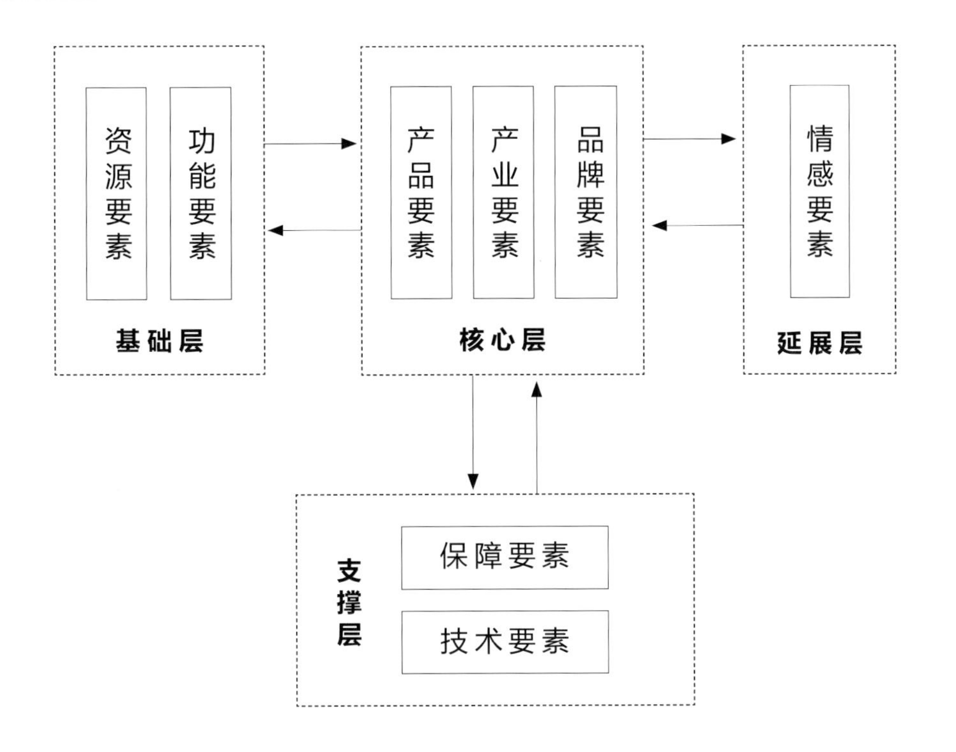

图3 盐官文旅融合体系　　**图片来源：作者自绘**

此基础上建构了包含基础层、核心层、支撑层、延伸层四大层次的盐官文旅融合体系。文化旅游业是文化产业和旅游业融合的必然产物。文化资源和旅游资源的融合是文旅融合的起点，盐官的历史文化资源非常丰富，但有效融入旅游产业链之中且获得良好效益的文化资源并不多，因此盐官当前的一个重要工作是将文化资源与旅游资源融合为文旅产品。技术是推动文旅融合发展的关键要素，盐官文旅产业的发展需要加强科技的融入：在供给侧，加强智慧旅游元素的供给；在需求侧，运用数字化、AI、VR、互联网等多种技术积极对接市场消费需求，借助创意设计，将盐官古镇的文化资源和旅游资源转变为百姓和游客能欣赏、体验、购买的文旅产品和服务。功能要素是文旅融合的重要保障，文化与旅游的融合要兼顾经济价值和社会价值，只有让社区居民、游客了解并认同旅游开发模式，文旅融合才有持续的生命力，否则将失去民众基础。在这三者的基础上，打造盐官文旅产品、文旅产业、古镇文旅特色品牌。

盐官古镇作为南方典型的历史文化古镇，其旅游业发展过程中存在的文化和旅游矛盾性、产品单一、融合度低等问题，其他古镇也一样存在。盐官古镇文旅融合体系的建构对于同类古镇的文旅融合体系建构具有一定的借鉴意义。

参考文献

陈国忠，2019. 推进文化旅游融合，实现优秀中华文化创新性发展、创造性转化［J］. 人文天下(01)：5-8.

冯健，2018. “文旅融合”该从何处着手［J］. 人民论坛(32)：86-87.

胡萌萌，2018. 杨凌农科城文化与旅游产业融合发展研究［D］. 西安：西安理工大学.

金海龙，章辉，2015. 我国文化产业与旅游产业融合研究综述［J］. 湖北理工学院学报，32(02)：23-28.

刘慧贞，贺钥琪，2018. 基于产业融合的旅游全价值链体系构建探讨［J］. 现代经济信息(02)：356-358.

王韬钦，2018. 文化振兴视阈下乡村文化旅游融合发展的内生逻辑及路径选择［J］.科技促进发展，14(12)：1186-1192.

正乙祠戏楼内景

商业参与及地方振兴

Business Engagement and Local Vitalization

图片来源：正乙祠戏楼

基于游客视角的主题公园创新传承非物质文化遗产研究：以华强方特东方神画为例

Creative Inheritance of Intangible Cultural Heritage in Theme Parks: The Case of Fantawild Oriental Heritage

文 / 孙　艳　杨双双　刘永生　刘小峰　肖洪根

【摘 要】

非物质文化遗产的传承是学界与业界共同关注的重要课题。本文以华强方特“东方神画”为例，了解游客对方特主题公园创新传承非遗的体验印象，发现主题公园以文化为核心，通过科技研发、创意设计与艺术美化实现非遗活化是行之有效的，未来还应更加重视游客体验，探索守护非遗原真，与游客构成二元核心创新主体，持续创新非遗活化之道，为企业参与非遗活化、实现产业经济效益提供参考。

【关键词】

主题公园；非物质文化遗产；创新传承；方特东方神画

【作者简介】

孙　艳　上海第二工业大学国际交流学院副院长、副教授，高级经济师

杨双双　阿里巴巴集团淘宝事业群高级产品专家

刘永生　华强方特文化科技集团副总裁，工程师

刘小峰　广交会威斯汀酒店总经理

肖洪根　香港理工大学酒店及旅游业管理学院副教授

1 导言

主题公园是对文化景观的重组(Davis, 1996)，是连接文化渊源、创意表达与社会生活的中介物，是文化传承创新的符号(殷航, 2017)。当前，中国主题公园发展正呈现新投资不断涌入、新品牌不断出现、规模化连锁化趋势明显、国际品牌看好并布局中国市场的局面。根据2018年度全球主题公园调查报告的统计，中国已成为世界主题公园市场增长最主要的区域，其中华强方特集团连续3年蝉联全球五强，游客接待量同比增长9.3%。本研究以华强方特东方神画（图1）为例，分析主题公园在激烈的市场竞争中，如何有效创新传承非物质文化遗产，从而为品牌持续发展、实现产业经济效益注入力量源泉。

2 文献综述

2.1 非物质文化遗产的概念

根据联合国教科文组织2003年通过的《保护非物质文化遗产公约》中的定义，非物质文化遗产（以下简称“非遗”）是指社区、团体和在某些情况下为个人所承认为其文化遗产的各类实践、表达形式、知识、技能以及与之相关的工具、实物和文化空间（王健，2010），主要包括口头传统表达、社会习俗、仪式与节日活动，以及关于自然和宇宙的知识与实践（Kato，2007）等。具体来说，非遗涉及服装（史学伟，2015；王统斌 等，2010）、民歌（Knox，2008）、民间节日或特别活动（Knox，2008）、故事（Chronis，2012；Engeset et al.，2015） 和传说（Robb，1998）等多个方面，其与特定地点或环境有着内在联系，但不固定于某一特定的地理空间，具有游移的特性（简万宁，2017）。文化是非遗的核心部分，只有通过载体，非遗才能体现其文化内涵与价值（邹统钎，2015），同时，非遗需要传统文化拥有者赋予其生命（McKercher et al.，2002），它体现了民族的生命力和创造性。

2.2 非遗旅游与文化传承

非遗的历史价值、文化价值、精神价值和审美价值为旅游开发提供了丰富的优质资源，它的独特性有利于将其转化为高质量的旅游产品。非遗旅游强调原真体验。Cohen（1988）认为，原真性不是一种原始性，而是一种可协商的意义。在旅游

图1 厦门方特东方神画航拍图 **图片来源：华强方特集团提供**

业的推动下，这种原真性通过表演者与游客的互动，融入新颖的真实信息与关系，它是非遗旅游活化的核心问题（邓小艳，2010）。学者们认为，在守护原真的大前提下，非遗可以在传统中实现形式、科技、题材等方面的创新（李江敏 等，2018）。保护、活化非遗，不仅可以有效丰富旅游项目，激发游客的兴趣，而且可以创新传承文化，拓展旅游业的发展空间。

2.3 主题公园的创新发展

主题公园是人造景观，不同于传统的旅游项目（Lillestol et al., 2015） 。学界对主题公园的研究主要有三类（Zhang et al., 2016）：第一类是将主题公园作为产品的研究，包括主题身份（Hoffstaedter, 2008）、文化遗产（Zhu，2012）、生命周期（余敏，2010）、顾客体验（Milman, 2009）等；第二类是将主题公园作为产业的研究，包括管理（赵雪璎 等，2018）、竞争战略（Braun et al., 1999; Lillestol et al., 2015）、旅游业和创意产业（Davis，1996）等；第三类是将主题公园作为城市基础设施的研究，包括城市规划（钟士恩 等，2015）和地方经济类别（卢松 等，2011）等。其中“文化遗产”方面主要探讨主题公园如何以现代的方式创新运用传统文化资源。

创新的概念最早由熊彼得（1942）提出，由于创新与企业竞争优势的相关性，创新已成为企业发展战略管理的重要组成部分。学者们认为主题公园的中国式自主创新内涵主要包括科技创新和文化特色两大要素，其中科技创新包括技术、管理与制度创新，而文化特色主要体现在提升内涵的文化创新方面（刘民坤 等，2014）。传统民间艺术等作为创意产品，正以时空重组的形式在主题公园中为游客所体验。

2.4 游客体验与感知

旅游的核心产品是游客所获得的有益体验（Prentice et al., 1998），它是非功能性和非标准化的产品（Johns et al., 2002）。游客感知是游客在感知利得和利失的基础上，对旅游产品或旅游服务在一定情境中满足其旅游需要程度的总体评价（李文兵 等，2010）。经营者应积极观察日常运作带给游客的体验，如娱乐、主题、设计、景观、礼貌、清洁等（Milman，2009），因为消费者希望有越来越多的机会来“崇拜”设施与体验（Benedikt，2001）。

当前，非遗旅游与文化传承以及主题公园发展研究的侧重点仍停留在开发和策略方面，对游客的研究不够。而旅游社会学对原真性的深入研究，既涉及旅游景观的吸引系统，又与旅游者的感受、体验、心理等旅游经历相关（肖洪根，2001）。游客在参观主题公园时对真实性的感知可以指导设计师和运营管理人员开发产品与体验，以满足游客期望。主题公园要实现创新传承非遗的可持续发展，游客视角会令研究结果更具有客观性与全面性。

3 研究方法与数据分析

不同的主题公园类型，文化传承有不同的体现形式。华强方特立足民族原创，将从源远流长的中华文化中吸取的精华呈现给国人（汤红，2018）。主题公园是华强方特传播中华文化的重要载体，其中东方神画主题公园就是以中国传统文化为内涵，通过独特的艺术手法和数字化技术展现“牛郎织女”“梁祝”“水漫金山”“女娲补天”“孟姜女”等历史神话故事（图2）。华强方特集团活化这些非遗的初衷就是希望通过高科技的沉浸感游乐体验与深厚的中华古典文化巧妙结合，融合现场娱乐、大型演艺，以及众多特色游乐项目，为集团打造“创、研、产、销”一体化的文化科技产业链。基于游客视角的研究能有效验证主题公园创新活化非遗的效果。

3.1 研究方法

本研究采用内容分析和专家访谈的研究方法，先基于互联网大数据，研究网评高频词的相关性；再通过访谈东方神画项目负责人（创意设计相关主创人员），请其分析规划设计与游客实际感知印象之间的差异及原因。

3.2 研究文本收集与预处理

新浪微博作为中国最大的移动互联网社交媒体平台，已成为人们获取信息及发表观点的主要渠道之一，越来越多的游客在旅途中通过新浪微博以照片和文字结合的形式即时表达自己的感受与心情，或在旅途结束后将对景点的点评和游记以长微博的形式发布。近年来的游客行为研究(王录仓、严翠霞、李巍，2017)、目的地和景点营销研究(周欣琪，郝小斐，2018)都开始采用微博大数据作为研究数据来源。

笔者应用ROST内容挖掘系统

图2 游客体验东方神画主题项目《牛郎织女》 图片来源：华强方特集团提供

(ROST Content Mining 6.0)抓取新浪微博2015年4月29日-2018年10月11日期间非官方媒体账号发布的关于“方特”+“文化”的所有内容(含转发)，经数据清洗去重处理后共得到3785条内容。之后通过ROST新闻分析工具(ROST News Analysis Tool V3.1)。进行词频分析，合并同义词，筛选出与本研究最相关的71个高频词。

3.3 网络数据分析

笔者应用Ucinet 6.0软件对71个高频词进行共线性分析，得出共线矩阵表，再应用NetDraw绘出语义网络分析图(图3)。可知以“文化”“旅游”为核心节点的各高频词相关性分布。

下一步在NetDraw软件中选取“中心化”，再选取“分级”进行中心性程度分析，设置网络图中只显示中心性大于200的节点连线及中心性值(图4)。综合分析可知，游客对“方特主题公园”与“文化”相关的网络评价，主要集中在主题乐园的基础功能感知与中国传统神话传说印象感受两个方面。其中“梦幻”“王国”“科技”等与主题乐园核心功能相关的词组频次都在1000以上，中心性值也在1000左右；“欢乐”“体验”“神奇”等主观评价的词频在500以上，中心性值也在500左右。值得注意的是，“东方”“神画”“中华”等与文化遗产和神话传说相关的词组，与“文化”的中心性值也高于400，说明在游客心目中，“方特”与东方文化、中华文化已经有了初步的关联印象。“神画”作为非遗IP也引起了一定范围的知晓度，正如游客微博的评价：“以高科技为手段，注入文化内涵，达到娱乐目的”，“文化与游乐齐飞，古韵与文明一色”，“有如梦如幻的化蝶传说，有40余米的雷峰塔‘跳楼机’……有极其危险的高难度非物质文化遗产打铁花”，“亭台楼榭、雕梁画栋……方特东方神画以全新的姿态呈现中国古老传说，展示中国古典文化的灿烂辉煌”。但“文化遗产”“神话传说”等高频词与“文化”的中心性值系数较低，均低于100，部分游客也表达了对中国古典神话的内涵表达不足的评价，比如“秦陵探险、水漫金山对中国文化的表达过于表面化”，“以神话传说为主要载体的各个项目效果参差不齐，有待改善”。说明通过方特神画主题公园进行中国古典神话传说的非遗活化还有较长的路要走，在发展过程中需要特别关注“梦幻”“科技”的功能属性与“欢乐”“神奇”的体验并举发展。

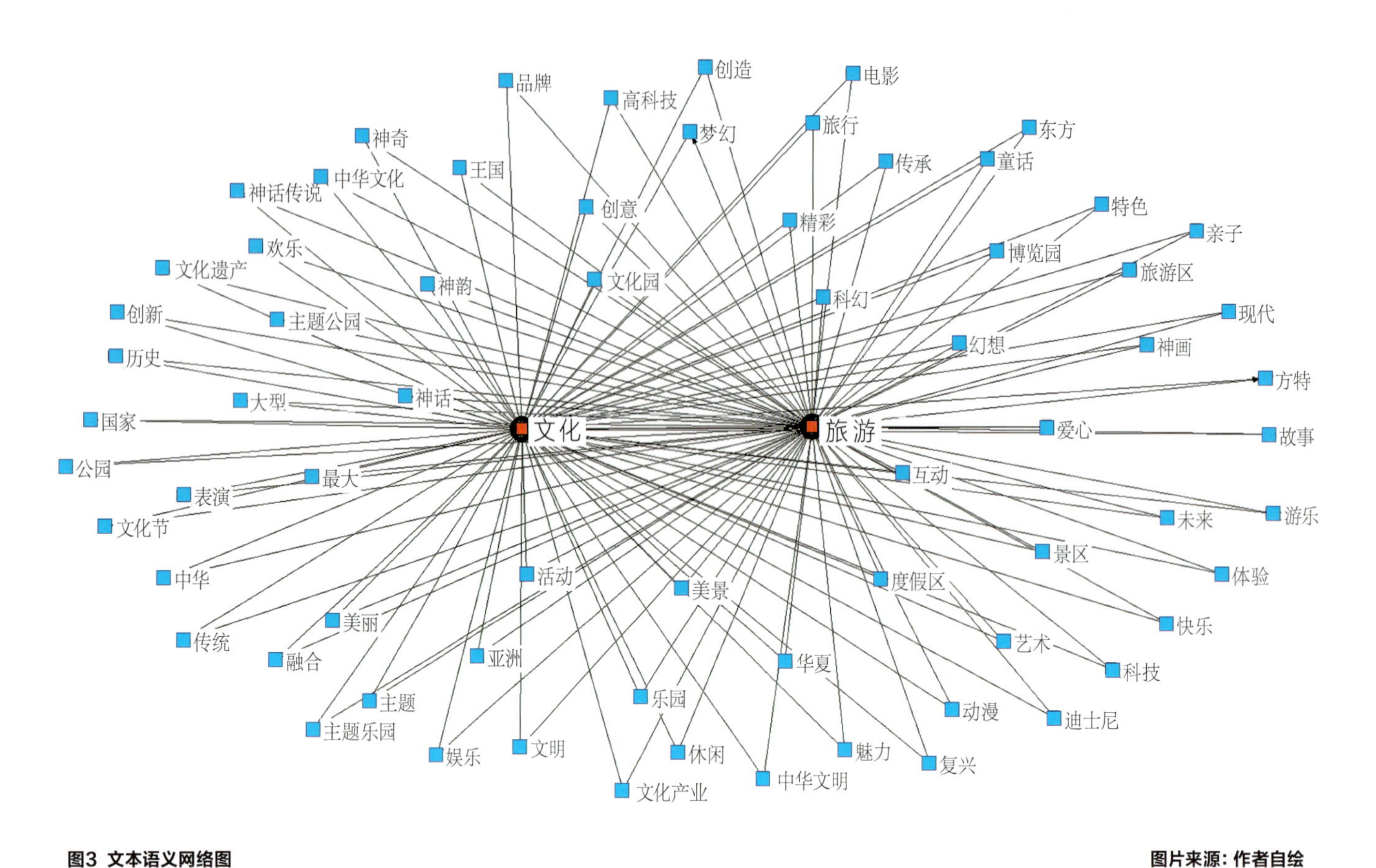

图3 文本语义网络图 **图片来源：作者自绘**

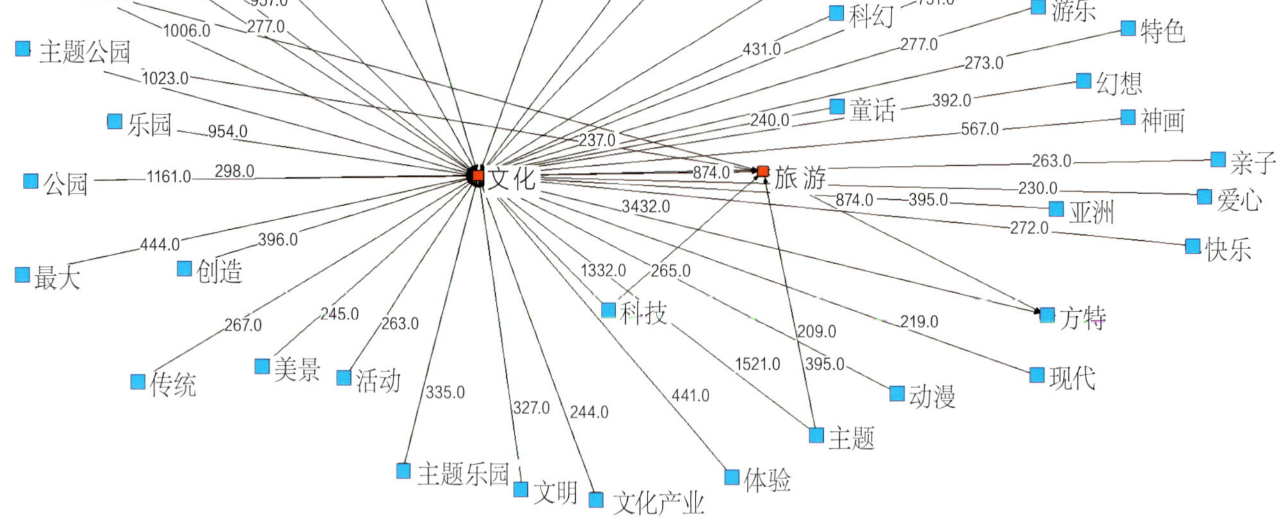

图4 中心性值网络图 **图片来源：作者自绘**

3.4 访谈分析

带着网评分析的结果，笔者对“东方神画”项目总设计师——华强方特文化科技集团股份有限公司执行总裁丁亮进行了访谈。他认为如何在主题公园中融入中国文化，讲好中国故事，做到内外兼修，对于整个行业而言是一个重要的新课题，而方特在这个方面已经先行一步。本研究的网评数据说明“东方神画”达到了设计初衷，但“神话传说”“文化遗产”等高频词与文化的中心性值较低，说明游客在心目中对中国古典神话非遗活化的认知与创意设计的预期还有一定差距。

丁亮表示方特一方面在文化领域深耕细作，深挖中国传统文化资源；另一方面在高科技领域攻坚克难，用现代科技赋予文化以新形式、新手段，打造了一系列具有民族特色、契合中国游客文化心理的现代化主题公园，具有重要的意义。用科技为文化赋能，用文化为旅游助力，这不仅是文化产业的新探索，也积极推动了旅游产品的升级换代。同时，在主题公园规划中将中国传统文化与高科技相结合，是中国文化产业的新探索，尚需志同道合的探索者不断努力，以后将在“文化遗产”“神话传说”这些概念中增加更多的科技元素和旅游市场元素，从新的角度提升对传统文化的再认识。

用科技为文化赋能具体到主题公园规划创意设计中就是用更多的科技元素使项目的沉浸感更强，主题公园未来发展的一个重要方向就是沉浸式体验，在方特东方神画中，“梁祝”就采用大型增强现实AR、数字化幻影场景与真人表演虚实结合，使游客沉浸在古代浪漫的爱情故事之中。“女娲补天”和“孟姜女”等项目也都有很高的科技含量，高科技的应用为项目带来更好的沉浸感。方特东方神画的规划创意设计还注重用文化为旅游助力，方特东方神画主题公园有专门的节庆广场，在中央舞台可以表演民族歌舞，举行传统民族节日庆典（图5）；节庆广场周边是各种民族特色风格的建筑、非遗传承人的手工艺术表演、非遗传统工艺品的展示和销售等旅游市场元素。东方神画规划创意设计对非遗原真性的追求，是在MacCannell的舞台原真性（MacCannell, 1973）基础上进行了创新，这种超越时空的舞台原真性，有效地增强了游客对中国古典神话和民族特色非遗活化的认知。

4 主题公园有效创新，传承非遗之道

虽然方特已开始深挖文化资源，用高科技打造具有民族特色、契合公众心理的主题公园，但如何进一步缩小游客体验与非遗活化之间的距离，如何在主题公园中讲好故事、精准表达文化内涵，仍是主题公园有效创新传承非遗绕不开的问题，对整个行业而言也是一个重要课题。

4.1 守护非遗原真，持续创新非遗活化之道

非遗传承需要依附于特定的载体和土壤（林移刚，2015）。产品是主题公园创新发展的关键要素，是对主题的演绎与表达。方特主题公园虽然大量运用现代科技手段对神话故事世界进行模拟仿真，让游客亲身体验中国传统文化与欢乐激情，采用文化与科技融合的主题公园发展模式，实现以文化软实力带动主题公园盈利，但仍然存在部分产品的文化表达“过于表面”的游客体验。主题公园要保持竞争力并实现持续发展，就必须强化产品的概念、功能与技术，通过深度挖掘文化赋予产品生命力。用高科技与旅游市场元素提升游客沉浸感可以弥补文化内涵表达的不足，而守护非遗原真、持续创新非遗活化之道，才能不断缩小游客体验与非遗活化之间的距离。

4.2 重视游客体验，与游客构成二元核心创新主体

游客体验质量取决于游客参与的程度，并因不同游客、所处不同情境而有所差异（刘少艾 等，2016）。方特集团在文化科技主题公园、创意设计、特种电影、动漫、主题演艺等多个领域实现了有效链接，以完整产业链的形式讲中国故事、打造游客体验，东方神画主题公园也因创造游客非凡体验而获得2018年度国际主题娱乐协会（TEA）杰出成就奖。企业应当根据市场发展需要，和游客共同构成二元核心创新主体。主题公园还需要不断尝试让游客自己创造个性化体验的环境，从而在多重互动中创造价值，最终实现非遗活化的可持续发展。

4.3 未来研究方向

本文探讨了基于游客视角的主题公园创新传承非遗的效果，未来

图5 东方神画内的民俗节庆广场上演民俗主题活动 **图片来源：华强方特集团提供**

可采用定性或混合的研究方法更深入地了解游客对后现代真实性的看法，进一步缩短游客体验与非遗活化之间的距离（Yi et al, 2018），更加有效促进主题公园型旅游企业活化非遗的可持续创新发展。

5 结语

综上所述，主题公园以文化为核心，以科技为依托，凭借自身拥有的数字图像、影视特技、虚拟现实技术、网络通信、仿真与机器人，以及自动控制等高科技领域的自主知识产权和专有技术，通过精心的创意设计、科技研发与艺术美化实现非遗活化是行之有效的，特别是完整产业链的形式促进了中华文化软实力的整体提升。但守护非遗原真、持续创新非遗活化之道、重视游客体验、与游客构成二元核心创新主体，仍是行业发展的攻坚课题。主题公园在旅游目的地发展和可持续性方面的作用将继续增强，并将影响其所在社区的发展，未来还应继续在守护原真的基础上，鼓励各类社会资本参与非遗活化，使产业经济发展与文化传承相得益彰。

参考文献

简万宁，2017. 科学建构非物质文化遗产理论体系：非物质文化遗产相关概念和若干专业问题的再思考［J］. 东南文化(1)：25–31.

李江敏，李薇. 2018. 非物质文化遗产的旅游活化之道［J］. 旅游学刊，33(9)：11–12.

李文兵，张宏梅，2010. 古村落游客感知价值概念模型与实证研究：以张谷英村为例［J］. 旅游科学，24(2)：55–63.

林移刚，2015. 产业化视角下的民族民间文学类非遗保护［J］. 贵州民族研究，35(160)：46–49.

刘民坤，何华，2014. 主题公园的中国式自主创新思考［J］. 地域研究与开发，33(2)：117–121.

刘少艾，卢长宝，2016. 价值共创：景区游客管理理念转向及创新路径［J］. 人文地理，31(4)： 135–142.

卢松，杨兴柱，唐文跃，2011. 城市居民对大型主题公园旅游影响的感知与态度：以芜湖市方特欢乐世界为例［J］. 旅游学刊，26(8)：45–52.

史学伟，2015. 纺织服装非物质文化遗产传承与创新的思考［J］. 纺织科学研究(12)：106–107.

汤红，2018. 走文化科技之路 传播当代中国文化：以华强方特主题公园的实践为例［J］. 文化学刊(3):163–168.

王健，2010. 非物质文化遗产与旅游的不解之缘［J］. 旅游学刊，25(4)：11–12.

王录仓，严翠霞，李巍，2017. 基于新浪微博大数据的旅游流时空特征研究：以兰州市为例［J］. 旅游学刊，32(5)：94–105.

王统斌，梁惠娥，2010. 基于文化遗产保护与传承的古代左衽服装探究［J］. 丝绸(10)：51–53.

肖洪根，2001. 对旅游社会学理论体系研究的认识：兼评国外旅游社会学研究动态（下）［J］. 旅游学刊，17(1)：61–68.

殷航，2017. 解构与重构：主题公园的文化迷失与数字传播［J］. 江汉大学学报（社会科学版），34(2)：105–108.

余敏，2010. 产品生命周期视角下的主题公园剖析：以广州长隆欢乐世界为例［J］. 特区经济(5)：281–283.

赵雪璎，郎富平，顾雅青，2018. 国内主题公园人力资源发展影响因素研究：以环杭州湾都市圈为例［J］. 浙江旅游职业学院学报(6)：42–51，42.

钟士恩，张捷，李莉，等，2015. 中国主题公园发展的回顾、评价与展望［J］. 旅游学刊，30(8)：115–126.

周欣琪，郝小斐，2018. 故宫的雪：官方微博传播路径与旅游吸引物建构研究［J］. 旅游学刊，33(10)：57–68.

邹统钎，2015. 大型实景演出：非物质文化遗产在旅游业中的活化［J］. 世界遗产(6)：112–115.

BENEDIKT M，2001. Reality and authenticity in the experience economy［J］. Architectural record，189(11)：84–86.

BRAUN B M，Soskin M D，1999. Theme park competitive strategies［J］. Annals of tourism research，26(2)：438–442.

CHRONIS A，2012. Between place and story: Gettysburg as tourism imaginary［J］. Annals of tourism research，39(4)：1797–1816.

DAVIS S G，1996. The theme park: global industry and cultural form［J］. Media, culture & society，18(3)：399–422.

ENGESET M G，ELVEKROK I，2015. Authentic concepts: effects on tourist satisfaction［J］. Journal of travel research，54(4)：456–466.

HOFFSTAEDTER G，2008. Representing culture in Malaysian cultural theme parks: tensions and contradictions［J］. Anthropological forum，18(2)：139–160.

JOHNS N，GYIMOTHY S. 2002. Mythologies of a theme park: an icon of modern family life［J］. Journal of vacation marketing，8(4)：320–331.

KATO K，2007. Prayers for the whales: spirituality and ethics of a former whiling community: intangible cultural heritage for sustainability［J］. International journal of cultural property，14(3)：283–313.

KNOX D，2008. Spectacular tradition Scottish folksong and authenticity［J］. Annals of tourism research，35(1)：255–273.

LILLESTOL T，TIMOTHY D J，GOODMAN R，2015. Competitive strategies in the US theme park industry: a popular media perspective［J］. International journal of culture, tourism and hospitality research，9(3)：225–240.

MACCANNELL D，1973. Staged authenticity: arrangements of social space in tourist settings［J］. American journal of sociology，79(3)：589–603.

MCKERCHER B，CROS H D，2002. Cultural tourism: the partnership between tourism and cultural heritage management［M］. New York: Haworth Hospitality Press.

MILMAN A，2009. Evaluating the guest experience at theme parks: an empirical investigation of key attributes［J］. International journal of tourism research，11(4)：373–387.

PRENTICE R C，WITT，S F，HAMER C，1998. Tourism as experience: the case of heritage parks［J］. Annals of tourism research，25(1)：1–24.

ROBB J G，1998. Tourism and legends archaeology of heritage［J］. Annals of tourism research，25(3)：579–596.

YI X，FU X，YU L，et al.，2018. Authenticity and loyalty at heritage sites: the moderation effect of postmodern authenticity［J］. Tourism management，67：411–424.

ZHANG W，SHAN S，2016. The theme park industry in China: a research review［J］. Cogent social sciences，2(1)：1–17.

ZHU Y，2012. Performing heritage rethinking authenticity in tourism［J］. Annals of tourism research，39(3)：1495–1513.

中国乡村遗产酒店示范项目遴选标准研究

Research on the Selection Criteria of Rural Heritage Hotel Demonstration Projects in China

文 / 黎筱筱　王瑞雪　张雪莹

【摘 要】

为有效推动社会力量参与古村落、古民居保护与利用，破解传统村落空心化难题，国家文物局、中国古迹遗址保护协会紧紧围绕乡村振兴、遗产活化、全域旅游等宏观战略要求，于2018年推出乡村遗产酒店示范项目遴选工作，遴选标准如何确定成为需首要解决的问题。本文介绍了乡村遗产酒店示范项目遴选标准的研究过程，并对初步研究所形成的6条标准进行了阐述。

【关键词】

乡村遗产；乡村遗产酒店；遴选标准

【作者简介】

黎筱筱　北京大地风景文化遗产保护发展有限公司总经理，中国旅游景区协会景区文化遗产保护与利用专业委员会秘书长

王瑞雪　北京大地风景文化遗产保护发展有限公司项目经理

张雪莹　北京大地风景文化遗产保护发展有限公司策划师

注：本文图片除标注外均由作者提供。

1 导言

习近平总书记在党的十九大报告中提出乡村振兴战略，指出“三农”问题是关系国计民生的根本问题，解决“三农”问题是全党工作的重中之重。2018年1月，国务院公布2018年中央一号文件《中共中央国务院关于实施乡村振兴战略的意见》；2018年9月，中共中央、国务院印发《乡村振兴战略规划（2018-2022年）》（以下简称《战略规划》），突出强调了以社会主义核心价值观为引领、以传承发展中华传统优秀文化为核心、以乡村公共文化服务体系为载体，繁荣发展乡村文化的重要性。《战略规划》列出8项乡村文化繁荣兴盛重大工程，其中包括古村落、古民居保护利用项目，即吸引社会力量，实施“拯救老屋”行动，开展乡村遗产客栈示范项目，根据古村落古民居利用新途径，促进古村落的保护和振兴。

在新时期历史文化名镇名村和传统村落的保护工作中，如何实现村落的可持续发展，在保护和传承传统建筑和历史文化的同时，将村落遗产作为乡村发展资源推动乡村文化振兴、带动乡村社会经济发展，是亟待探索和解决的问题。基于此，中国古迹遗址保护协会围绕乡村振兴、优秀传统文化传承创新、文物保护与利用改革、文旅融合等国家战略要求，于2018年推出中国乡村遗产酒店示范项目遴选工作，并委托大地遗产团队对遴选相关标准进行了初步研究，希望通过乡村遗产酒店示范项目遴选工作，进一步推动社会力量参与文化遗产保护活化，使文化遗产成为乡村振兴的新动能之一。

2 乡村遗产酒店概念界定

关于乡村遗产概念，在学术上并没有清晰界定，在参考了欧洲委员会《欧洲乡村遗产观察指南（CEMAT，2003）》、国际古迹遗址理事会《关于乡村景观遗产的准则》等文件之后，我们把乡村遗产酒店的概念定义为：利用乡村地区的物质及非物质遗产资源，结合当地人文、自然、生态等特点加以改造设计，为游客提供当地文化与生产生活方式体验，且对所在地社区文化传承和可持续发展具有积极引导作用的住宿设施。根据酒店空间与遗产资源的关系，乡村遗产酒店可以分为两类：第一类是直接利用乡村地区的文物建筑、历史建筑、传统建筑，或对当地具有遗产意义的原有建筑进行改造利用，且已取得营业执照的住宿类项目；第二类则是以文化遗产资源作为核心吸引物，在其周边利用原有建筑进行改造利用，且已取得营业执照的住宿类项目。

3 遴选标准研究

3.1 各部门涉村项目申报标准研究

本文整理分析了国务院各相关部门涉及乡村地区各类项目的申报标准和要求，包括传统村落认定标准、全国休闲农业和乡村旅游示范县创建以及田园综合体等，总结得出乡村遗产酒店示范项目遴选应借鉴以下几类要求：

第一，注重保护传承文化遗产。要尊重传统建筑风貌，不改变传统建筑形式，依托的建筑物、构筑物修缮完善，所在的传统村落整体风貌的建筑整治得力。尊重遗产酒店的选址及与周边景观环境的依存关系，注重整体保护，禁止各类破坏活动和行为（图1）。尊重村民作为文化遗产所有者的主体地位，鼓励村民按照传统习惯开展乡村文化活动，并保护与之相关的空间场所、物质载体以及生产生活资料。

第二，正确处理保护与利用之间的关系。针对所依托的遗产资源提出合理的利用方式和措施，纠正无序和盲目建设，禁止大拆大建。积极引导、示范居民开展传统建筑节能改造和功能提升。

第三，积极带动所在村落生产生活条件的改善。遗产酒店的所有经营活动不得干扰当地村民的生产生活，积极支持村落的基础设施和公共服务设施建设项目。加强在地农民培育，培养适应遗产酒店发展的新农民，提升农民生产经营、增收致富和自我发展能力。

3.2 文化遗产类保护利用导则及相关要求研究

乡村遗产酒店以文化遗产、文物建筑为依托开展经营活动，应遵守文物保护利用的相关标准。本文重点分析《文物建筑开放导则（试行）》《国家考古遗址公园评定细则》《中国文物古迹保护准则》等文件对文物古迹等活化、利用的要求，总结得出从遗产保护与利用的角度乡村遗产酒店应该满足：

第一，以文物建筑、文物古迹为依托的酒店项目必须以文物建筑、文物古迹安全为前提，不允许为利用而损害文物建筑、文物古迹的价值。

图1 北京瓦厂乡村精品酒店外观

第二，乡村遗产酒店的改造和运营应尽量保持文物的原有功能，特别是这些功能已经成为其价值组成部分的文物建筑、文物古迹，应鼓励和延续原有的使用方式。

第三，文物建筑对外开放时，应将其文化价值的保护、展示、阐释等作为核心。在遗产运营管理过程中，也必须重视文物建筑的日常维护与监测，在考古研究的基础上做好文化传播与推广。

3.3 旅游饭店类评定标准研究

本文同时参考了《旅游民宿基本要求与评价》《文化主题旅游饭店基本要求与评价》《精品旅游饭店》民宿、饭店类相关项目标准，从酒店运营管理角度来看，乡村遗产酒店应满足以下要求：

第一，乡村遗产酒店应严格遵守国家及相关主管部门对住宿类项目的营业要求，必须由国家相关部门开具经营许可证明，达到场地规划、建筑安全、生活用水、食品安全、卫生环境、节能环保、人员资质、诚信经营等方面的标准。

第二，在具体设计和运营方面，应注重弘扬地方文化、传递生活美学、追求产品创新、引导绿色环保、实现共生共赢，通过文化主题构建、文化主题氛围营造、文化主题产品开发、文化主题活动策划以及内外环境、硬件软件建设等方面积极体现当地文化传统特色。

3.4 中国乡村遗产酒店遴选标准

综上所述，遴选工作立足以遗产合理保护利用、注重社区带动效应、兼顾经营服务品质这三大原则，提出了以下6项指标：

（1）遗产资源与景观环境：所依托的遗产资源属于文物保护单位、传统村落，或在当地社区具有代表性和独特性。遗产资源形成年代较为久远且为当地居民的共同记忆。历史信息及其特征载体保存完整。遗产资源保存状况良好，总体安全无风险或低风险。

（2）建筑改造利用技术：保护利用技术措施总体满足必要性、有效性、可逆性的要求，做到最小干预。能够尊重原有建筑，未改变建筑立面、结构体系、特色构件（图2）。改造利用过程没有改变、损坏、遮挡原有建筑的主要价值载体和特征要素。空间装饰、材料运用等具有地方特色，基本采用本地绿色环保建筑材料和产品。

（3）文化展示与阐释：建筑室内外设计、客房软装等均能体现明显的主题性，形成具有文化特色的环境氛围（图3）。有体现乡村遗产文化特色的休闲项目。从业人员能够向客人介绍当地乡村遗产及酒店文化特色，能够带领客人体验当地文化和生活方式。

（4）对社区发展的贡献：促进了所在乡村道路、环卫、水电等基础设施的投资和完善，乡村风貌得到较大改善。带动当地人返乡就业或创业。为当地创造了丰富的就业岗位。餐厅供应的食物、特色产品遵循地产地销的原则，与当地居民或当地产业互动效果良好。推动外来客人与当地社区的文化交流与融合。

（5）设施条件与服务水平：经营设施、安全管理及卫生服务应达到《旅游民宿基本要求与评价》LB/T 065-2017的基本要求。提供24小时接待、咨询、结账和留言等服务。提供多种类型、多语种的预订及结算方式。

图2 安徽猪栏酒吧

图3 北京瓦厂乡村精品酒店室内环境

（6）遗产保护和安全管理：有建立乡村遗产保护的定期日常监测与维护制度。配备了必要的看护用房、安防监控设施、消防设施，且相关设施的设置不影响乡村遗产的景观环境风貌。与遗产资源的相关管理部门建立了联动机制，发现重大安全隐患能及时进行报告。

4 案例分析

我们选取了浙江、皖南、云南等传统村落分布密集且旅游产业发展较为成熟的区域进行项目调研征集，对相关项目进行审核审议，15个项目入围，最终确定北京瓦厂乡村精品酒店、山东荣成海草房唐乡酒店、广西阳朔秘密花园、四川丹巴罕额庄园、安徽猪栏酒吧乡村客栈为首批示范项目。通过对入围项目进行案例分析，总结了作为旅游产品的乡村遗产酒店在改造设计及运营等方面具有的共同特点。

4.1 村落及遗产要素的整体保护是基本前提

遗产要素的独特性和真实性，以及其所依托的景观环境的完整性是影响遗产酒店选址的重要因素。如阳朔秘密花园选址于中国第一批传统村落广西桂林阳朔县白沙镇旧县村，同时酒店所在的建筑为清代桂北民居。北京瓦厂乡村精品酒店由北沟村废弃琉璃瓦厂改造而成，并且位于世界文化遗产慕田峪长城的建设控制地带内，每一扇窗都能看到长城景观。年代久远、承载当地居民共同记忆、能够完整系统地体现当地文化的遗产要素，对乡愁记忆甚至对遗产酒店的发展都具有不可估量的价值。古朴民居建造、传统生活、传统生产、艺术氛围，以及延伸出的可读、可触的文化，成为乡村遗产酒店吸引游客的关键因素。

4.2 改造利用要尊重建筑本体和地方传统

在改造上要与周边建筑风貌相协调，在坚持保持传统村落肌理的前提下，保护利用技术措施总体满足必要性、有效性、可逆性的要求，做到对原始建筑、周围环境的最小干预，能够尊重原有建筑，尊重建筑的原有空间格局和原有使用功能。如荣成海草房唐乡酒店聘请当地传统建筑师，对废弃的海草房进行修缮，不仅在修缮过程中采用了海草房建筑技艺和传统工艺（图4），还依托当地特色乡村旅游资源，还原传统渔民生活方式，打造“一房一世界，一院一主题”的特色居住空间（图5）。

4.3 以地方特色文化传承与发展为核心价值

酒店往往通过室内设计、软装设计等来营造文化艺术氛围，凸显特色文化主题。如四川省甘孜州丹巴县中路乡呷仁依村的丹巴罕额庄园（图6），在完好保存了古老嘉绒藏式建筑特点的同时，积极保留当地原生态风土人情，把嘉绒藏族非遗博物馆活态融在建筑里，让客人感受并体验传统民风民俗，并为研究和爱好嘉绒文化的学者提供研究条件和资料，给当地人提供传习传统文化的基地。猪栏酒吧乡村客栈(碧山店)在经营过程中注重对徽州乡土文化的继承和传承，收集当地村民的老家具、老物件作为室内装饰，让公共空间和客房都充满“乡土气息”，积极向公众传播一种遗产审美意识。

4.4 酒店运营与社区发展密不可分

遗产酒店的运营与社区发展越来越密不可分，因此在强调酒店品质和运营的过程中，也必须将当地社区的生活改善、文化交流、经济发展放在更加重要的位置上，加以重

图4 山东荣成海草房唐乡酒店

图5 荣成海草房唐乡酒店的面塑

图6 四川省甘孜州丹巴罕额庄园

图7 松赞绿谷山居 **蔡景晖/摄**

视。比如松赞酒店（图7）在进行酒店改造和装修时非常注重采用藏区最传统的民间造房手法，并为此专门组建了以当地手艺人为主体的专业团队。目前，长期为松赞酒店工作的手艺人有130人左右，涵盖铜匠、木工、石匠、陶匠、漆匠等诸多工种，不仅带动了就业，也一定程度上带动了当地手工艺的传承发展。而喜林苑则在运营过程中非常注重与社区的互动，积极为所在社区创造与城市连接互动的机会，通过一系列定期举行的活动，如“喜洲游园会”“喜洲粑粑节”“稻田丰收节”“驻地艺术家”，既展示地方文化，又使其成为重要的文化体验内容；同时不定期邀请艺术家来到喜洲，进入社区与村民互动，也以新的方式活化社区风俗文化。

5 结语

总的来说，我们希望通过乡村遗产酒店示范项目遴选工作，向社会展示和提倡一种合理的乡村景观遗产资源利用方式，有效推动社会力量参与古村落、古民居保护与利用，破解传统村落空心化难题，进而带动包括传统村落、历史文化名镇名村等在内的乡村地区走上文化遗产保护与乡村社会振兴双赢的可持续发展之路。下一步我们将在定性指标研究的基础上，进一步完善指标体系并进行量化研究。我们希望通过此项工作向社会推广一种遗产活化利用的理念，即文化遗产并非拒绝使用，而是需要在对历史的敬畏、对人文的关怀、对社区的尊重的基础之上，真正理解和践行“以文促旅，以旅兴文”，积极推动文化遗产融入人民群众的美好生活，从而实现社会效益与经济效益双赢。

参考文献

北京市旅游发展委员会，2014. 主题酒店划分与评定：DB11/T 1058—2014[S/OL].http://whlyj.beijing.gov.cn.

国际古迹遗址理事会，国际景观设计师联盟，2017. 关于乡村景观遗产的准则[EB/OL].http://www.icomoschina.org.cn/download.php?class=130.

欧洲委员会，2003. 欧洲乡村遗产观察指南[EB/OL].http://www.icomoschina.org.cn/download.php?class=130.

中国古迹遗址保护协会，美国盖蒂地保护所，澳大利亚遗产委员会，2015.中国文物古迹保护准则（简版）[EB/OL]. http://www.icomoschina.org.cn/pics.php?class=26.

国家文物局，2009. 国家考古遗址公园管理办法（试行）[EB/OL].http://www.ncha.gov.cn/art/2010/1/6/art_2237_23453.html.

国家文物局，2009. 国家考古遗址公园评估导则（试行）[EB/OL].http://www.ncha.gov.cn/art/2017/3/24/art_2318_23545.html.

国家文物局，2009. 国家考古遗址公园评定细则（试行）[EB/OL].http://www.ncha.gov.cn/art/2010/1/6/art_2237_23453.html.

国家文物局，2017. 文物建筑开放导则（试行）[EB/OL].http://www.ncha.gov.cn/art/2020/1/6/art_2318_43196.html.

国家旅游局，2017. 文化主题旅游饭店基本要求与评价：LB/T 064-2017[S/OL].https://www.sohu.com/a/166292857_168296.

国家旅游局，2017. 旅游民宿基本要求与评价：LB/T 065-2017[S/OL].http://whly.gd.gov.cn/open_newgfxwj/content/post_2795615.html.

国家旅游局，2017. 精品旅游饭店：LB/T 066—2017[S/OL]. http://whly.gd.gov.cn/open_newgfxwj/content/post_2795614.html.

中华人民共和国国务院，2018. 中共中央国务院关于实施乡村振兴战略的意见[EB/OL]. http://www.scio.gov.cn/34473/34515/Document/1623029/1623029.htm.

中华人民共和国国务院，2018.乡村振兴战略规划（2018-2022年）[EB/OL].http://m.people.cn/n4/2018/0927/c22-11666408.html.

中华人民共和国财政部，2017. 关于开展农村综合性改革试点试验实施方案（财农〔2017〕53号)[EB/OL]. http://www.mof.gov.cn/index.htm.

中华人民共和国住房和城乡建设部，国家文物局，2013. 关于组织申报第六批中国历史文化名镇名村的通知（建规〔2013〕8号）[EB/OL]. http://www.mohurd.gov.cn/wjfb/201301/t20130129_212726.html.

中华人民共和国农业部，2017. 关于开展全国休闲农业和乡村旅游示范县（市、区）创建工作的通知[EB/OL]. http://www.moa.gov.cn/nybgb/2017/dwq/201712/t20171230_6133463.htm.

中华人民共和国住房和城乡建设部，中华人民共和国文化部，国家文物局，2012. 关于印发传统村落评价认定指标体系（试行）的通知（建村〔2012〕125号）[EB/OL].http://www.mohurd.gov.cn/wjfb/201208/t20120831_211267.html.

正乙祠戏楼企业化运营与戏剧文化体验设计创新

Zhengyici Temple Theatre Case Study: Business Operation and Experience Innovation

文 / 韩　夏

【摘 要】

借助企业力量参与古建筑保护性开发，缓解政府资金不足的压力，让社会资金流向文物保护和文化领域。在“内容为王”的时代，通过市场化运作，以观众为出发点,通过打造特色内容和体验创新来激活历史文化遗产的潜在价值，提高大众及媒体对正乙祠戏楼及其文化的认知度和参与度，达到真正“让文物活起来”的目的，最终实现社会效益和经济效益。

【关键词】

古戏楼；企业化运营；体验设计；环境戏剧；正乙祠戏楼

【作者简介】

韩　夏　原新华雅集国际文化传播（北京）有限公司总经理，原正乙祠戏楼总经理

1 正乙祠的前世今生

正乙祠戏楼位于北京前门西河沿街，是中国历史上第一座整体木结构的室内剧场（图1），建于清康熙二十七年（1688年），距今有300多年历史，戏楼建于明代佛教寺庙的原址上，后因祀奉正乙派玄坛老祖赵公明，故取名正乙祠。正乙祠是京剧的发祥地之一，京剧创始人程长庚、卢胜奎、谭鑫培、梅巧玲以及京剧大师梅兰芳和余叔岩等都曾在此登台演出。20世纪30年代，正乙祠随着国运衰落而破败，被当作仓库、煤铺，中华人民共和国成立后被当作教育部门的招待所。之后随着中华文化的全面复兴，正乙祠再次回归人们的视线。

2010年，北京市文化局领导为推进文化体制改革，探索盘活国有资产的创新管理方式。他们出访伦敦时，发现市政府以象征性的一英镑价格，把著名的大本钟交给民营机构经营，结果既搞活了古迹文物，又节省了市政经费。此时的正乙祠戏楼是个副处级单位，有9个编制和年财政拨款100多万元。同年，海航文化集团在董事长杨浪先生的带领下，与北京市传统文化保护发展基金会通力合作，接手正乙祠运营。刚接手时，前面的一个公司刚撤出不久，古戏楼里氛围高雅而萧索，文物修缮工作正在收尾，古戏楼小院精致，可门前脏乱，门侧就是垃圾站，胡同内商民杂沓，演出更少有人知。因此，如何在市场机制下激活正乙祠的历史价值、文化价值，实现社会效益、经济效益双丰收，是工作创新的重点。

图1 正乙祠戏楼内景

图片来源：正乙祠戏楼

经过反复的研究和思考，我们认为好的内容、立体的体验设计是当代观众的核心需求，只有真正以观众为本、以大众的文化需求为出发点才能真正激活市场。我们将市场目标人群定位于改革开放后成长起来的、受过良好教育的、有文化消费诉求的青中年高知群体，依托300年正乙祠戏楼的时空环境，为观众制作推出有人文内涵且符合当代审美的环境式演出作品，将正乙祠打造成北京向世界传播中国传统文化的重要窗口，也力争使之成为世界文物古建筑活化保护、市场化运营的行业标本。

2 正乙祠运营的实践和成就

新华雅集作为海航文化的演艺子公司，历年来为弘扬传统艺术、活化戏楼体验，投入打造了京、昆、古琴、话剧、地方戏曲等一系列剧目，累计演出场次近1500场，观演人数20万。正乙祠运营9年来，演出场次、场均票房、单场纪录均逐年提高，多次刷新北京市小剧场各项记录，在北京市演出行业协会发布的统计中，2017年正乙祠以82%的上座率位居全北京驻场演出剧院之首。由于体量限制，正乙祠2018年总票房586万元，占全国传统戏曲市场的4.2%，占北京市传统戏曲市场的8.5%，在全中国同等业态小剧场中排名第一。

正乙祠9年来取得的成绩也得到了世界各大权威媒体的认可，美誉响彻中外，国内外上百家媒体均报道过正乙祠的创新运营和内容体验，正乙祠也多次获得上级主管部门、演出行业协会和媒体颁发的各类奖项；各国政要和社会名流多次到访正乙祠观演；中央电视台、北京电视台制作的京剧纪录片、对外宣传片和大型文化综艺节目也曾多次于正乙祠取景拍摄，正乙祠已经成为北京市的一张重要文化名片。

3 正乙祠运营的思考和创新

3.1 让历史艺术活在历史建筑里

每一种艺术都有适合它生长的土壤，而京剧艺术是诞生于戏楼的，它在这样的环境中才能焕发出最大的艺术光彩。正乙祠戏楼作为京剧发祥地之一，也作为梅兰芳先生一氏四代曾经登台的地方，应该有一部能代表京剧历史发展的艺术作品。于是2010年我们请梅葆玖先生担任艺术总监制作了京剧《梅兰芳华》（图2）。我们希望，300年的京城古戏楼、200年的国粹京剧、100年的梅派艺术跨越时空的交融，能够在物质文化遗产上上演非物质文化遗产。这部作品一共五个折子戏，都是梅兰芳大师生前在京剧艺术创新的精华片段，同时也讲述爱情的五个不同阶段。从《天女散花》的前世善缘到《穆柯寨》的今生同心，从《贵妃醉酒》的寂寞怨守到《霸王别姬》的大爱离殇，最后再从《洛神》的仙凡殊途到复践初约，整部戏由一条爱情的线贯穿起来，让观众对梅派艺术有了比较全面的了解（图3）。该剧是京城少有的不使用扩声电音设备，只凭演员肉嗓原声呈现的演出，还原了京剧在清代时最古老的演出方式。9年来《梅兰芳华》在正乙祠已经上演700多场，成为首都城市旅游、文化旅游的重要演艺项目，同时也作为国家艺术基金的支持项目在全国进行了几十场巡演，在各地都取得了非常好的反响。

3.2 创新才是传统艺术的未来

面对传统戏曲日渐式微的市场环境，我们认为京剧不应该只给老年人看，更应该发展年轻一代观众。在正乙祠这些年的运营中，我们一直非常重视根据观众的时代性进行创新。长久以来人们有一种误解，认为传统文化一成不变地传承下去才是对先贤的尊重，但正是因为有梅兰芳这样的大师的创新，才成就了京剧今天的传统，所以现代人只有不停地创新实践，京剧才能更好地成为明天的传统。所以我们在形式和内容的时代性创新上作了自己的思考和实践。

3.3 沉浸体验设计

从形式上，我们把正乙祠的京剧定义为环境京剧。京剧依托整个环境来表演，而不只是在舞台上，舞台中央延伸出一条花道，一直到观众席当中，观众就能零距离接触演员，能够近距离感受京剧演员的手眼身法步，感受服饰化妆的美，这样也打破了传统意义上的观演关系。传统的演出是演员在舞台上演，观众在台下看，观众是有一种抽离感的；但在正乙祠，演员会在观众席当中和四周演，让观众感觉自己置身于一个大的舞台中央，被演出包裹，成为舞台演出的一部分。

比如我们编排制作的全本京剧《霸王别姬》四面楚歌那一幕，当霸王走出帐外，走到观众席当中，忽然听到四面楚国歌声的时候，在观众席四面，二三层的回廊有四面的降兵

图2 京剧《梅兰芳华》海报　　图片来源：正乙祠戏楼

在一起唱楚歌，观众能感受到被四面楚歌包围的身临其境感（图4）。我们制作的京剧《白蛇传奇》，当水漫金山的时候，水族兵是从二层用一道水幕遮盖住全场观众的方式进行表演，观众相当于置身于水底，那种沉浸感是很特别的。越剧《红楼梦》中游园的时候，演员是在整个正乙祠和观众席游走，就好像正乙祠就是大观园，观众就是大观园中的看客（图5）。诸如此类，每部戏都有不同的环境设计，宗旨就是要把观众代入这场大的梦幻中，不仅是用眼睛，而是用全身的感官去体验一部作品。

3.4 讲好中国故事

在当今这个时代，如果喜欢看戏剧，在各大剧场经常能看到一些灯光舞美特别美的剧，但戏剧表达的人文内容却枯燥乏味，经常令人有一种空洞的无意义感。所以好的文本非常关键，需要在文化体系中挖掘。中国五千年悠久而深远的历史和传统一直以来都丰富着中国人关于人生况味的视觉和心灵印象，很多历史故事中

图3 京剧《梅兰芳华》剧照　　图片来源：正乙祠戏楼

的中国人对人生价值和意义的理解，都令人神往。所以我们期望在历史文化中找到好的内容，然后能给观众讲“好故事”并且“讲好”故事。

京剧《霸王别姬》是个好故事，英雄美人，霸王英雄末路，虞姬为爱赴死。过去梅兰芳先生演出时代的老戏本子有三个半小时，剧情冗长，难以被现代观众接受，同时战争场面阵仗太大，难以操作，各个京剧院团都不再演出了，现在市面上能见到都是梅兰芳先生创作的虞姬剑舞别霸王的那段折子戏。所以我们想重新制作一个全本的环境京剧《霸王别姬》，让楚汉相争的经典历史故事能重现舞台。我们在2017年上半年开始制作，同年8月推出。这部戏除了在舞台呈现上改为环境式演出，在内容上

图4 古戏楼版京剧《霸王别姬》剧照　　图片来源：正乙祠戏楼

图5 古戏楼越剧《红楼梦》剧照　　图片来源：正乙祠戏楼

主要有两个层面的改编，一是故事层面，一是诗意层面。故事是水平的，在时间中以因果推进，而诗意追求垂直的深度，讲究内在的价值和情感。

在故事层面，我们认为在当今这个时代，节奏是一切文艺作品的生命，戏剧是时间的艺术，不是造型的艺术。戏剧美学是表达故事内容的手段，而不是目的。所以团队和编导吴一平老师从老戏本里提炼了一个小时的内容，又新编了近半个小时的内容，改编成一个半小时的《霸王别姬》，保留了精华的唱段，缩减了大段文戏和不必要的过场，唱念做打平均使力，加快剧情的推进，提升每个配角身上肩负的情感和价值负荷。

在诗意层面，霸王项羽作为一个中国历史上的悲剧英雄，他有智慧上的缺陷，但却不是人性上的缺陷。我们希望霸王不只是一个被架起来的英雄，他也应该有有血有肉的一面，不仅有对虞姬的情，还要有生死关头对忠于自己的兄弟的义，情和义这两条线应该是相得益彰的。这是个浪漫的英雄故事，英雄不仅仅是霸王，戏中的每个人在最危难的时候都有舍生取义的精神，虽然最后人物都死了，但他们负担的价值却是正面的，使中国传统文化中最核心的价值——“忠义礼信”得到了很好的诠释。希望通过这个经典故事在古戏楼中的呈现创造一种“壮观”，不是视觉上的，而是内心被撞击到的体验；希望最后一幕的高潮将一切意义、情感汇聚到顶点，最后实现诗化的飞跃，让观众在散戏后收获一种意味深长的情感体验，能有些东西留在心里。

在剧中有很多创新。比如虞姬自刎，传统版本是虞姬横剑自刎后直接暗场，编导吴一平老师觉得这样的处理情绪不够，还可以再推出去，于是就在虞姬拔剑自刎、霸王痛苦地高喊妃子的时候，在锣鼓点最响的地方，让所有声音戛然而止，舞台上人物画面被一束冷光定格，然后从舞台后面的云雾中缓缓走出一身素孝白衣的虞姬，代表着虞姬的亡灵，她从黑暗中缓缓走出然后低吟浅唱：“汉兵已略地，四面楚歌声。君王意气尽，妾妃何聊生！”整个剧场非常安静，只剩她悠悠的低唱，黑暗中只有一束斑驳晶莹的光打在她的身上，感觉她随时都会消失，她慢慢穿过花道，临别前再次回头不舍地望一眼霸王，然后隐没在黑暗中。这样的处理非常现代，同时也很古雅，并丰富了这一幕的意义和情感。

古戏楼版的全本《霸王别姬》自2017年8月上演以来，场场爆满，很多观众都是看了一遍，再带家人朋友看一遍。这部戏也是中国目前唯一驻场在演的全本的京剧《霸王别姬》。

由于这部戏的成功，我们制定了一个“古典三部曲”计划，并在2018年1月成功推出了古戏楼版京剧《白蛇传奇》，现在正在做惊悚环境京剧《倩女幽魂》。这三部戏，一部讲英雄美人，一部是民间神话，一部是人鬼情缘，即有文戏又有武戏，同时又都是经典的爱情故事，而且即使过去这么久了依然具有时代性，能够被反复诠释。真正的好故事，里面的人物比真人更“真实”，它所虚构的世界比具体的世界更深沉。

3.5 跨界艺术合作

正乙祠的演出，除了有我们自己创作的作品，还有和一些顶级院团或艺术家合作的作品，比如和上海越剧院合作的越剧《红楼梦》、和北方昆曲剧院合作的昆曲《牡丹亭》，还有除了上演古典艺术作品之外，正乙祠的现代舞在国内甚至国际上都是独树一帜的，世界各地的艺术家或舞蹈爱好者都到正乙祠来观看表演。正乙祠有两部最成功的舞剧作品，一部是赵梁导演的《幻茶谜经》，一部是北京现代舞团的当家作品、由高艳津子创作的现代舞剧《三更雨·愿》。后者是2006年威尼斯双年展的开幕作品，用花、鸟、鱼、虫、草五个微生命、五个角色讲述一个女人的五世轮回，因为爱的缺憾和对爱的不满足，她一次又一次从这一世过渡到下一世，比如说花，春天的花却开在了秋天里，它想去找它的爱人，却发现这一世它没有腿，自己的腿被埋在泥土里，它只能等待，却不知道这一世它等的人会不会看到它；比如鱼，有满肚子的秘密和话想对心爱的人说，却发不出声音；比如蚊子，它一直在用吸血的方式找它前世的恋人，却被厌恶，它嗡嗡的叫声其实是它的哭泣。所以舞剧演到最后，当一条红绸将这前世今生五个轮回的生命串在一起的时候，这五世的情感就汇集到一个顶点，有一个哲学意味的升华。整部作品用最现代的肢体语言讲述着中国式的古老故事，非常震撼。在一座有300年历史的文物建筑里上演生命轮回的故事，当年轻的生命和古老的灵魂碰撞，那种意味是悠长的。很多观众看完后都热泪盈眶，觉得在这个剧中看到

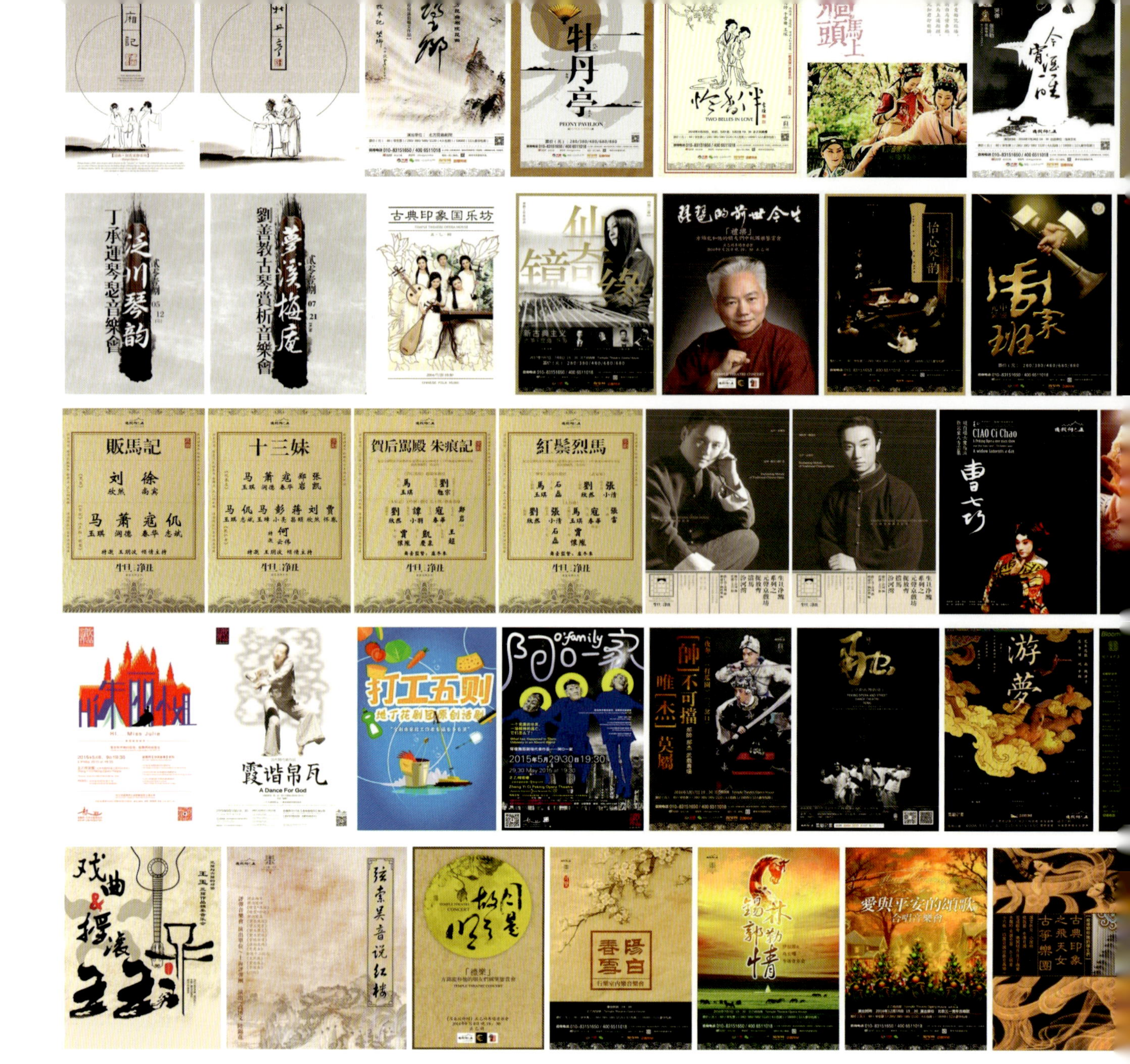

图6 正乙祠部分演出海报

了自己内心深处的挣扎和苦痛，开始正视一直以来逞强的自己和内心隐秘的脆弱。

黄莹导演的话剧《黄粱一梦》，讲的是一个不得志的读书人，渴望建功树名，得到一个神奇的枕头，希望美梦成真，在梦中几度飞黄腾达又几度跌落人生谷底，最后一场空的故事。这部戏用一顿饭的时间讲完了一个人的一生。演出有一个特别的地方，观众席的花道上有几口陶锅，从演出开场就开始蒸煮米饭，就像沙漏一样推进着时间的进程，等主人公几度挣扎醒来，发现经历的不过是蒸一锅米饭的时间。观众观看的时候，一开始闻不到味道，之后黄米饭飘香，到最后黄米饭的香味弥漫整个剧场。演出结束后，台上的演员会给每位观众呈上一碗黄米饭当观众品尝着黄米饭，想着刚刚看过的“黄粱一梦”，会有很多难以言表的感受，对生活的本质也有了一种了悟。

4 体验设计的核心是关怀

正乙祠这些年有将近100部各类作品上演（图6），每部作品背后都有故事，对于运营者来说，在考虑自己制作剧目或者和艺术家合作

图片来源：正乙祠戏楼

演出的时候，经常会反问自己这样一个问题："如果你只有一部戏的时间，如果你此生只看一部戏，它应该是什么样的？"首先它应该是关乎人性的、关乎人心的；其次它一定也是关于爱的，因为在人关于自由、梦想、价值、意义的需求背后，在生命的最底层深藏着的，一定是关于爱的渴望。观众在剧场中，在那样一种黑暗的环境下，他的心是向演出敞开的，是渴望被联结、渴望被看见的。观众有没有在剧中看到自己呢？正如正乙祠戏台两侧楹联写的那样："演悲欢离合，当代岂无前代事；观抑扬褒贬，座中常有剧中人。"我们生活在一个理性至上的时代，但理性分析无论多么清醒，都不可能滋养灵魂。在这样一座300年的神庙戏楼里，我们能为观众做些什么呢？我们能否些许感动或宽慰都市人的灵魂呢？我想答案就藏在这些年为观众呈现的每一部作品中。文物活化的基础是机制，运营的关键是内容，产品的核心是体验，而体验设计的本质其实是对人的关怀。正是数以万计的观众在正乙祠体验到了这种关怀，他们才会跟这座古建筑产生情感的交互，并最终让这座神庙戏楼在现代都市中"鲜活"起来。

非遗活化与地方振兴：以日本轮岛漆器为样本的探究

Intangible Cultural Heritage Revitalization and Local Re-energize: A Study of Wajima Lacquerware, Japan

文 / 张泓明

【摘 要】

日本在非遗保护、传承领域积累丰厚。本文以日本知名传统手工艺轮岛漆器与轮岛为例，介绍日本传统手工艺保护与地方振兴面临的问题、困境，以及产学研项目推动过程中的经验、启示。总结轮岛案例的经验，地方振兴的现实途径是通过非遗资源和价值链的重构、整合，深入挖掘艺术品内涵，提升地方文化意义，借此吸引外部资源，重塑地方活力。

【关键词】

非物质文化遗产；遗产活化；轮岛漆器；地方振兴

【作者简介】

张泓明　山西大学历史文化学院讲师、博士，日本立教大学亚洲地域研究所特任研究员漆器是日本代表性手工艺品。在日本，利用天然树脂涂料漆液制作生活用品有着悠久历史。与瓷器"china"之于中国类似，漆器英文名称"japan"也与日本同名，在日本生活中扮演着重要的角色。轮岛漆器是日本漆器的代表性品牌，在生产制作工艺、流通体系、文化底蕴等方面都具备自身的发展特点，也是轮岛最具地方代表性的支柱产业。轮岛因贸易港口、海上商业中转集市兴起，江户时代之后，中转贸易、漆器手工艺制作逐渐成为轮岛地方的两大支柱产业。当近代之后经济重心由日本海转向太平洋之时，偏处日本海一隅的轮岛几乎完全依赖于漆器手工业和观光旅游，轮岛漆艺美术馆、轮岛涂工坊成为轮岛观光旅游的重要景点。因此，轮岛漆器（图1）这一地方非遗手工业成了观察非遗活化与地方振兴最好的活样本。

国内关于轮岛、轮岛漆器的已有研究多从非遗、民艺等角度出发，介绍轮岛漆器的工艺特点和制作技法，对于轮岛漆器和轮岛的历史、现状鲜有涉及，从而也无法深入讨论非遗活化、地方振兴这一主题①。本文从轮岛漆器的现存问题着手，重点探讨三方面问题。第一，在全球化大背景、地方衰落大趋势的"自然机制"下，如何通过深入挖掘非遗手工艺的文化内涵、意义，发挥地方特色手工艺优势推动地方振兴，轮岛有无可资借鉴与分享的经验。第二，无论是非遗手工艺，抑或地方振兴，其具体内容都是通过"人"的担当来展现的，如何引导人的行为，使地方振兴与原有文化生态有机融合，呈现完整性与连续性值得思考。第三，漆器是文化交流的产物，生漆与漆器原产于暹罗以东②的中国，漆树与漆艺一道由中国大陆传播到了日本，中国生漆至今仍是日本漆器制作中不可或缺的重要原料。但全球化的深入带给轮岛与轮岛漆器前所未有的冲击，全球化、中心化、都市化引发产业衰退、人口外流，外来漆器制品直接冲击日本本土漆器市场，全球化这把双刃剑在轮岛漆器的兴衰中体现得淋漓尽致。如何理解、迎合，进而引导全球化为地方服务是值得深入思考解决的问题。

图1 日本市场流通中国制造漆器　　张泓明/摄

2008年4月，金泽大学以服务地方为宗旨，成立跨院系机构地域连携推进中心[3]，并着手开展了一系列旨在挖掘地方文化特色资源内涵，推动振兴地方经济的产学研联合项目。项目在研究中发现，地方非遗困境并不仅限于轮岛，而是非遗手工业、地方文旅融合过程中必须面对和解决的世界性难题。本文以日本知名传统手工艺轮岛漆器与轮岛为例，介绍日本传统手工艺保护与地方振兴方面的问题与对策，以及产学研项目推动过程中的经验、启示。

1 轮岛与轮岛漆器制作

轮岛地属日本北陆石川县，地处靠近日本海中央的凸起半岛——能登半岛的北端，海岸部分面向日本海。轮岛市面积约427km²，其中山地约占70%，平地约占30%。古代大陆移民来到后，将该地称呼为“倭の島”，其中“倭”与“轮”日语发音相同，后成为轮岛名称的来源。

轮岛是日本海的重要中转港口，早在中世镰仓时代末期，轮岛就被列入海事法规集《回船式目》的“三津四凑”[4]中，这也间接证明轮岛当时已是日本海的重要交流据点和代表性港口。轮岛拥有能登半岛唯一的渔港——轮岛港，以及有着千年历史的轮岛早市。距离轮岛港很近的轮岛河井町早市街道，陈列有渔港当天捕捞的海鲜、附近农家的新鲜蔬菜以及轮岛的漆器手工艺品，这些与海女潜水一起，成为轮岛地方的特色观光景点。

轮岛经年暴风，不适合种植业等农业的发展，严酷的自然环境迫使轮岛选择制造业作为支柱产业。制造业除漆器制作外，还有素面加工，但素面原料小麦、漆器原料生漆都不能自给，只能依赖产品附加值的提高。

2018年轮岛市人口约1万户、27524人，相比2000年减少了约50%。经济结构以第二产业、第三产业为主，从事第一产业、第二产业、第三产业的人数比例分别为14.4%、26.3%和59.3%。就具体产业就业比重而言，占比最高为批发、零售业，占15.2%，其次是制造业，占13.7%，医疗、福利事业占13%。其中第二产业从业人数同比10年前下降了约10%，第三产业从业人数同比上升了约10%[5]。

石川县文化传统多姿多彩，单就漆器而言，石川县形成了以轮岛、金泽、加贺山中町为主产地，各具特色的漆器生产工艺。除漆器制造之外，九谷烧、加贺友禅、金泽、七尾、美川的佛坛、金泽金箔、和纸、织物都具有相当高的知名度，其中山中漆器、轮岛涂、金泽漆器、九谷烧、加贺友禅、金泽箔、金泽佛坛、七尾佛坛等8种工艺品进入国家重点支持认定的品目。漆器制作与地方传统产业联系，共同发展，如漆器制作与金泽、七尾佛坛、金泽箔关系密切。就产品特色与产值而言，山中漆器大多为圆形日用品，品质优良、价格实惠，产值全国第一；轮岛漆器装饰精美的莳绘和戗金工艺较为丰富，具备浓厚的美术工艺色彩，产值位居全国第四；金泽漆器常与陶器、金属共同制作，制作扎实，涂漆工艺考究，为纯粹的美术工艺品，产值略少。三者中以轮岛漆器最为知名。

室町时代，在领主温井氏一族的保护下，轮岛漆器制作成为重要的产业，也成为今天轮岛漆器的基础。江户时代，轮岛所属的加贺藩村御印向轮岛课以高额税收，这也逼迫轮岛在江户初期振兴制造业，以制造业获取额外收益，进而将轮岛漆器发展为支柱产业。今天从事漆器制造业的人数约占制造业总人数的60%，对当地经济的直接贡献率超过20%，间接贡献更是难以估算，漆器制造已与轮岛的经济、自然、文化紧密衔接在了一起。

轮岛漆器有以下主要特点：一是独特的材料、技法特征与分工体系。轮岛漆器由于工序细分化，使得实际制作水准高，且能有效提高效率。一般而言，漆器生产共有木胎、涂漆、装点三道大的基本工序，轮岛在此基础上又将其分为六个工种，即木胎部门的挽物师、指物师、曲师，涂漆部门的涂师，还有加饰部门的戗金师、莳绘师[6]。轮岛漆器制作首先由木胎匠人挽物师（旋床）、指物师（直材）、曲师（曲材）加工制作底胎（图2）。木胎完成之后由涂师匠人完成裱布、涂底漆、打磨等涂装工艺。其中漆灰使用的是由轮岛本地所产硅藻土粉碎加工而成的“轮岛地粉”（图3），从而也奠定了轮岛漆器坚固的基础。最后由戗金师和莳绘师进行装饰。莳绘是传统漆器工艺技法，用日本漆树树脂特制的生漆在器物上描绘图案，漆液未干时撒上金、银粉，风干后作推光处理。莳绘表现出的金银色泽花纹，使漆绘绘面生动、逼真，图案显得精巧华丽、细腻非凡。轮岛莳绘开始于江户时代文政时期，明治

图2 漆器木胎制作——从木材到成品（从右至左） 朶藏杰/摄

时代得到迅速发展，制作出的高档制品服务于轮岛漆器主要客户。轮岛漆器使用的日本树漆来之不易，每棵漆树的年产量只能对应一两件漆器，因此最终制出的高档轮岛漆器制品显得弥足珍贵。涂师匠人在其中掌握关键制作工序，处于核心地位，木胎、加饰部门的五个工种为涂师工坊的辅助部门，根据涂师订单进行生产。涂师对于底胎采取购买方式，而对于装饰部门的两道工序则按件议价议酬。涂师与其他五个工种的关系类似于主导者和从属者，其他五个工种强烈依附于涂师。涂师融制造、销售于一体，并负责产品品质管理。

二是独特的漆器流通体制和健全的销售网络管理体系。“行商方式”是轮岛漆器流通体制的一大特点，轮岛漆器针对东京、大阪、名古屋等地的豪富阶层销售产品，每个涂师工坊每年以拜访形式至相对应的终端客户处进行贩卖，每年两次。第一次从客户处取得订单，第二次则将漆器运输给需求者，并回收货款。轮岛漆器的高成本、高品质，以及轮岛地域偏处一隅的封闭性，使

图3 天然生漆以及硅藻土

图4 轮岛漆器——食器　　松村惠里/摄

平衡漆器生产量、品种与消费终端市场的需求显得异常重要，而同时熟悉流通市场和生产技艺的涂师工坊则在其中发挥着稳定器的作用。涂师在主导提升加工技艺、维护商品品质的同时，也及时回应终端市场的需求，采取方法尽力扩大销售。这种独特的流通方式造就了轮岛漆器对品质、信誉异乎寻常的重视，同时也方便与终端客户群建立良好、稳定的关系。

三是以漆器艺术为中心的文化氛围。涂师们长期奔走在日本各地，旅途中耳濡目染浸淫了各地的特色文化。轮岛漆器的终端客户都为各地豪门，轮岛涂师的高额溢价商品之所以为豪门所接纳，得到高层次顾客的青睐与信任，除轮岛漆器的高品质之外，关键还在于涂师们带来的高质量文化信息，以及涂师自身的高文化素养。涂师每年在外旅行2~3个月，其余时间大部分在轮岛度过。在此期间，通过"赏乐""游乐"提高自己的文化素养和鉴赏的能力，从而轮岛形成了日本其他地方难以比拟的文化氛围。江户末期至明治期间，各地茶道、俳句、围棋、艺人汇聚于轮岛当地，某俳句名人甚至一度在轮岛当地坐拥200弟子。涂师将轮岛漆器带往日本全国各地的同时，也吸收了日本各地的特色文化，在文化交流、互动中培育了轮岛当地以漆器、涂师为中心的轮岛特色文化：由轮岛漆器衍生而来的文化产品。

2 轮岛漆器手工艺困境

20世纪90年代，日本经济泡沫破灭影响了各行各业。轮岛漆器产值、销量双双大幅下滑，销售额由每年最高180亿日元下降到如今的年均40亿日元左右。产业萎缩导致人口迁出、从业人口不足，进而导致产业萎缩，最终陷入恶性循环。经济问题叠加少子高龄化、地方空心化，轮岛地方经济面临异常困窘的状况，轮岛漆器作为代表性产业受到的冲击最为直观，具体表现在以下几个方面。

首先是消费端困境。轮岛漆器主要表现为传统日本生活用品和赠答礼品，如茶杯、碗、盆、食盒等这些在婚丧嫁娶等重大节日使用的日常用品（图4），具备一定的实用价值。但由于轮岛漆器手工制作，工艺复杂且技艺精巧，使得单件成品成本极为高昂。如日常使用的茶碗售价动辄达上万日元，而成套生活漆器售价更高达几十万日元。当性价比较高的外来商品，如中国、越南进口的廉价漆器进入日本国内消费市场后，便抢占了一大部分日用消费品市场。在海外市场，则由于国外与日本的饮食习惯、生活模式不同，日本传统漆器缺乏具体使用价值，使得终端消费市场大大缩小。特别是国内西式餐饮普及，漆器不能为家庭微波炉使用这一弊端使得漆器适用范围大大缩小，进一步压缩了消费市场。

其次是流通端困境。电子商务、大数据、新零售等流通端消费革命使得轮岛漆器原有以涂师工坊担任行商，并兼任生产主导者的销售模式在逐渐衰亡，生产者无法从百货、批发商处获得信息，难以把握、回应终端市场对商品的新需求和市场需要，最终导致销量锐减和市场萎缩。

最后，制作端困境也不容小觑。轮岛相关的漆器制作工坊都有着悠久历史，通常为子承父业，继承前人的不但有产品的制作工艺，也有产品流通渠道，以及对漆器的理念、思考。漆器制作属于传统非遗手工艺，收入前景有限，难以招募新人。继承者或执拗于原有生产体制与技术，难以应对新的市场竞争；或创新缺乏方向性指导，难以应对市场需求。当前从业者或是以兴趣形式参与漆器制作，或只是单纯继承家业。前者人数较多，但缺乏漆器制作所必需的长时间耳濡目染的熏陶与技术积累，后者很多对于漆器制作缺乏兴趣。在性别方面，男性在家庭分工中承担的经济责任较重，因此越来越多的男性因经济原因脱离漆器制作行业；女性由于负担较轻，反而越来越多地加入制作活动中。传承者问题打乱了轮岛漆器行业原有文化结构和代际传递的“互助精神”，影响了轮岛漆器的传承发展。

由于漆器产业、就业高度集中，轮岛的产业链、旅游资源、地方经济也因此受到了巨大冲击。而对于轮岛居民而言，轮岛漆器是自尊心和自信心的重要来源。漆器市场兴盛，将为经济、生活环境带来极大改善，反之不仅影响就业，且影响社区文化的连续性，社会组织系统也随之弱化。

3 非遗活化与地方振兴

轮岛与轮岛漆器面临的问题，是当前日本传统非遗困境的缩影，如何应对新挑战、新风险，是包括漆器制作在内的大多数传统工艺必须面对的问题。关键在于是以非遗产业创新反哺地方，还是提升地方活力来盘活地方非遗，内生机制重建成为地方考虑并亟待解决的课题。

专家学者、地方大学智库在其中扮演了重要角色，富山大学安岛是晴教授多次撰写研究轮岛相关的论文与研究报告⑦。金泽大学文化资源学研究中心组成调查组，多次赴轮岛进行实地考察，对轮岛与轮岛漆器的历史现状进行综合研究，针对轮岛漆器原材料、生产工艺、工序、终端消费顾客群进行调查，从中挖掘轮岛和轮岛漆器的文化内涵与价值，并提供地方振兴可以借鉴的途径和步骤⑧。2016年东京农业大学与轮岛市缔结包括振兴地方产业，培养人才，保护艺术、文化、历史、环境和生物多样性等领域的合作协定。东京农业大学教师、学生对轮岛三井町“白米千枚田”、传统文化村落景观展开“重要文化景观”调查。研究探讨提升“轮岛漆器”品牌魅力，发掘内涵价值。专家学者研究探讨的结果主要向以下几方向拓展。

第一，与当地旅游资源相结合，挖掘文化底蕴。轮岛漆器最初原型为镰仓时代禅宗曹洞宗本山总持寺在能登半岛开山时修行僧人的饮食用具，来此的修行僧人返回原寺时将轮岛漆器带往日本各地，轮岛漆器也以“本山法器”而知名。而江户时代为扩大销售，开辟了针对普通百姓的营销方法，即组织特定人群进行抽签，中签者以分期付款的方式支付货款，扩大了消费人群，使轮岛漆器一时间风靡全国。文化原点、营销特色是漆器产品开发、增添文化内涵的重要素材，沿此路径挖掘原材料、生产技艺、创意文化、流通链条、涂师文化等多层次文化内涵，适时开发创意产品。

第二，提升轮岛漆器的价值内涵。涂师工坊为扩大销售，采取策略革新设计、销售理念，然而就产业整体而言，仍很难说有明显效果。根本原因在于设计者未能从外部消费者角度发掘轮岛漆器的“亮点”，设计“理所当然”，自然难以达到出人意料的效果。就设计外观而言，轮岛漆器与其他产地的漆器，以及合成树脂产品的差异不大。但轮岛漆器与陶器、玻璃、木制品不同，不能仅看“外观”，核心在于使用感受，即漆器的“感性”部分，才是应该着重向消费对象传递的讯息（图5）。“物”与“人”关系的构建是轮岛漆器思考与突破的关键点，这就需要“语言”“故事”，以及照片、网络上的“观感”媒介，创造“物”与“人”接触的机遇，利用接触和口碑获得长期顾客。

第三，提升轮岛漆器的知名度，扩大消费群体。轮岛漆器主要针对高级生活用品市场，这一方面需要磨炼制作工艺，赋予产品高级创意，使产品向高端艺术品路线发展，激起高端客户购买欲；另一方面也要提高产品壁垒，加深“护城河”，使新兴市场国家难以简单效仿。漆器走向海外所设想的路径为，首先获得欧美市场青睐，进而打开中东、中国、东南亚的消费市场。而达成这些目标，需要以“工坊”形式，集体协作，联合知名设计师，汇集人力、物力、制作、创作能力，共同策划、打造作品，携手应对市场需求。

第四，从地方社会和地方经济整体着手，以轮岛漆器为中心构建综

图5 匠人佐竹先生展示漆器成品 尕藏杰/ 摄

合性系统解决方案。在漆器生产结构、流通结构、地方社会三个关联系统的结构之上构建新的生态系统，包括用容易理解的语言讲述工艺的特征、技术，将可传播的技术打磨成魅力工艺；增加感知工艺亮点的机会，从制作者角度讲述地方文化，提升价值内涵；保护现有稀缺工具、材料，使记忆得以传承。

振兴轮岛"基础产业"轮岛漆器也是轮岛市政府的重要任务。基于以往游客人数与漆器销量成正比的经验，发掘轮岛地方魅力，整合资源，尽可能多地招揽游客成为轮岛市政府的突破点。轮岛市政府提出将"轮岛漆器""禅宗故乡""平氏故乡"作为文旅综合开发的三个卖点，结合轮岛当地渔港渔业（潜水、海女）、轮岛早市、千枚田等特色旅游资源，共同提升地方魅力。如支持与横滨总持寺联合打造项目团队，加大力量塑造"禅宗故乡"这一品牌，借此吸引历史文化游客。打造"轮岛河豚"品牌，吸引美食家组团前来品尝。

针对轮岛人口减少、偏僻化、高龄化等问题，轮岛市长提出由行政主导克服难题。政府通过提供财政补贴来引导方向，如帮助轮岛市内酒店、饭店全面使用轮岛漆器，政府负担3/4的费用；帮助酒店招揽外国游客，为设施改造，聘请英文、中文会话职员等措施提供补贴。

4 结语

本文以轮岛、轮岛漆器为样本，介绍日本非遗活化与地方振兴的经验。打造地方非遗品牌，使其在地方振兴中发挥功用，是振兴地方经济常被提起的思路，然而在全球化、都市化背景下的地方振兴是世界性难题，很难有一蹴而就的效果，即使就本文轮岛漆器与轮岛的样本案例而言，也并未提出完整、一揽子的解决方案，地方振兴这一课题主要还有赖于内生动力和外部资源的综合利用。

就内生动力而言，20世纪90年代经济泡沫破灭之后，日本经济长期增长乏力，少子高龄化的社会问题更使得经济雪上加霜，作为偏处日本能登半岛一角的轮岛，政府发挥的只能是基础性作用，即在顺应趋势的基础上发挥主动性，作结构上的微调。如轮岛政府通过发放政府补贴扶持轮岛漆器等特色优势产业，整合特色旅游资源，深入挖掘文化价值内涵等持续提升地方魅力的措施，延缓衰落的趋势。未来轮岛人口会继续下降（预计2045年将下降一半，到1.2万人），与人口大幅下降、老龄化、低出生率相伴随的，是产业、经济的持续萎缩，且几乎不可逆转。

通过资源、价值链重构，挖掘现有资源文化价值，尽可能利用、吸收外部资源成为轮岛地方振兴的唯一可能选项。外部资源包括外来资本、项目、游客以及人口。地方社会可行的举措是提供平台，通过智库、媒体，提升外界对地方的关注度，创造与外界交流互动的机遇与频率。其中通过新技术手段交流互动，赋予传统非遗以新鲜元素似乎是崭新、可行的途径。地方振兴成败的关键点在于能否扩大年轻人的参与度，进而吸引尽可能多的年轻人口，最终提升地方活力。

注释

①已有的研究包括中南民族大学美术学院方兆华撰写的《浅谈轮岛漆器产业特征》，发表于《中国生漆》2008年第2期，主要从漆器专业角度介绍轮岛漆器工艺技术特征。此外，还有东南大学艺术学院张燕教授撰写的轮岛考察报告《漆艺名都轮岛考察记行》《“漆の里”——轮岛考察记行》，分别发表于《中国生漆》2014年第1期，以及《创意与设计》2013年第1期。

②据英国南肯辛顿博物馆报告，印度古代亦有漆料出产。内容及注释均引自郑师许：《漆器考》，中华书局，1936年11月出版，第1页。

③2019年2月改称金泽大学先端科学社会共创推进机构。大学与地方建立项目合作机制，利用大学的人才和智慧、信息共享解决地方所面临的问题，项目推进过程的样本、案例也能为大学科研、教育所吸收。引自「地域連携推進センターの概要」，『地域とともに』，2010 第7卷、第11页。

④重要的海上中转港。

⑤以上数字均源自日本经济产业省工业统计，由GD Freak网站（https://jp.gdfreak.com/public/detail/jp010140020710117204/）整理，2019年5月17日阅览。

⑥涂漆的技法包括木胚胎的涂漆、画漆、雕漆，莳绘师为专门画漆的匠人，主要针对贵族、武士、大名、大商人的需求定制，并非用于一般平民，且莳绘屋一般只销售自制产品。

⑦已知的论文包括「高度経済成長期からバブル崩壊までの漆器産地成長要因の分析—山中と輪島の漆器産地を対象に」2016、「輪島塗コンシェルジュの育成と新工房めぐりシステムの構築」2016、「輪島漆器産地における昭和30年代の漆掻き職人衰退要因とその背景—輪島の漆掻き職人経験者のヒアリングから-」2014。

⑧参考:松村恵里「地域提案型課題への取り組み—輪島連携プロジェクト」『金沢大学 国際文化資源学研究』第18号、金沢大学国際文化資源学研究センター，第3-7 页;松村恵里:「輪島塗の強みと顧客の現状」『金沢大学 国際文化資源学研究』第18号、金沢大学国際文化資源学研究センター，第49-68页。

创新体验方式，创造未来遗产：古北水镇（司马台长城）国际旅游度假区长城文化保护与开发模式探讨

Cultural Conservation and Development of the Great Wall in Beijing WTown

文 / 张晓峰

【摘 要】

司马台长城因建设古北水镇（司马台长城）国际旅游度假区而迎来新的发展生机，为长城文化的保护开发利用提供了一种新思路。古北水镇通过挖掘与长城有关的历史事件、英雄人物、军屯文化、商贸文化、八旗文化、宗教文化、民风民俗等，丰富了长城文化的体验内涵，将长城文化观光之旅提升为长城文化朝圣之旅。古北水镇对“传统文化的创造性转化和创新性发展”进行了有益的探索，为其他文化项目的“两创”提供了研究和学习的样本。

【关键词】

司马台长城；古北水镇；旅游度假区；保护与开发模式

【作者简介】

张晓峰 浙江旅游科学研究院执行院长

北京市国民经济和社会发展"十三五"规划（2016—2020年）中正式提出了长城文化带的构想，《北京城市总体规划（2016年—2035年）》又对此进行了细化。但是，纵观国内以长城为主题的景区，大部分以观光游览项目为主，缺乏对文化内涵的深度挖掘，也缺乏为游客带来可听、可看、可参与的鲜活文化形态。

而依托司马台长城的古北水镇，定位为"长城下的星空小镇"，集观光游览、休闲度假、商务会展、创意文化等旅游业态于一体。古北水镇（司马台长城）国际旅游度假区的开发和运营，探索出一条长城文化活化和再利用的独特路径，为国内其他文化遗产项目的开发利用提供了借鉴。

图1 北京司马台长城 **吴强/摄**

1 古北水镇（司马台长城）国际旅游度假区概况

司马台长城始建于明洪武初年，东起望京楼，西至后川口，是现代唯一一段保留明长城原貌的古长城（图1）。1987年司马台长城被列入世界遗产名录，被联合国教科文组织确定为"原始长城"。中国著名长城专家罗哲文教授评价其为"中国长城是世界之最，而司马台长城是中国长城之最"。 2012年，司马台长城被英国泰晤士报评为"全球不容错过的25处风景之首"。

2001年，司马台长城北被评为国家级文物保护单位。司马台长城在这十余年的发展历程中，一手抓文物保护，一手抓旅游开发，现已建设成为国家AAAA级旅游景区，并连续8年被评为市、县两级"文明景区"，荣获"北京旅游世界之最""北京市优秀景区""京郊十佳好去处"等荣誉称号。

2010年开始，在陈向宏先生的带领下，一批"古北人"不畏艰难险阻、继往开来，接过守护长城的重任，开创了一个全新的局面。如今，北京段的长城景区无疑是北京最为知名和必去的景区，成为首都一张靓丽的名片。但目前长城景区的观光方式比较单一，对长城文化的挖掘还不够深入，游客大多走马观花，难以体验到长城文化的博大精深，又因为游览空间有限，经常人满为患，导致游客的体验度不佳。

古北水镇约9km^2，共分为"六区三谷"，分别为老营区、民国街区、水街风情区、卧龙堡民俗文化区、汤河古寨区、民宿餐饮区与后川禅谷、伊甸谷、云峰翠谷，是集观光游览、休闲度假、商务会展、创意文化等旅游业态于一体，服务与设施一流、参与性和体验性极高的综合性特色休闲国际旅游度假目的地（图2）。自2014年10月1日营业以来，游客数量从2014年的90多万人次增长到2019年将近300万人次，营业收入从2亿多元增长到接近10亿元。截至2019年，为当地解决了直接就业3000多人、间接就业10000多人，向密云区缴纳税收近4亿元。

2014年2月24日，习近平总书记在主持十八届中央政治局第十三次集体学习时指出，弘扬中华优秀传统文化，"要处理好继承和创造性发展的关系，重点做好创造性转化和创新性发展"（《习近平谈治国理政》，外文出版社2014年版，第164页）。所谓创造性转化，就是要按照时代特点和要求，对那些至今仍有借鉴价值的内涵和陈旧的表现形式加以改造，赋予其新的时代内涵和现代表达形式，激活其生命力。所谓创新性发展，就是要按照时代的新进步新进展，对中国优秀传统文化的内涵加以补充、拓展、完善，增强其影响力和感召力（王艺霖，2016）。

图5 古北水镇临河建宅 徐晓东/摄

古北水镇景区拓展了司马台长城的游览空间，丰富了长城文化的体验纬度，让游客从更立体的角度感知长城文化。

3 再造小镇肌理，丰富文化交互场景

规划之初，古北水镇的总规划师陈向宏先生凭借对传统村落的热爱，多次到司马台村进行实地走访，以人的感受出发，通过人对空间的感受，进行造园设计，每到一处，眼前浮现的便是传统的生活空间，根据环境中山与水的关系将建筑融于其中，做到步移景异；他还走访北方名村，用手绘的形式进行造园臆想，这样一点一滴形成了如今的古北水镇。

古北水镇的营建模式结合了自然聚落与长城堡寨两种模式。既选择了背山面水的山区型村落格局，也再现了“长城堡寨”营城的风貌。古北水镇选址于两山之间的山地，夹汤河水，依山傍水而建。

古北水镇将“天人合一”的理念应用在选址营建上，具体表现为“趋利避害，因地制宜，负阴抱阳，背山面水”。人和自然和而不同，人顺应自然，合理改造自然，和自然达到一种共存竞争但良性发展的状态。

古北水镇建筑的空间布局依山就势（图6），体现了借势之美，不刻意创造，而是追溯美之本源。建筑布局或集中或松散，创造了不同的空间美感，体现了北方建筑布局的适宜之美——既不像江南水乡那样密集，也不像东北建筑群那样空旷松散。不同尺度的院落有机结合，如大珠小珠落玉盘一般，自然散落在三层台地上。民宿体现民居建筑空间的奥如旷如；镖局展馆展现了公共空间的开阔；主体建筑群沿中轴线布置，气势磅礴，空间布局尽显庄重之势；商铺沿水系一字排开，如一卷珠帘镶嵌在河边，展现了建筑布局的流

图6 古北水镇的建筑依山就势　　徐晓东/摄

图7 古北水镇街巷（局部）　　吴强/摄

线之美；龙凤温泉广场的建筑群在布局上依山体而建，错落有致，如插画一般，有高低之势，有主次之分，无明显轴线，却风采各异。

古北水镇荟萃了北方民居建筑的风貌特征，并在此基础之上，结合功能进行形态变化。北京传统村落的民居建筑的平面布局和细部构造是有其自身特征的，古北水镇的民宿建筑是在提取了传统民居建筑的原型的基础上进行的演变，传承了其风貌特征。

古北水镇的街巷空间平面形态呈鱼骨状路网结构，街巷布局将空间划分为不同的高程，主街形成了丰富的景观（图7）。古北水镇的街巷尺度和北京地区传统村落街巷的空间尺度很接近，这也反映了古北水镇传承传统意向空间的合理性。

通过对小镇肌理的再造，古北水镇完整再现了北方居民的生活方式，为游客体验传统文化提供了丰富的交互场景。古北水镇的再造方式来源于历史文化，来源于活生生的古村古镇，但是并没有简单地照搬，而是根据当代生活的特点进行了文化植入和技术再造，使其与WiFi、空调、水电气暖、地下管廊等现代科技产物进行完美融合，从而创造一个适合人们休闲度假的理想空间。

4 活化在地文化，丰富文化体验内涵

长城文化历经千年，内涵丰富。世界遗产委员会评价说：“它在文化艺术上的价值，足以与其在历史和战略上的重要性相媲美。”有关长城的历史文献、诗词歌赋、铭记碑文、

民间传说、楹联匾额、雕刻构筑、建筑艺术等，以它们的独特内容和风格，成为中国文化艺术宝库中的一个重要组成部分。

全国人大常委会原副委员长许嘉璐认为，在长城沿线的道路、遗址、文物中，都有着中华民族和合圆融、天人一致、德行俱重等准则。要让长城在未来的文化建设中更好地发挥作用，就要让全社会了解这些、理解这些（许嘉璐，2002）。

然而，目前的国内长城观光游主要侧重于对长城本身军事功能、建筑艺术、壮丽河山等方面的体验。因为长城墙体的容量有限，很多文化内容无法得到完整展示。

古北水镇（司马台长城）国际旅游度假区不仅重视对长城文化的保护和传承，还将与长城有关的历史事件、英雄人物、军屯文化、商贸文化、八旗文化、宗教文化、民风民俗等通过多种方式进行了展示演绎、保护和传承。

4.1 军屯文化

古北口历朝历代都曾在此设立治所，特别是自明代始，实行屯兵制。据明史记载，洪武十一年在古北口建守御千户所，洪武三十年改卫，受后军都督府管辖，清代还曾在此建御道修行宫。司马台村的老百姓大部分都是当年的清兵及其家属，还有部分经商后在此地落脚。因此，古北水镇景区保留修葺了老兵营区，恢复了卧龙堡片区，通过复建城郭、护城河、城墙、城楼、碉堡、牌坊、校练场、瞭望塔、会馆、军机处、议事堂等军事主题建筑来展示与长城相关的军屯文化。

4.2 爱国主义文化

明朝时，著名爱国将领戚继光曾在此负责修筑司马台长城，抗击外敌入侵。1933年3月，国民革命军十七军防守北平城的东北大门古北口，与日本关东军展开了一场殊死搏杀，这就是长城抗战中最为惨烈的一场战役——古北口战役。古北口镇因为地处边塞，战乱频仍，当地老百姓为了祈求平安，在此设立了杨令公祠，每年9月14日进行祭拜。古北水镇复建了“杨无敌祠”，供游人祭拜和瞻仰，以此弘扬爱国主义精神。

4.3 边塞商贸文化

古北口是内地与塞外民族文化交流和商贸往来的重要关口。因此，留下诸多商铺、客栈和镖局。古北水镇的镇远镖局，就是边塞商贸文化的重要体现。整个镖局占地1000多平方米，共四进院，还有后院，包括账房、信房、客厅、正厅、宴会厅、兵器展厅、练武场、关公祠等，完整地展示了镖局文化的起源、演化和历史作用。

4.4 八旗文化

清朝定鼎北京统一中国后，为解决随帝入关的满族的生计，顺治初颁行圈地令，在康熙时期，将古北口地区划入正黄旗。所以目前古北口地区一部分居民是正黄旗的后代。古北水镇的八旗会馆完整地讲述了八旗制度的来源和演变，复原了八旗将领作战议事、军队操练的场景，再现了八旗子弟的服饰、婚丧嫁娶、饮食起居、生活习俗等内容，使游客对八旗文化有全面的了解。

4.5 民风民俗

长城的分布区正好与汉族和其他少数民族交汇、交界的地区重叠（王亚力 等，2012）。古北口镇司马台村历史悠久，有汉、满、蒙、回、朝鲜、苗、裕固族等多民族聚居，具有丰富的独具特色的民风民俗。段友文、张小丁等学者（2015）认为，边关古村镇的民族民俗类文化资源在保护利用的前提下，也可适当运用多样性旅游体验模式，让游客体验历史时空中特定族群的生存方式、生活状态和思维方式。

古北口的居民多为当年驻军的后裔。据史料记载，从隆庆三年起，蓟镇在很短的时间内创建了大量的空心敌台。施工中雇募了部分工匠，所雇募者，有木匠、石匠、砖/灰窑匠、瓦匠，甚至有油匠、画匠，总之是一些专业技术性很强的工种（晋宏逵，1990）。

基于对司马台长城历史的研究，古北水镇复建了“司马小烧”酒坊、永顺染坊、皮影馆、剪纸馆、风筝铺、灯笼铺、年画坊等体现民风民俗的工坊。这些工坊均按照“前店后坊”的格局进行布置，具有生产加工、陈列展示、DIY 体验、衍生品销售等功能。为了给游客提供多样化的人文体验，古北水镇还有丰富的主题演艺活动。目前，每天早晨8点，在游客服务中心外围的广场上有迎接客人的舞狮表演；从上午9点至晚上8点，在杨无敌祠小戏台、日月岛广场（图8）、戏台、密云大戏楼、汤河剧场等区域，不间断有各种演艺活动，如评书、相声、杂技、戏曲、舞蹈等，还有巡游表演。在八旗会馆则有摔跤、射箭、杂耍等表演。

图8 古北水镇日月岛广场　　李爽/摄

4.6 宗教文化

古北口地区虽然不大，却是个具有深厚历史文化的山村。这里是罗教（罗道教）创立者讲经及墓葬的地方。司马台有“东塔、西寺、南楼、北真武”之说。东塔为罗家祠堂的塔林，西寺为佛教寺庙，当地人亦称大寺。南楼建在南山之上，与北面真武庙遥相呼应，镇区内还有月老祠等。目前圆通塔寺已经在原址复建（图9），供奉的是观世音菩和华严三圣。镇区东北的山顶教堂目前成为信徒们做礼拜和举办婚礼的首选之地。

通过以上对长城、边关小镇从军事政治、历史事件、民间风俗等全面的复原和再现，游客对长城文化有了更为深的了解和感受。

5 重构文旅产品，打造休闲度假生活方式

北京是一个山川秀丽、人文厚重，旅游资源丰富的旅游目的地，几十年来涌现出众多知名景区，但一直缺少一个大型度假旅游目的地。古北水镇（司马台长城）国际旅游度假区的出现，填补了京津冀区域旅游市场的空白。

5.1 良好的生态条件

近几年，京津冀区域雾霾肆虐，古北水镇地处塞外边口，一年四季很少受到雾霾侵袭，成为周边居民躲避雾霾的最佳之选。因为远离市区，没有城市高楼的遮挡，空气好，能见度高，古北水镇又是京津冀区域最佳的星空观测地，受到无数星空摄影爱好者的追捧。国内知名星空摄影师Steed在司马台长城拍摄的星空作品，入选了NASA官网。古北水镇被无数旅游爱好者称为“长城脚下的星空小镇”。

古北水镇还有丰富的温泉资源。据史料记载，万里长城的水关虽有几处，但像司马台关“两泉对峙”、与长城世代为伴的情景却数少见。在司马台西长城下，常年流淌着水温38℃的温泉，令人称奇的是在相距几十米的东长城下却是冰冷刺骨的冷泉。奇景天成，令人称叹，当地人名曰“鸳鸯湖”。

5.2 丰富的度假业态

古北水镇是集观光游览、休闲度假、商务会展、创意文化等旅游

图9 古北水镇圆通塔寺 吴强/摄

业态于一体，服务与设施一流、参与性和体验性极高的综合性特色休闲国际旅游度假目的地。目前拥有4个精品酒店、5个主题酒店、23家民宿客栈，共1300多间客房，10多个文化展示体验区、特色商铺和餐厅及完善的配套服务设施。度假区内的多个酒店有温泉、SPA、泳池、儿童乐园、健身房、保龄球馆、KTV歌厅等配套设施。徜徉于古北水镇，还有众多格调不同的酒吧、水吧、咖啡厅、茶馆等可以停留和驻足。

5.3 为不同人群提供多样化的度假方式

古北水镇为孩子们准备了丰富的传统文化大餐。家长可以带着小朋友乘坐摇橹船，穿过一座座造型各异的石桥，路过一间间枕水而居的民居、客栈，领略只有在江南水乡才能看到的风景；也可以在客栈小院的柿子树下，做手工、晒太阳，享受只有在乡下老家才能体验的悠闲生活；还可以带着孩子去永顺染坊学习制作扎染、蓝染；去司马小烧酒坊亲手制作一道特色酒糟蛋；去风筝铺、灯笼铺、年画坊学习手工制作；去童玩馆玩各种游乐设备。老年人可以在小镇的日月岛广场听评书、相声、戏曲、杂技，还可以去段家大院泡温泉，去圆通塔寺烧香拜佛、吃斋念佛，祈祷家人平安；年轻的情侣或者朋友在古北水镇可以去八旗会馆体验投壶射箭，去密云大戏楼喝茶看戏，去山顶教堂体验西式婚礼，晚上去云端咖啡厅的露天平台上，一览整个小镇的夜景全貌，还可以去体验免费的瑜伽、太极课程。古北水镇还为企业客户提供了户外拓展训练、团队建设的诸多活动，如水上皮划艇、自行车骑行、长城越野跑等。

5.4 举办丰富的特色主题活动

古北水镇夜景堪称北京一绝，2016年全新重磅打造长城脚下的夜游“八大名玩”：登长城，提灯夜游司马台（图10）；品长城，长城下湖畔精致晚餐；望长城，摇橹长城下；赏长城，星空温泉絮语；聆长城，浪漫水舞秀；宿长城，夜宿长城脚下；戏长城，戏水长城脚下；醉长城，山顶品酒观星。古北水镇还在七夕节、中秋节、圣诞节等传统节假日推出一系列主题活动。

这个基于北方水文化建造而成的小镇，正在成为北京夜游时尚新地标，吸引了越来越多年轻人及国际友人、摄影爱好者和美食爱好者前来休闲度假。

6 秉承工匠精神，创造未来文化遗产

古北水镇（司马台长城）国际旅游度假区非常重视对生态环境的保护，投入巨资实行各种保护措施，在水镇的空间布局、功能分区、街巷动线安排、建筑空间利用等方面做出了很多创意和创新，而且操盘团队对工程质量精益求精，紧抓细节，打造了一个经得起时间考验的优质工程。

6.1 重视环境风貌保护

古北水镇在基础设施建设中以近项目总投入的1/3用于生态环保建设，投入资金与规模在国内度假区首屈一指。正如公司总裁所言，“真正的旅游应该是人和自然环境的和谐”。公司投资建造了高品质的自来水厂（达到欧盟标准，可以直接饮用）、污水（中水）处理厂，新增改造了各种高压、低压线路，打造应用生物质环保煤的集中供暖中心、液化气站，增加了大量的绿化面积，度假区内河道疏浚拓宽、水系流畅。

为了较完整地保存古朴原貌，使地面免遭破坏，度假区的街道全部采用长条青石板铺设，将热力管道、中水管道、直饮水管道等均埋于地下，不仅有效地保护了地面，对于建设原汁原味的历史文化旅游目的地也起到了重要作用。

6.2 加大司马台长城的保护力度

因司马台长城所在地地势险峻、护墙低矮，游览容量有限，为了更好地保护长城，保证游客安全，依照国家旅游局《景区最大承载量核定导则》、《旅游法》第四十五条有关规定，实行预约制游览，游客可以在司马台长城的官方网站上预约参观，分时段游览，避免出现拥堵和踩踏。

6.3 以质量为生命

以陈向宏为首的团队，自1999年起，陆续做了东栅、西栅等历史街区保护开发项目，培养了一支古建施工修复团队，他们熟悉古建筑的每个细节，精通古建修复的每一项技艺，施工技术精湛，做事认真细致，一丝不苟，并且作风优良，敢于吃苦，视质量为生命。

为了更好地再现明清和民国时期的建筑风貌，建筑团队走访北京、河北、山东和山西等地的古城、古镇和古村，学习当地的建筑工艺，收集各地废旧的木料、石料、旧砖头和旧瓦片等建筑材料，用于古北水镇的建设，既保护了历史建筑，又为游客体验中国传统文化创造了机会。几乎所有到过古北水镇的考察团队，都对古北水镇的建筑质量啧啧称赞。相信经过几十年时间的沉淀以后，古北水镇项目不仅不会资产贬值，反而会在岁月的洗礼下，水镇风貌更加古朴，建筑更加古色古香，文化底蕴更加厚重。

在中国城市化进程加快，历史村落、历史街区加速消失的时代，古北水镇却逆向而行，向历史的更深处溯源，保留住中华民族传统文化的瑰宝，延续华夏文明的精髓。

7 活化和创新才是对文化遗产的最大保护

古北水镇（司马台长城）国际旅游度假区对长城文化资源的保护开发利用，遵循了习总书记“创造性转化和创新性发展”的理论指引，打破了文化遗产保护传承的藩篱，为国内外众多历史街区的保护、开发、再利用提供了示范。

第一，扎根在地文化。对文化遗产的活化和再利用是建立在对文化遗产深度解读的基础之上的。文旅项目从立项之初，就要研究当地的历史文化、风土人情，对文化遗产的精华进行提炼，明确文化遗产的灵魂。文旅项目的规划设计要以文化为牵引，以传承文化为原则，并贯穿于文旅项目开发建设的全过程。文化要与旅游要素进行深度融合，成为文旅项目基因的一部分。

第二，敢于创意创新。对文化遗产的活化要敢于打破常规，不拘泥于固有的形式。古北水镇景区在规划设计的时候，除了司马台长城，在地文化遗存较少，陈向宏总规划师从北方古村镇中汲取精华，把传统建筑与古北口的地形地貌相结合，既借鉴江南水乡的水巷布局，又完整再现北方传统村落的完整肌理，在长城脚下创新地打造了一个北方水巷。这种大胆创新、突破藩篱的做法，是文化活化的一种有益尝试。

第三，文化遗产的活化要以游客的需求为落脚点。文化遗产活化的最终目的是通过文旅项目使文化遗产得到有效传承，而其中的关键点就是对游客需求的满足。常规的文化遗产活化，大多数以博物馆式的

图10 游客提灯夜游司马台长城

李爽/摄

静态陈列展示为主，缺少互动，说教的成分远远大于娱乐的成分，容易让游客感到枯燥和乏味。古北水镇将长城文化融入建筑小品、园林景观、小吃美食、酒店客栈、商铺酒肆等旅游项目中，为游客打造了一个穿越时空的文化消费场景，满足了游客多样化的需求，从而实现了游客对长城文化的深度体验。

第四，构建良好的发展机制。古北水镇在长城文化的活化方面，充分考虑到了周边社区的利益，通过指导村民建立乡村旅游合作社，为村民提供旅游接待培训，吸纳原住民到景区做房东，从事服务接待等一系列举措，实现了景区与社区的共同发展。开业5年多来，带动了周边几十个村子上万群众从事乡村旅游接待，极大地促进了当地旅游业的发展和产业的转型升级。

从古北水镇的发展路径来看，对文化遗产的活化和保护，应突破常规，大胆创新，只有把文化遗产与当代人的生活特点相结合，开发贯穿人们旅游全过程的文旅产品，满足人们多样化、个性化的旅游需求，让人们在旅游的每个环节都能感受到文化的魅力，才能激发游客对文化遗产的兴趣，进一步了解文化，学习文化，成为文化传承和创新的参与者，甚至是主导者。总之，文化遗产只有走入寻常百姓的日常生活，才能焕发新的生机和活力。

参考文献

段友文，张小丁，2015. 长城文化遗产廊道：边关古村镇整体保护之构想［J］. 山西大同大学学报(03):1–7.

晋宏逵，1990. 司马台长城［M］. 北京:京燕山出版社.

曲琳，2013. 长城的历史文化价值与视觉艺术表现特征［J］. 西北大学学报（02）：153–156.

王亚力，吴云超，2012. 民族文化地理视角下的长城文化研究［J］.西南民族大学学报(10)：22–27.

许嘉璐，2002. 立足中华大文化，尽快发展长城学的研究［J］. 清华大学学报（01）：1–3.

王艺霖，2016. 习近平对中国传统文化的创造性转化和创新性发展：以知行关系为例［J］. 党的文献（1）：19–24.

余同元，1995. 明后期长城沿线的民族贸易市场［J］. 历史研究(05)：55–70.

中国伞博物馆外观及入口处装饰

文创设计参与

Cultural and Creative Design

化文为物：历史文化型复原景区旅游开发模式：以西安大唐芙蓉园和开封清明上河园为例

Tourism Development of Historical and Cultural Themed Attractions: Studies of Tang Paradise in Xi'an and Millennium City Park in Kaifeng

文 / 孙根年 申林林

【摘 要】

我国历史悠久、文化遗产丰富，然而保存完好者较少，存于文献记载者众多，这类遗产的恢复与旅游开发具有重要的意义。本文在遗产活化论、遗产有形论和旅游体验论的基础上，以西安大唐芙蓉园和开封清明上河园为例，探讨了“化文为物：历史文献类旅游景区的开发模式”，研究后得出以下结论：（1）存于文献记载的遗产，历史上曾经辉煌、知名度甚高，但中途消失殆尽，难以进行旅游利用；（2）2000年以来的“遗产活化”，主体建筑依据文献记载而恢复，并按主题增加相关内容，旅游开发灵活性强，从而增强了其文化旅游性；（3）西安大唐芙蓉园和开封清明上河园是较成功案例，主景恢复代表性的建筑景观，建立真实的可视载体；在景点小区设计上，融入同主题的文化元素，时空强化，有声有形，有神有韵，可以获得丰富的旅游体验；（4）这类历史文化型景区，具有“借史还魂”的高知名度，可节约营销成本，易获得成功，在我国有广阔的市场。

【关键词】

遗产活化；历史文化主题景区；旅游开发；大唐芙蓉园；清明上河园

【作者简介】

孙根年 陕西师范大学地理科学与旅游学院教授

申林林 陕西师范大学地理科学与旅游学院硕士研究生

1 问题的提出

中国是世界文明古国，历史悠久，文化源远流长。五千年文明遗留下来很多遗产，有保存完好者、基本完好者、破坏殆尽与仅存遗址者、仅存文献记载者（喻学才，2010）。其中，保存完好者或基本完好者甚为稀少，地上破坏殆尽、仅存遗址者较多，大量的历史文化遗存仅存在于文献记载。现阶段对保存完好者和基本完好者这类遗产旅游利用较好，对于地上破坏、仅存遗址这类遗产也有较好保护，而对于大量存在于文献记载中的遗产旅游开发相对不足，因此，我们把目光聚焦在仅存文献记载者上。这类文化遗产如何以历史文献为基础，进行重现从而得到活化和旅游利用是时代赋予我们的责任。

遗产以旅游方式向社会公众开放，既是一种趋势，也是一种社会责任（徐嵩龄，2002）。文化遗产旅游实质上是穿越时间和空间的体验，文化遗产是人类历史的遗留，是人们了解体验历史的凭借，旅游者“穿越时空”来到文化遗产地，通过感观体验感受遗产的传统文化，从而通过心灵与历史对话（艾佩 等，2007）。因此，历史文化型景区的旅游开发给出了一个可行性的答案。首先，它依据历史文献，利用现代科学技术，根据现代具体状况，还原历史风貌、重现历史并具有现代化旅游功能。历史文化型景区的旅游开发可以重现历史，彰显我国悠久的历史文化，再现昔日辉煌；其次，文化遗产旅游者最主要的旅游动机和需求是学习和体验遗产中蕴含的丰富文化内涵（张宏梅，2010），历史文化型景区通过对景观及文化的塑造，将历史文化以更加通俗易懂的形式传递给旅游者，眼前复活的实物与历史文献的描绘形成对比，直观可视的实物更利于游客学习历史文化，实现心灵与历史的对话，塑造“穿越时空”的完美体验，彰显历史文化的悠久，促进历史文化的保护和传承；此外，历史文化复活型景区在满足旅游者学习历史的需求，给予其完美体验的同时，还能带来经济效益，反过来促进历史文化的保护，实现旅游经济发展与文化遗产保护共赢。

近些年来，各省市名人故里之争不断，重新修建活化历史的景区层出不穷，如何开发历史文化型景区、重现历史是人们长期以来一直关注的问题，然而国内外学者更多的是对保存完好者这类遗产的旅游开发进行探讨，缺乏对仅存文献记载者这类文化遗产的旅游开发模式研究，而这正是本文研究的重点。大唐芙蓉园根据历史记载重新建造，从帝王、外交、科举、女性、诗歌、民俗、科技、饮食、宗教、歌舞等方面全方位再现了大唐盛世的灿烂文明，集视觉、听觉、嗅觉、触觉、味觉“五感”体验于一体，是全国首个全方位展示盛唐风貌的大型皇家园林式文化主题公园。清明上河园是中国第一座以绘画作品为原型的宋文化仿古主题公园，它是以《清明上河图》为蓝本，以宋朝市井文化、民俗风情、古代娱乐为题材，以游客参与体验为特点的文化主题公园，集中再现了原图风物景观及大型宋代民俗风情，再现了古都汴京千年繁华的胜景。本文以大唐芙蓉园和清明上河园作为历史文化型景区的典型案例，阐述了仅存文献记载者这类文化遗产如何“活化”和“可视化”，让这类文化遗产走出文献记载和书法绘画，恢复原貌，诉说历史，从而为历史文化型景区的旅游开发提供借鉴。

2 历史遗产活化的理论依据

依据文献书画等史料打造复活的历史文化型景区的过程，实际上也是遗产复活的过程，重建文化遗产的物质载体，使其可视可感知；充分融入并展示历史文化内涵，使其有形有韵，增强游客的参与性，为游客提供获取文化信息、穿梭历史的体验。

2.1 遗产活化论

喻学才教授借用“遗产活化”这个概念来探讨遗产旅游资源转化为旅游产品的战略问题。遗产活化是一个很重要的问题，它关系到遗产的保护继承和旅游的开拓创新，遗产活化实际上就是把遗产资源转化成旅游产品而又不影响遗产的保护传承，让游客得到满意的体验是遗产活化的重要内容（喻学才，2010）。遗产本身是分层次的，大而言之，不外五个层次：保存完好者、保存基本完好者、破坏殆尽者、仅存遗址者、仅存文献记载者。可是喻学才教授对于每个层次的遗产如何活化并没有给出具体的措施。

张建忠、孙根年则提出了“遗产保存—旅游可视性—保护利用”的对应模式（张建忠 等，2012）。他们将遗产保存分为四个层次，根据旅游可视性规划其相应的旅游利用模式，模式如下（图1）：

第一层次，整体保存完好。如北京故宫（图2）、西藏布达拉宫、嘉峪关长城等，它们雄伟壮观的可视性特征，就是现场的旅游凝视，可以形成良好的旅游体验，从“文化”到“旅游”差一张纸，文物保护就是旅游利用，应采取切实的措施，对历史遗产做到绝对保护。

第二层次，地上较大破坏、仍有部分保存。如圆明园遗址、南京明孝陵、西安乾陵等，原景物的地上部分破坏较大，但仍遗留部分物件可视，旅游解说加上联想或想象，可形成良好的旅游体验。旅游开发利用的措施是原遗址保护，或者部分修旧如旧。

第三层次，地上破坏殆尽，仅留下遗址。如西安未央宫、大明宫遗址等，因历史悠久地上建筑完全破坏消失，但仍留下较完整的遗址，成为国家或省级文物保护单位。这类历史文化遗迹，旅游的可观赏性较差，但文化价值较高，对应的措施是重点保护，典型恢复重建。

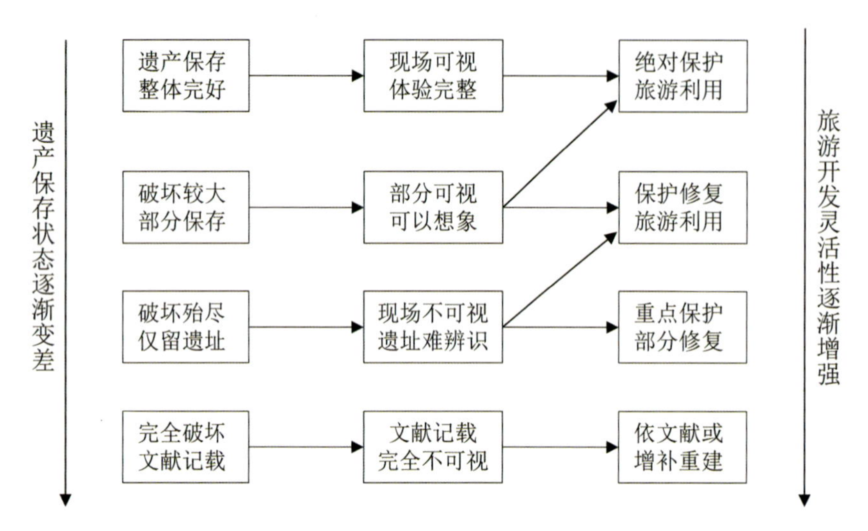

图1 遗产保存与旅游开发对应关系模式（张建忠 等，2012）

图2 故宫 **徐晓东/摄**

第四层次，遗址完全破坏，仅存于文献记载中。如西安大唐芙蓉园、昆明池遗址等，现实的实物形态并未留下什么，所谓历史遗产仅存于文献记载，完全不可视。那么，对应措施只能是依据历史文献，重建昔日主体建筑，另外还可根据需要增补其他景物。

根据遗产保存与旅游开发对应关系模式，仅以文献记载形式遗留下来的遗产属于第四层次，需要依据文献记载重新修建。遗产保存状态完整性下降，进行旅游开发的灵活性越大。因此，依据文献记载建造历史文化型景区，其重新建造的过程具有很强的灵活性。把具有代表性的景点建筑复活，同时以相同的主题建造其他景点，增强可视性，增添魅力，充分发挥其灵活性，打造历史文化元素与现代旅游功能兼具的历史文化型景区，使遗产得到保护传承的同时也得以开发利用，促进旅游发展，带来经济效益。

2.2 遗产有形论

遗产有形论是由著名的文物保护专家罗哲文教授提出的，起初就历史文化名城的保护提出“形神兼备”。所谓“形”，就是在物质层面保护其原貌；“神”，就是保护其历史上形成的文化内涵，这是一个历史文化名城的神韵所在（罗哲文，2007a）。文物古迹与旅游利用这两者历史悠久、关系密切，旅游离不开文物古迹，文物古迹借旅游发挥其作用，承载历史、传播信息（罗哲文，2002）。历史文化遗产保护要与经济社会发展相结合，离开经济社会效益遗产很难保护好，利用和保护做得好，可以两全其美，相得益彰（罗哲文，2008）。建造历史文化型主题公园是“仅存文献记载者”这类历史文化遗产得以保护与利用的重要途径，是遗产保护与旅游利用有效结合的重要形式。文物是有形的，它包含或承载的内容是具体的和活泼的（罗哲文，2007b）。历史文化型景区也应该做到“有声有形，有神有韵”，既要有外在的物质形式还要有内在的精神内容。“有形”就是在物质层面恢复原貌，建立可视的载体；“有声”就是建立动态的借以体现遗产特质的，能够让遗产“开口说话”的物质载体；有神有韵，就是保护、展示和利用历史上形成文化吸引物的内涵，这是遗产的声形神韵所在（张建忠 等，2011。）

以开封清明上河园和西安大唐芙蓉园为例，前者存在的形式是北宋张择端的名画，后者存在的形式的唐史的文献记载。因历史久远、岁月变迁，不仅地上的建筑物荡然无存，就连具体的遗址也无法寻找，成为仅存在于“历史文献”中的文物。对于这类遗产我们进行了遗产活化，根据历史文献的记载，在大量资金投入的基础上重建主体建筑，再根据主题和创意设计，修建若干景点，策划相应的旅游项目和活动，依据有形论打造的历史文化型景区，使文献记载的“历史文化遗产”变得有形可视，增加其可感知性，更有助于满足游客了解历史的参观游览需求。

2.3 旅游体验论

旅游，本质上是获得体验。随着体验经济时代的到来，人们的旅游活动不再局限于传统的观光、休闲和购物，而是为了获得某种独特的体验，一般包括娱乐消遣体验、逃逸放松体验、文化教育体验、审美猎奇体验、置身移情体验等内容(A.J.BEEHO, 1997)。孙根年教授在体验旅游的策划中提出了“动机—过程—目标”模式（孙根年,2006）（图3）。其中，动机“三求”是指求补偿（equalization）、求解脱（disengagement）和求刺激（stimulation），这是旅游体验得

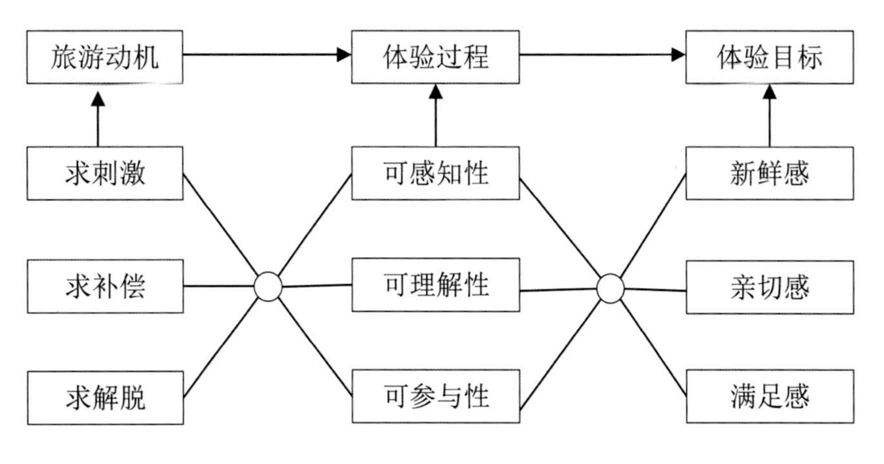

图3 体验旅游的动机—过程—目标模式(孙根年,2006)

以形成的核心动力；过程“三性”是指可感知性（perceptible）、可理解性（understandable）和可参与性（participatory），这是旅游体验经营的关键所在；目标“三感”是指新鲜感（novelty）、亲切感（affability）和满足感（satisfaction），这是旅游体验要达到的终极目标。体验时代旅游开发的精髓就是创造和设计体验，以独特内涵和足够的体验吸引游客（孙根年，2007）。

仅有文献记载者的文化遗产可感知性、可理解性和参与性差，无法获取新鲜感、亲切感及满足感。依据文献打造历史文化型景区要从游客了解历史的动机出发，加强游客的参与体验过程，满足游客历史怀旧的目的。这就要求经营者在遗产开发中尽可能按历史文献恢复其本来面目，为旅游者创造历史真实的氛围（宋咏梅 等，2006）。在景物塑造、项目设计和旅游经营中，将更多的注意力放在增强旅游景观和项目的可感知性、可理解性和可参与性上。见了故物，如见故人，游客走进历史文化型景区，置身“活化”的景物环境之中，畅想历史长河，实现情感转移和自我超越，获得一种穿越历史的置身移情体验。

图4 西安大唐芙蓉园　　图片来源：摄图网

图5 河南开封清明上河园　　图片来源：摄图网

3 大唐芙蓉园与清明上河园案例研究

根据遗产保存状态对症下药，采取合理的“活化”方式，才能真正增强其可视性（张建忠 等，2012）。西安大唐芙蓉园和开封清明上河园是典型的“活化”成功案例（图4、图5），有着极其重要的代表性。我们通过这些案例来阐述“活化”和“可视化”，通过旅游与遗产的有机结合实现遗产的保护和旅游的充分利用，最终实现双赢。

3.1 历史辉煌与文献记载

大唐芙蓉园在秦代时为皇家禁苑“宜春苑”，到隋文帝时，因莲花盛开繁盛才更名为“芙蓉园”。隋炀帝时代，臣君坐饮曲池之畔享受曲江流饮，给曲江胜迹赋予了一种人文精神，为唐代曲江文化的形成和发展奠定了基础。唐玄宗即位之前，在隋代芙蓉园的基础之上，扩大了曲江园林的建设规模和文化内涵，除在芙蓉园重修紫云楼、彩霞亭、凉堂与蓬莱山之外，又开凿了大型水利工程黄渠，以扩大芙蓉池与曲江池水面，这

表1 大唐芙蓉园和清明上河园的历史发展与文献记载

	大唐芙蓉园	清明上河园
历史发展	秦“宜春苑”，皇家禁苑；隋文帝时更名“芙蓉园”；唐修芙蓉池、紫云楼，达到最高境界；唐末，破坏殆尽，片瓦无存。	北宋时经济繁荣，富甲天下，城郭气势恢宏；张择端《清明上河图》，描绘了清明时节汴河两岸繁华和热闹的景象。
史料记载	“隋离宫也，园内有池，谓之芙蓉池。” “文帝改名芙蓉，为其水盛而芙蓉富也。” “芙蓉苑北曲江岸，期看终南新雪晴。”（林宽） “春风上苑开桃李，诏许看花入御园。”（李绅）	“八荒争凑，万国咸通。”（描述开封） “人烟浩穰，添十数万众不加多，减之不觉少。”
景观特色	芙蓉池、紫云楼、彩霞亭、蓬莱山、曲江流饮	虹桥、码头、汴河、酒楼店铺、城门楼
现存形式	历史文献	历史文献 、《清明上河图》

资料来源：作者根据文献整理

里成为皇族、僧侣、平民汇聚盛游之地。唐玄宗时期，修建了紫云楼、彩霞亭、临水亭、水殿、山楼、蓬莱山、凉堂等建筑，并建了从大明宫途经兴庆宫直达芙蓉园的夹城，经过唐玄宗的扩建，芙蓉园内宫殿连绵，楼亭起伏，遂使园内“青山重复，绿水弥漫，帝都盛景也”。芙蓉园为皇家御园，唐称南苑，外围环筑苑墙，以与曲江池公共游览区分隔。没有皇帝特旨，大臣是不准入内的。唐代诗人李绅在题为《亿春日曲江宴后许至芙蓉园》一诗中写道：“春风上苑开桃李，诏许看花入御园。”显然李绅是在参加了“曲江宴”后才奉召入芙蓉园的，并以此为莫大的荣耀。芙蓉园经过长达8年的安史之乱破坏后，宫殿、亭台、楼阁、水榭大多颓废，渠道干涸，杂草丛生，景色荒凉衰败，杜甫《哀江头》一诗即描绘了这一颓废之景。六七十年后，唐文宗李昂读到《哀江头》诗，凄然感怀，一心要恢复开元、天宝间的曲江面貌，于是在大和九年（835年）二月令左右神策军各一千五百人掏曲江池，并仿旧故事再建紫云楼、彩霞亭，但境况已大不如前。随着唐末长安城毁灭，其园林建筑破坏殆尽，各种文化活动也逐渐沉寂下去，曲江盛景不复存在，最终大唐芙蓉园消失得瓦片无存。

开封是一座历史悠久、底蕴厚重的魅力之城。特别是北宋时期，开封孕育了上承汉唐、下启明清、影响深远的“宋文化”，我国古代“四大发明”中的活字印刷术、火药和指南针均出自北宋时期，北宋是开封历史上最为辉煌耀眼的时期，经济繁荣，富甲天下，人口过百万，风景旖旎，城郭气势恢宏，不仅是全国政治、经济、文化的中心，也是当时世界上最繁华的大都市之一，史书更以“八荒争凑，万国咸通”来描述开封。北宋画家张择端的作品《清明上河图》，描绘了清明时节北宋京城汴梁及汴河两岸繁华热闹的景象和优美的自然风光（表1）。现如今的开封市已经没落为一座历史悠久的古城而已，不是省会城市，经济发展在全国也处在末端，曾经那个向世界各地传播先进科技文化和泱泱大国气象的开封城早已不见踪影。

3.2 旅游开发的重建与活化

根据表1得知，大唐芙蓉园在历史上是真实存在的，但最终消失得片瓦无存。在历史上虽没有清明上河园这样的真实园区，但是《清明上河图》中描绘的宋代汴河沿岸的繁华景象属事实。二者虽然存在形式不同，但都属于仅存文献记载的文化遗产，根据张建忠提出的遗产保存与旅游开发对应模式，二者需要根据文献记载重新修建。

大唐芙蓉园依据历史记载于2002年开始建设，2005年4月开放，总占地1000亩，其中水面300亩，总

图6 西安大雁塔全景

投资13亿元。清明上河园以《清明上河图》为蓝本，1992年7月开始动工建设，1998年10月对外开放，2003年又建设了二期工程，占地600余亩，其中水面180亩，大小古船50多艘，房屋400余间，景观建筑面积30000多平方米。大唐芙蓉园定位于打造一座全方位展示盛唐风貌的大型皇家园林式文化主题公园；而清明上河园试图以《清明上河图》为蓝本打造一座再现原图风物景观的大型宋代民俗风情游乐园，再现了古都汴京千年繁华的胜景。西安和开封都是我国八大古都之一，其中唐朝西安建都近300年，北宋在开封历九帝168年，历史悠久，底蕴厚重，二者的主题定位都与所属城市的文化氛围相一致，契合西安盛唐文化与开封大宋文化的内涵。历史上的大唐芙蓉园是唐长安城空前绝后的皇家御用园林，开封亦是《清明上河图》的原创地，有“东京梦华”之美誉。大唐芙蓉园借古之名，清明上河园依图而建，这种“攀龙附凤”式的历史文化型景区本身就有超高的知名度，容易打造品牌，吸引游客到访；另外，这两个景区建设地址都不在原址，这就避开了遗址保护、破坏遗产原真性等一系列问题；同时，大唐芙蓉园位于西安市曲江新区、原唐代芙蓉园遗址以北，保留了与唐大雁塔大致的方位（东南）和距离，大雁塔、大唐不夜城等形成的曲江新区（图6）历史文化积淀深厚，唐文化形象鲜明。据考证，《清明上河图》所描绘的汴河沿岸的繁华景象大致位于今开封市东南郊，而清明上河园则位于开封市龙亭湖西畔，与龙亭公园、天波杨府等景区形成集聚效应，彰显大宋名片（表2）。

图片来源：摄图网

表2 大唐芙蓉园和清明上河园旅游重建与活化

	大唐芙蓉园	清明上河园
定位	全方位展示盛唐风貌的皇家园林主题公园	宋文化主题公园，再现北宋京城民俗风情游乐园
时间	2002-2004年建设，2005年4月开放	1992年7月动工，1998年10月开放
规模	占地1000亩，其中水面300亩	占地600余亩，其中水面180亩
旧制	紫云楼、芙蓉池、彩霞亭、曲江流饮	虹桥、码头、酒楼店铺、城门楼及商贾小贩
增其旧制	形成14个景点小区，包括帝王文化、女性文化、诗歌、科举、外交、宗教、大门景观、水秀表演等文化小区	八个功能区：繁华京城、宋文化、民俗风情、特色食街、花鸟鱼虫等；四个展览馆：科技馆、名人馆和张择端纪念馆等
展演要素	《梦回大唐》《大唐追梦》等歌舞剧及水幕电影	《东京梦魂》《东京梦华》等歌舞剧及晚会演出

资料来源：作者根据现场调查及文献整理

现今的大唐芙蓉园是一座全方位展示盛唐风貌的大型皇家园林式文化主题公园，对外开放，彻底改变了历史上“没有皇帝特指，大臣不得入内”的局面，满足游客向往参观皇家园林的需求，平民百姓得以体验皇家盛景。复活的清明上河园是一座再现原图风物景观的大型宋代民俗风情主题公园，游客可穿梭历史，体验宋代街市的繁华景象。当代大型文化主题公园需要更加注重满足游客的体验需求，其规划和设计不能一成不变地按照文献重新修建，应结合历史风貌、现实状况及主题公园的旅游功能进行规划重建。

大唐芙蓉园规划了14个功能分区，修建了紫云楼、彩霞亭、杏园、曲江流饮、凤鸣九天剧院、御宴宫、唐市、芳林苑、仕女馆、陆羽茶社、诗魂、唐诗峡、旗亭、丽人行、桃花坞、茱萸台等景点。其中，紫云楼为大唐芙蓉园的标志性建筑，据文献记载建于唐开元十四年，每逢曲江大会，唐明皇必登临此楼，欣赏歌舞、赐宴群臣，与民同乐。紫云楼实为盛唐芙蓉园名楼，然其体量高度，史书无考。曲江建设时，特调升降机，量算摇臂与秦岭比例，方定其位，以确证“南山低对紫云楼”。紫云楼位于现园区中心位置，也是全园最主要的仿唐建筑群之一，主楼共计4层，每层都以不同的角度、不同的载体展示盛唐帝王文化。复活建筑彩霞亭，总长度近300m，由北向东依水延伸反映唐代女性传奇故事的文化长廊。历史上的杏园因盛植杏林而得名，也是唐代新科举进士举行“杏园探花宴”的场所，现复活建造的杏园紧邻园区北门，为庭院式的仿唐建筑，主要展示唐代的科举文化。曲江流饮、杏园关宴、雁塔题名等历史上脍炙人口的文坛佳话皆以主题活动的方式得以复活。除了复活原有景点建筑之外，又重新修建了御宴宫、唐市、仕女馆、陆羽茶社、诗魂、唐诗峡等各个景点，分别展示大唐的饮食、外交、女性、诗歌、民俗等文化。各个景点皆重新建立了可视化的物质载体，使文化遗产“有形”；继而又融入了帝王、女性、诗歌、科举、茶、歌舞、饮食、民俗、外交、佛教等文化，使文化遗产“有韵”；《大唐追梦》《梦回大唐》等歌舞剧表演又使静止的文化变得“有声有神”，静态的遗产走向了动态，文化遗产真正得以活化。有声有形、有神有韵的文化遗产调动游客的听觉、视觉、触觉，置身于可视化载体大唐芙蓉园内，感知、理解、参与盛唐文化，穿梭时空，获得全方位新鲜体验。

清明上河园依据原图风貌规划了8个功能区和4个展览馆，其中汴河、虹桥、码头、船坊、酒楼店铺、城门楼等建筑物皆真实活化了原图风貌。据史书记载，汴河始于战国时期的魏，通于隋，畅于宋，上起河洛，下至淮泗，直通长江，是北宋时期重要的交通要道（孟元老，2006a）。据专家研究，《清明上河图》的虹桥为中国十大古桥之一，是著名的木拱桥，始建于1050年，为当时北宋京城的水陆交通运转畅通发挥了巨大作用，后毁于战火。按照原图打造的虹桥建成于1998年，桥跨径25m，高5m，横架于3800m的汴河之上。园中东京码头则活化了图中的虹桥码头区，再现北宋时期舟船云集、漕运繁忙的情景。根据《营造方式》复活了城门楼、酒楼茶楼等仿宋建筑，各种店铺字号、酒店茶楼，街道行走的车轿骡马，形形色色的商贾、乡绅、小贩、市民、游客，绘声绘色地展现了北宋繁华的商业都市形象。《东京梦华录》说：“在京正店七十二户，此外不能遍数，其余皆谓之脚店”。（孟元老，2006b）园中的“孙羊正店”和“十千脚店”则活化了宋代不同星级的酒店。复活原图原貌之外，清明上河园中还设立了宋代科技馆、宋代名人馆、宋代犹太文化馆和张择端纪念馆，以及趣园、主题广场、东京食街、情系东京、民俗街等景点。无论复活还是重新修建的景点、建筑物，都使原图风貌有了可视化的物质载体，文化遗产得以“有形”，继而融入了大宋东京城的科技、文化、民俗风情，使“有形”的文化遗产进而“有韵”，再加上《东京梦华魂》《大宋·东京梦华》等歌舞演出，真实复活大宋东京城，使静变动，既丰富了文化内涵，又增添了趣味性和参与性，游客可以真正体验宋代平民百姓的生活乐趣。

大唐芙蓉园和清明上河园二者都并非一成不变地按照文献记载来复活建造，二者都选取具有代表性的建筑景点进行真实复活，再现了历史原貌。除此之外，二者也都增加了一些建筑景点的设计，这些内容并非空穴来风，而是根据唐代宋代经济、科举、文化、生活的各个方面复活再造的，都集中体现了唐文化和宋文化的主题。

3.3 旅游的发展及游客评价

大唐芙蓉园从2004年开园至2018年，累计接待游客5243万人次，游客接待量始终位居西安各景区前列，2018年接待游客450万人次。清明上河园开园以来，游客量每年以12%的速度增长，2016年接待游客280万人次，较2000年增长了5.6倍。大唐芙蓉园和清明上河园双双进入全国百强景区行列。大唐芙蓉园2005年开业初收入过亿元，而清明上河园在2011年旅游收入突破亿元大关，二者加入中国"亿元景区俱乐部"。大唐芙蓉园开业第一年，接待游客超过180万人次；清明上河园开园较早，2000年接待游客达到50万人次。二者的高游客接待量说明，这类以历史文化为线索的主题公园，有广泛的客源市场。

从客源结构与游客体验来看，大唐芙蓉园和清明上河园的一级客源市场均来自于本省，二级客源市场来自国内相邻省区。但可惜的是，到访的外国旅游者相对很少。两个公园不仅接待的客流量大，游客对它们的景观设计、建筑与布局、环境与氛围、文化展演、游客体验与满足感等也都比较满意，给予了较高的评价（表3）。由此可见，两大景区满足了游客强烈的好奇心，穿越时空和历史，历史体验感强烈，吸引力强，市场广阔。

3.4 "化文为物"型景区成功原因

西安大唐芙蓉园和开封清明上河园作为历史文化复原型景区的典型代表，在活化历史面目、传承历史文化信息，满足游客"穿越时空"体验需求，塑造城市形象、改善城市环境等方面无疑是成功的。这类历史文化复原型景区的建设，为我国提供了文化遗产保护与旅游开发的新模式，具有普遍的指导意义。

第一，"复原+创造"筑成"形"。依据遗产活化论、遗产有形论等理论，开发规划是此类景区活化的制胜法宝；而其旅游开发的灵活性强，是历史文化型景区的最大优势。仅存于文献记载的遗产，因为没有遗址遗存，不受《文物保护法》的限制，可以根据市场需求确定位置，设计观赏和游览项目，开发的灵活性最强。重新修建历史文化型景区，可利用现代科技手段，在"复原"的基础上"创造"，化文为物，使之有"形"，增强可感知性。另外，在复原历史的同时兼具现代游览功能，能够为游客带来多重旅游体验。依据文献史料进行活化，将无形的文献转化为有形的景物，使游客仿佛置身于历史长河，将复活再造的现实与脑海中的印象形成对比，获得新鲜而又亲切的体验，从而得到满足感。

表3 大唐芙蓉园和清明上河园的游客评价

游客评价	大唐芙蓉园	清明上河园
景观建筑布局与设计	"建筑布局合理""唐式建筑辉煌大气""园林式设计精雕细琢、一步一景"	"一弯虹桥，勾栏瓦肆，市井街巷复原""各种建筑古色古香""布局精心"
文化氛围与历史一致性	"诗魂唐诗氛围浓厚""有皇家园林的味道""古韵厚重、无人造历史感"	"融入北宋文化""真实可信""和谐统一""活化的历史"
体验满足感	"视觉、听觉、嗅觉、触觉、味觉都调动起来的五感主题公园""梦回大唐"	"核心文化体验""难忘体验""可感受、可参与""一朝步入画卷、一日梦回千年"
文化展演	"《梦回大唐》给大唐芙蓉园注入灵魂""水幕电影震撼惊艳"	"有宋代民俗风情""古代娱乐永不过时""'东京梦华'让人感受千年前大宋的魅力"

注释：作者根据网络文本整理

第二，“攀龙附凤”打造历史文化型景区。在各种景区日益增多的旅游市场环境中，打造高知名度的品牌才是一个景区制胜的法宝，高知名度可产生高吸引力，提高游客的到访率和重游率。历史文化型景区正是借用文献的高知名度打造的一类景区，“攀龙附凤”使景区在打造之初就具有较高的知名度，容易成为品牌景区，同时还会在市场营销环节节省大量的人力、物力、财力。熟悉历史的人本身就会对此类景区产生向往，百闻不如一见。复活景区是文化遗产的生动体现，是历史文献和文字不能代替的。

第三，景观认同，时空强化。借历史事实和故事来建造历史文化型景区，既保留了历史文献记载中原有的建筑等元素，将具有代表性的建筑景观“复原”，同时为满足游客对历史知识的需求，增加一些与文化主题紧密相关的元素。历史书画描绘、游客脑海想象、景观真实再现，三种印象对比，强化了游客对历史文化的认同过程。真实再现的历史与现今生活的对比，也强化了游客对时空的感知。

第四，合理定位，因地制宜。大唐芙蓉园选址西安，清明上河园选址开封，西安和开封的经济发展水平在全国发展并非排在前列，但二者在主题公园大都发展不成功的前提下取得了一定的成功。正是因为：西安是唐古都，是唐文化最为浓厚的地方，大唐芙蓉园只有在西安才能融入唐文化的灵魂；清明上河园只有在开封，在它的原创地才能展现它的风采，否则就离开了宋文化的根。大唐芙蓉园已经成为唐文化的代言者，成为古都西安招徕国内外游客的文化旅游名片（宋咏梅 等，2006）。清明上河园也成为展示开封宋都魅力的典范景区。二者都与城市的历史文化韵味融合得淋漓尽致，与城市的整体形象相得益彰，依附城市吸引游客，推动旅游的发展。同时与城市其他景区形成规模效应，深度挖掘城市文化底蕴和文化遗产资源，在开发利用的同时保护了历史文化遗产。

4 结论

我国历史悠久、各类文化遗存丰富，存在于文献记载的占绝大多数，这是我国文化旅游的优势资源和特色所在。然而，这类“有文无物”的遗产旅游利用难度很大，文献“认识”需要有专业的知识，普通游客想“读懂”其真正内涵绝非易事。因此依据文献记载，“化文为物”建造历史文化型景区，是进行体验型旅游开发的有效途径。

首先，“化文为物”，将文献记载中的事物转化为旅游景物。仅存于文献记载中的事物旅游开发灵活性强，通过局部复原、改建重建、虚拟再现等手段，将旅游体验主体化、可视化和舞台化。化无形为有形，兼而“有神有韵”，可增强其可感知性、可理解性、可参与性，从而使游客以更容易感知的方式了解历史，了解文献记载的故事和价值，保护历史文化遗存，传承历史文化。同时，还可以带给游客一种“穿越时空”的体验，与历史对话。

其次，西安大唐芙蓉园和开封清明上河园，是将历史文化资源开发打造为体验型旅游产品的成功案例。二者皆以历史文献记载为依据，运用现代科学技术手段，贯彻“遗产活化论”“遗产有形论”和“旅游体验论”，因地制宜，化文为物，让游客穿越时空，体验至深的盛唐和大宋文化，并且游客对二者的活化及文化展示比较满意，对二者的总体评价良好。

最后，我国历史悠久、文化厚重，这类历史文化资源的旅游开发，容易对游客产生较强的吸引力，在我国具有广阔的市场；另外，这类历史文化遗产开发“攀龙附凤”，借用历史上的高知名度，往往可以减少市场营销成本，提高游客的到访率和重游率，更容易成功。

参考文献

艾佩，梁留科，2007. 基于体验经济理论的文化遗产旅游研究[J]. 许昌学院学报,26(5): 122-125.

罗哲文，2002. 雄关存旧迹、形胜壮山河:论文化古迹保护与旅游事业发展的关系[J]. 中外文化交流，11: 4-7.

罗哲文，2007a. 历史文化名城要形神兼备有声有韵[J]. 中国文物报，04-04(003).

罗哲文，2007b. 文物古迹“有形有神”“有神有韵”：兼谈文物保护的中国特色[J]. 文化月刊，5(10): 1-5.

罗哲文，2008. 历史文化遗产保护要与经济社会发展相结合[J]. 中华建设(06):32.

孟元老，2006a. 东京梦华录笺注(卷五)［M］. 北京: 中华书局.

孟元老，2006b. 东京梦华录笺注•孟元老序(卷二)［M］. 北京: 中华书局.

孙根年，2006. 论我国主题公园建设的几个理论问题［J］. 陕西师范大学继续教育学报, 23(2): 121-124.

孙根年，邓祝仁，2007. 旅游体验的意义、经营管理和成功案例［J］. 社会科学家(3): 3-5.

宋永梅，孙根年，2006. 论体验旅游的理论架构与塑造原则［J］. 社会科学家，122(6): 115-119.

徐嵩龄，2002. 中国的世界遗产管理之路: 黄山模式评价及其更新(上)［J］. 旅游学刊, 17(6): 10-18.

喻学才，2010a. 遗产活化: 保护与利用的双赢之路［J］. 建筑与文化(6): 16-20.

喻学才，2010b. 遗产活化论［J］. 旅游学刊, 25(4): 6-7.

张宏梅，2010. 文化学习与体验: 文化遗产旅游者的核心诉求［J］. 旅游学刊, 25(4): 10.

张建忠，孙根年，2011. 基于文化遗产视角的陵墓遗址旅游开发: 以乾陵、西夏王陵和明十三陵为例［J］. 经济地理，31(11): 1937-1942.

张建忠，孙根年，2012. 遗址公园: 文化遗产体验旅游开发的新业态: 以西安三大遗址公园为例［J］. 人文地理，36(1): 142-146.

张祖群，2012. 基于民族历史文化元素的仿古主题公园的现代价值: 以西安大唐芙蓉园的文化空间解读为例［J］. 民族艺术研究(12): 109-114.

BEEHO A J, PRENTICE R C, 1997. Conceptualizing the experiences of heritage tourism［J］. Tourism management, 18(2): 75-87.

博物馆非物质文化遗产原真性展示与互动体验研究:基于五大非遗博物馆参与式观察的研究结果

Authenticity Display and Interactive Experience of Intangible Cultural Heritage in Museums: Experiences from Five Intangible Cultural Heritage Museums

文 / 金浏河 郑连乔 窦丽蓉

【摘 要】

本文依据文化遗产中的“原真性”解释与辨析，选择浙江杭州工艺美术博物馆群、中国昆曲博物馆等五处非物质文化遗产博物馆为参与式观察的典型研究对象，对“博物馆非物质文化遗产原真性展示与本真性体验”提供一种深刻的理解方式。结果表明：(1)静态展示是非遗博物馆所特有的知识体系和文化表现形式的载体；(2)互动演绎的动态展示成为非物质文化遗产“文化链”得以延续的重要窗口；(3)展示背景不应脱离非遗语境与文化背景，展示环节应保证内容与过程的完整。研究结果不仅是对“真实性”体验理论在博物馆参观中的有效补充，而且使“真实性”更具研究的广度。

【关键词】

非物质文化遗产；博物馆旅游；互动体验；原真性展示

【作者简介】

金浏河 温州职业技术学院副教授

郑连乔 温州大学人文学院硕士研究生

窦丽蓉 温州大学人文学院硕士研究生

注:本文图片除标注外均由作者提供。

博物馆是人类见证自然和历史变迁的真实空间，也是人们从真实的遗产中汲取灵感与力量的空间。“真实性”最早以“实用性功能”体现在博物馆领域，对收藏品（艺术品）的内在价值、外在形态等进行鉴别。自1961年布尔斯廷到1999年王宁反思性提出“存在的真实性”期间的30多年，真实性研究经历了客观主义的真实性—建构主义的真实性—后现代主义的真实性—存在主义的真实性。理论内部的丰富性可谓既精彩绝伦又褒贬不一。本文就是在这样一个宏大的理论背景下，跳出旅游主体和旅游客体真实性的重重怪圈和模糊不清的边缘境地，以博物馆非物质文化遗产为基点，通过深入细致的参与式观察，对“非物质文化遗产原真性展示与互动体验”提供一种深刻的理解方式。

1 博物馆选择

本文选择国内五处相对具有探索性、解释性和代表性的非物质文化遗产博物馆（展示馆）或非遗保护基地作为深入调研的对象，努力做到与非物质文化遗产的分类相匹配（样本选择借鉴了联合国教科文组织非物质文化遗产分类方法），分别选择了中国昆曲博物馆（传统戏剧）、杭州工艺美术博物馆群（工艺美术类）、三亚槟榔谷非物质文化遗产保护基地（传统生产与生活知识技能类）、南京博物院·非物质文化遗产博物馆（传统生活知识类）、南京市非物质文化遗产馆·甘熙宅第（传统仪式与节日类）。以上五处非遗博物馆囊括了世界级和国家级非物质文化遗产的典型代表以及非物质文化遗产的八大类，是我国大部分非遗博物馆在活态传承、整体保护与民族精华文化展示的典范。与此同时，在五处博物馆参观式观察的研究中相继嵌入了详细的过程性、互动性描述，以达到与研究主旨逻辑一致的目的。

2 研究过程

2.1 杭州工艺美术博物馆群

杭州工艺美术博物馆群位于杭州拱宸桥桥西历史文化街区内，包括杭州工艺美术博物馆、中国刀剪剑博物馆、中国伞博物馆（图1、图2）、中国扇博物馆。该馆群是杭州保护与利用工业遗产的典型范例，集中展示杭州工艺美术的发展历史以及巧夺天工的工艺美术作品。因此，代表客观原真性的专家标准仍然运用并明显体现在博物馆的展示中。

图1 中国伞博物馆与中国刀剪剑博物馆大门入口处

图2 中国伞博物馆外观及入口处装饰

2.1.1 中国伞博物馆

（1）中国伞博物馆参观体验

本研究的现场观察发现，在带队负责人的带领下，团体游客的流动性较强，走马观花式参观成为较普遍的游览方式。文字、图片类以及简单的展品陈列难以吸引大多数游客。通常以互动游戏、放映动画、仿真模型、指触屏、后现代主义墙绘等形式展示的内容（图3）会引起多数游客的关注与讨论。

（2）中国伞博物馆内省市级非遗项目区域展示

杭州西湖绸伞作为民间造型艺术的代表和杭州市西湖绸伞制作技艺作为传统手工技艺的代表，于2005年列入第一批浙江省非物质文化遗产名录（浙政发〔2005〕26号）。杭州市西湖绸伞制作技艺作为传统技艺的代表，于2008年列入第二批国家级非物质文化遗产名录（国发〔2008〕19号）。西湖绸伞作为非遗展示的重要对象，在中国伞博物馆第三个主题中得到了较为全面的展示。

主题三展厅展示形式较为循规蹈矩，主要包括五处展板、两个橱窗、一个橱柜、一块指尖式触屏、一块电子显示屏、一个西湖绸伞制作现场还原展示区、一个将西湖绸伞与西湖景致融合的造型艺术展示区（图4）。

（3）中国伞博物馆参观研究发现

首先，指尖式触屏显示制伞流程的动画较为古老粗糙，仿制制伞现场的模型展示并未抓到技艺本身最突出的展示重点，难以调动游客的参观兴趣。其次，主题三“造型艺术展示区”本是展示西湖绸伞最好的区域，但是因为灯光过于昏暗以及投影设备老旧等问题，游客的观赏体验也打了折扣。另外，西湖绸伞橱窗展示过于密集，视觉呈现效果不佳。

2.1.2 中国刀剪剑博物馆

中国刀剪剑博物馆展厅建筑面积2460m²，临时展厅建筑面积1060m²。展馆主题风格为“冷峻、干练”结合历史叙述，摒弃过多的场景复原手法，采用纯展览语言，结合实物与信息介绍，着重传达内容相关信息，同时引入多种高科技，设置互动游戏项目，充分发挥观众的主观能动性，也增加展览的娱乐性。

（1）中国刀剪剑博物馆参观体验

中国刀剪剑博物馆有两个大的主题：第一展厅为“刀与剑”（二层）、第二展厅为“剪刀的故事”（一层）。参观者从“中国刀剑的历史”

图3 中国伞博物馆内虚拟情境再现“雨巷”

开始了解，主要形式文物展示和展板说明相结合，辅以人物模型、刀剑仿真模型，游客顺着观光路线偶有驻足。“刀与我们的生活”主题主要通过展板、人物微模型微场景、击剑现场实景还原几个部分较全面地展示刀与生活的密不可分。接着在“文化视野中的中国刀剑”部分，引导游客了解中国刀剑文化，主要采用静态展示方式，如橱窗内展板、刀剑的文物或模型、少数民族人形展板等方式。“铸剑锻刀”到“悍刀宝剑”主题则运用了两个较大型的实景还原场景，结合电子触摸屏生动地展示铸剑锻刀的过程。

(2)中国刀剪剑博物馆参观研究发现

首先，作为现代化展厅，一些使用刀剪剑创意元素的造型艺术、展示刀剪剑制作工艺的多媒体和击剑运动员仿真模型等吸引着许多游客。将一些富有特色的老字号地方名牌剪刀以再现店铺场景的方式重新展示在参观者面前，文字说明退居其后(图5)。此外，展区内设置第二课堂，在入口处提供悦学体验册，融合刀剪剑元素，设置互动式学习单元及未成年人免费体验点，通过刀剑电子显微镜观察不同材质刀剑的微观结构。

其次，现代冲压注塑工艺的应用大大冲击了传统的剪刀锻制技艺，致使张小泉剪刀制作工艺这一古老的手工艺出现传承断档。中国刀剪剑博物馆选取“张小泉剪刀”做单独展厅展出，表明以己之力助其传承的决心，但非物质文化遗产是以人为本的活态文化遗产，它强调的是以人为核心的技艺、经验、精神，其特点是活

图4 杭州西湖绸伞橱窗展示

图5 中国刀剪剑博物馆实景还原

态流变。展馆在张小泉剪刀煅制技艺活态展示方面不够完整，对特殊技艺的传承与保护难见真效。

2.1.3 杭州工艺美术博物馆

（1）杭州工艺美术博物馆内省市级非遗项目区域展示

博物馆主要从雕刻、陶瓷、织绣、编织、金属工艺、民间工艺美术六大类，集中展示了杭州工艺美术的发展历史与成绩斐然的艺术成就。同时展厅内还配有第二课堂互动区，可开展各类丰富的工艺体验活动。博物馆二楼入驻了国家级、省市级工美大师工作室及手工传承艺人30余人，现场活态展示西湖绸伞制作、油纸伞制作、手工制扇、杭州手绣、杭州机绣、萧山花边等19项非遗技艺与传统工艺美术（图6），并提供相关手工艺品现场展示销售和制作体验，是开展艺术交流、创作研究的平台。

工作室基本以展板的方式呈现工美大师作为非遗传承人的基本技艺和所获荣誉，配以相关采访视频或介绍短片作为手工艺人的辅助背景。14个大师工作室统一装修设计，古色古香又整齐规范，且与游客保持开放式零距离接触。

（2）杭州工艺美术博物馆参观研究发现

杭州工艺美术博物馆设置大师工作室的理念与方式，对于杭州非物质文化遗产的传承与保护意义重大。其一，这种开放式展示和零距离参观的活态展示空间，让更多的游客对非物质文化遗产技艺产生直观的好奇与兴趣；其二，为非物质文化遗产的传承人提供了合适的技艺展示平台与获取正当经济利益的平台，满足了非遗传承的两个最重要因素——再现非遗价值和创造非遗效益。

2.1.4 杭州工艺美术博物馆群的参与式观察对非遗原真性展示的结果分析

（1）工艺美术与技艺类非遗博物馆整体或个体展示脱离不了活态演绎的环境。在工艺美术博物馆群，手工艺活态展示馆独立设置，与刀剪剑、伞、扇博物馆内非遗展示有距离感，造成参观过程中存在两个模糊点：其一，参观者如果没有事先参观以上两个非遗馆，没有受到非遗文化的熏陶从而体认非遗历史的话，直接参与手工艺馆互动体验的效果可

图6 杭州工艺美术博物馆内大师工作室活态展示——剪纸艺术

能会大打折扣。其二，哪怕是单项非遗主题的博物馆对物质载体的展示也同样离不开活态互动体验。失去活态展示这个最新鲜最直接的参与体验，博物馆就难以深层次助力非物质文化遗产的传承与发展。活态互动与非遗项目应紧密捆绑，互为依托，缺一不可，它们既是非遗客体原真性展现的环境支撑，也是非遗本真性体验获得的动态支持。

（2）展馆内的设施设备、公共服务设施以及特殊耗能设备使用不畅易造参观者参观动力不足的问题。杭州工艺美术博物馆群内常常出现部分投影仪投影模糊、部分展示特效关闭、大屏幕暂停使用等情况。另外中国刀剪剑博物馆的馆内温度偏高，炎炎夏日里极容易让参观者产生倦怠或不耐烦的感觉。馆内扶梯也暂停使用，只张贴一些温馨的道歉说明。3个博物馆的休息区虽相对宽敞，没有其他物品占用，但基本上也只够2~5人就座。当参观者留意并关注到这些问题时，很容易产生遗憾、无奈、失落甚至愤怒之情，影响他们之前对博物馆的参观期待，从而使参观体验变差。

（3）不尽如人意的导览服务是影响展品原真性展示与本真体验的重要原因。如参观者不事先预约，直接前往博物馆是无法获得相应的人工导览或讲解服务的，只能通过网上预约的方式获取。参观者如需要了解展品，需要在不同的二维码区域扫码听取语音导览。这个过程需要游客的手机页面始终保持在微信公众号链接页，如果游客临时想要拍照或者微信聊天，这时候就被迫暂停了语音导览的播放，如要继续，需要再次扫码并登入页面。一次或多次的反复有可能让游客产生厌倦和不耐烦情绪，削弱其获取语音导览的欲望。然而在杭州工艺美术博物馆官网上的虚拟博物馆，其语音导览服务则带给人一种具有趣味性的体验。若是可以设置于博物馆大厅处，会比在家上网观看给予游客更多的惊喜体验。

总体而言，参观者对杭州工艺美术博物馆群的互动体验多源于他们对博物馆客体原真的识别过程。可见，人们对该馆群的物质与非物质文化遗产有一个衡量的标准。可以说，客观本真性理论在以展示手工技艺类或工艺美术品类为主的非物质文化遗产博物馆中为参观者在客体识别上提供了最初的价值判断。

2.2 南京博物院·非物质文化遗产博物馆

南京博物院坐落于南京市紫金山南麓，是我国第一座由国家投资兴建的大型综合类博物馆。其中，非遗馆深受游客及当地民众的喜爱。该博物馆从展示跳出了客体的单纯与原始，与主体产生了更多复杂的关系，赋予双方认知和美感。因此原真性理论中的建构主义更多地体现其中，展现客体与旅游者想象或印象相契合的真实建构。

2.2.1 南京博物院·民国馆项目展示

南京博物院·民国馆采用叙事性的展示设计，展示内容高度还原了民国当时的环境与条件，如火车站、邮政局、茶馆、首饰铺，衣食住行，五脏俱全。民国馆特别之处就在于使整条街道都“活”了起来，置身其中，仿佛行走在20世纪二三十年代城市的繁华街道上。

2.2.2 南京博物院·非物质文化遗产馆项目展示

南京博物院·非物质文化遗产馆作为江苏省非物质文化遗产馆，馆内集中展示江苏省入选“人类非物质文化遗产代表作名录”和“国家级非物质文化遗产名录”的项目。非遗馆中的老茶馆与民国馆相连，精湛地体现了非物质文化遗产项目——香山帮传统建筑营造技艺，是“动态”展示非物质文化遗产的文化空间(图7)。

非遗主展区以昆曲作为开篇，在旁设电子屏，可自行点播昆曲表演视频，这种举措有可能是顾及馆内安静的参观环境而设，但参观者点播曲目后只能“视”而不能“闻”，与设置该功能的意义背道而驰。

展馆内呈现较多非遗活态传承互动区域，游客可参与其中制作和购买。如编制中国结、脸谱绘制、捏泥人、尝梨膏等(图8)。以中国结为例，传承人现场展示技艺，游客可根据喜好选择难易程度不同的手工艺品，跟随传承人现场学习制作。

2.2.3 南京博物院·非物质文化遗产馆参观研究发现

南京博物院在博物馆的功能实践中充分体现了物质文化遗产与非物质文化遗产相结合的崭新理念，能充分利用现代科学技术手段拓展其传播方式，给参观者带来丰富的感观与内心体验。但公共空间设计还有待进一步完善，如非遗剧场的自动购票、非遗展品的购买问询、非遗馆旁边的长凳休息、咖啡厅提供的服务、卫生间的洗漱等。非遗馆公共空间的舒适度在一定程度上影响公众对非遗馆的满意度，公共空间的辅助设计可以让参观者在生理和心理上自动调节其自身的舒适度从而调节其心情，因此在非遗馆大厅里应设置相关的休息空间、问询空间来满足他们的调整需要，从而得到更好的参观体验。

图7 南京博物院·非物质文化遗产馆内老茶馆

2.3 南京市非物质文化遗产馆·甘熙宅第

甘熙故居又名甘家大院、甘熙宅第，在1982年南京市文物部门的文物普查中被发现，为有效利用并再现明清时期江南民居风貌，文物部门修复部分建筑，建成南京市民俗博物馆。

2.3.1 南京市非物质文化遗产馆·甘熙宅第非遗项目展示

甘家大院划分为梨园雅韵、津逮书香、往日庭院、梦回童年、城南旧影和金陵工巧6个主题片区，剪纸、拉洋片、抖嗡、竹刻、绳结、绒花、微雕等丰富多彩的非物质文化遗产分布其中。南京传统民居建筑艺术展区，同甘氏家族历史陈列展区一样，以四围墙壁上的展板展示为主，但在里屋放置了“甘熙宅第全景模型”，让游客从全景视角更为清晰地了解甘熙故居的整体建筑风格。

非遗类展示区包括金陵琴派、南京云锦、南京剪纸3个独立展厅以

及5个非遗综合展示区。金陵琴派的展区内除了图片文字的展板展示，还有古琴的实物展示。南京云锦展区内展出了许多精美的云锦织物、成衣成画，其色彩、花纹设计的精致感令游客叹为观止，同时还展出大型云锦织布机器。南京剪纸展厅陈列也较为简单，除了展板介绍，主要以50~60幅大师剪纸作品为主要展示对象（图9）。

临展厅（民俗陈列）主要是南京育儿婚嫁习俗展示，该展厅相对接近生活，以实物与彩塑模型相结合的手段展示了老南京的育儿习俗和婚嫁习俗（图10）。大厅中央的抓周体验区和大红轿子体验区常常吸引成年游客与小孩子拍照留影。

2.3.2 南京市非物质文化遗产馆·甘熙宅第参观研究发现

作为南京市非物质文化遗产馆的甘家大院，目前仅限于秦淮灯彩、金陵竹刻、南京绒花、脸谱等20余项非遗项目展示，另有3位国家级非遗传承人和8位省级非遗传承人在此开设工作室。在非遗综合展示区，游客可以了解南京100多项市级以上非物质文化遗产项目的基本情况，同时有机会观赏非物质文化遗产代表性传承人的展演。但其中对于非遗展示与体验的不足也较为明显，具体表现在：第一，作为博物馆，甘家大院的日常展示手段过于简单，陈列方式缺乏艺术设计，即大多为简单的展板说明和展柜陈列，未能较好地利用馆内空间。第二，缺少官方文创产品对接南京市非遗项目，且季节性缺席的传承人展演削减了博物馆在非遗展示方面的专业性和系统性。

图8 南京博物院·非物质文化遗产馆“非遗活态展示互动区”

图9 南京市非物质文化遗产馆·甘熙宅第·剪纸展区

图12 中国昆曲博物馆乐器及戏服展示区

图13 海南三亚槟榔谷——国家非物质文化遗产保护基地

腾艺术馆均以游客自行参观居多。荣誉馆，黎族艺术馆之类的参观游客则较为零散。

2.5.2 三亚槟榔谷国家非物质文化遗产保护基地参观研究发现

（1）无纺馆、麻纺馆与龙被馆展示的是人类衣物从无纺布到棉麻有纺的发展历程。无纺馆展示了黎族树皮布制作技艺的流程和工艺所需的工具、实物和成品；龙被馆可以说是黎族传统纺染织绣工艺技术集大成的综合展示地。但前者的制作材质（树种）的稀缺以及制作工艺的失传导致它将永远被置放于博物馆收藏；后者是黎族在纺、染、织、绣四大工艺过程中难度最大、文化品位最高的织锦工艺美术品，虽获世界吉尼斯纪录，但龙被中染、纺技艺的失传以及制作龙被本身所受的年龄及身份限制，使其与前者一样处于静态的展示中并成为民族永远的记忆。

（2）槟榔谷为抢救和保护黎锦传统工艺付出了着实有效且具有人文关怀的努力，聚集民间黎锦编织手工艺者，为参观者提供活态展示，切实做到了非物质文化遗产的生产性保护。但从中发现问题的如下：其一，传承人年龄普遍偏大；其二，传承工作面临挑战；其三，织绣工艺集中于年长妇女之手。目前的生产性保护借助更为方便的机器生产，让大众从感观上能辨认某一民族的某种特质，但真正的精神内涵和民族文脉是大机器永远无法替代的。

（3）在整个保护基地未发现能体现传承的内容，更多的是非遗项目大规模活态展示和静态展览的结合。参观者一般在博物馆展示台前

图14 海南三亚槟榔谷·黎族传统纺染技艺“黎锦”活态展示

观看，在传承者活态展示中进行攀谈、交流与沟通。由于黎锦编织技艺对材料和技术的要求普遍较高，所以参观者参与互动的可能性很小，活态展示区域也未提供相应的互动学习平台。更尴尬的是参观者与传承人之间若进行进一步交流时存在普通话与方言的障碍。这在很大程度上影响了非遗项目的原真性展示与本真性体验，使传承人与参观者之间产生了:“神秘”的隔阂。但营造这种由隔阂产生的距离感的出发点是让参观者感觉处于民族保护区中的情境更真实，让参观者感受到他们面对的是真实的族群手工艺人、真实的手工艺品。

三亚槟榔谷非物质文化遗产保护基地引入旅游景观吸引系统的博物馆化(museumization)理念，使参观者在景区内不仅能观赏到具有的“舞台真实性”的景观(如槟榔古韵实景演出)，又因博物馆体系科学严谨地将事实作为景观布置依据，使参观者在游览过程中最大限度感受到了真实性，更难能可贵的是通过这种博物馆化的展演形式，能让人们体验当地人的情感和生活，了解少数民族的文化基因(马建军，2007)。

3 参与式观察研究对非遗博物馆原真性展示结果分析

通过对以上五处非遗博物馆参与式观察的整体描述以及相应的思考，着重就非物质文化遗产博物馆在非遗项目原真性展示上的研究结果作深入分析，就参观者本真性体验上作简单的描述性分析。

3.1 “Authenticity”理论嵌入多案例研究的结果描述

为更清晰明了地表达“Authenticity”①理论在上述非遗博物馆整体陈设布局和非遗文化渗透中的逻辑贯穿，经过深入参与式观察，将其结果描述如下（图15）。

3.2 原真性展示结果

3.2.1 展示载体—静态展示

非遗博物馆静态展示主要依托于展板说明、橱柜内文物展示（设计图纸、制作材料、相关作品等）以及大中型实景还原，如以真实的比例设置建筑、街道、店面；结合非遗项目特点截取文学作品中脍炙人口的章节进行作品场景复原；表演类非遗项目与传统建筑技艺类项目整合，搭建固定展演场景，并塑造软硬件兼具的环境氛围，真实还原了该项目当时产生的历史环境以及生存与发展的空间。不仅拉近了参观者与客观物质载体的距离感，更重要的是通过这种静态场景、静态展板或橱窗的无声演绎，传播着非物质文化遗产所特有的知识体系和文化表现形式。对于参观者来说，这种展示方式客观但不失雅致，正统但不失灵动。

3.2.2 展示手段——动态展示和互动式体验结合

传承人现场工艺制作、舞台表演、工作台展示、指尖式触摸屏、电视录影播放、屏幕游戏、口述史访谈录音等方式的运用，完整生动地演绎了非物质文化遗产的“非物质属性”。如果想让非遗“跳跃”起来，成为真正的“活的文化遗产（living cultural heritage）”，那么博物馆这种身口相传、互动演绎的动态展示必定会成为非物质文化遗产“文化链”得以延续的重要窗口，同时也是保持非遗文化“原真性与常态化”的必要手段。

3.2.3 展示环节——保证内容与过程的完整

完整生动的演绎，互动体验型的活态表演成为非物质文化遗产博物馆最鲜明的特征。然而，研究结果发现，多数非遗博物馆中，传承人的现场展示环节仅仅是整个工艺流程中关键性的或是简单易做的几个部分，其他环节基本略去，完整性被撕裂。这种单纯为了表演而表演的动态展示，无疑令参观者对非遗项目整体的原真性展示，特别是手工技艺类流程的完整性认识产生较为严重的缺失。

3.2.4 展示背景——不脱离非遗语境与文化背景

“橘逾淮而北为枳，此地气然也”（《周礼·考工记》序），其言外之意是指环境对事物成长起关键性作用。这种环境造就的因素放置在非物质文化遗产博物馆中，就喻示着展示文化的本土性，还原当时产生该文化的社会场景。如槟榔谷非物质文化遗产生产性保护基地依附于原生环境，在黎族聚居地，结合旅游与非遗生产性保护的需求，真实还原了黎族先民的生活场景，通过对展品的整体塑造使其发生戏剧性或故事性的变化，这种变化通过感观作用于参观者的思维，更易被众人理解，从而建立了展示、展品与展演之间的关联（图16）。

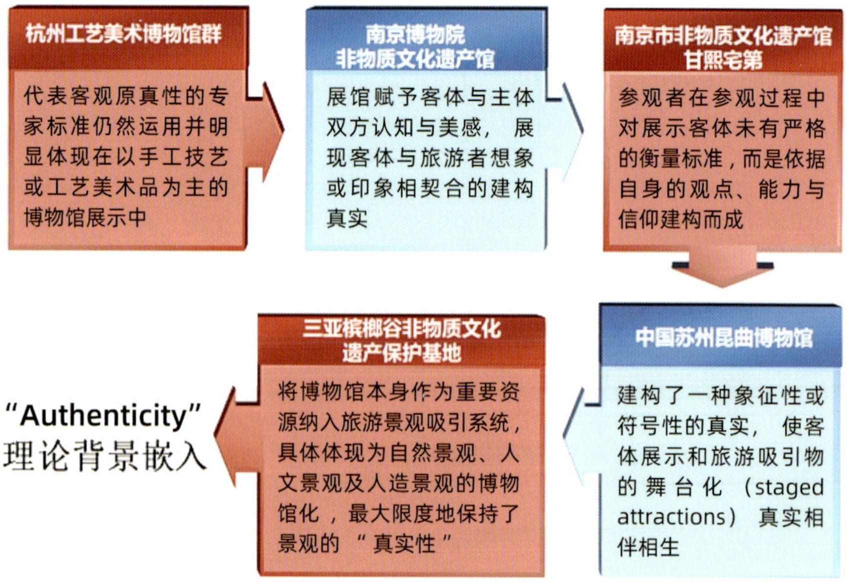

杭州工艺美术博物馆群
代表客观原真性的专家标准仍然运用并明显体现在以手工技艺或工艺美术品为主的博物馆展示中

南京博物院
非物质文化遗产馆
展馆赋予客体与主体双方认知与美感，展现客体与旅游者想象或印象相契合的建构真实

南京市非物质文化遗产馆
甘熙宅第
参观者在参观过程中对展示客体未有严格的衡量标准，而是依据自身的观点、能力与信仰建构而成

中国苏州昆曲博物馆
建构了一种象征性或符号性的真实，使客体展示和旅游吸引物的舞台化（staged attractions）真实相伴相生

三亚槟榔谷非物质文化遗产保护基地
将博物馆本身作为重要资源纳入旅游景观吸引系统，具体体现为自然景观、人文景观及人造景观的博物馆化，最大限度地保持了景观的“真实性”

“Authenticity”
理论背景嵌入

图15 “Authenticity”理论嵌入案例研究的结果描述

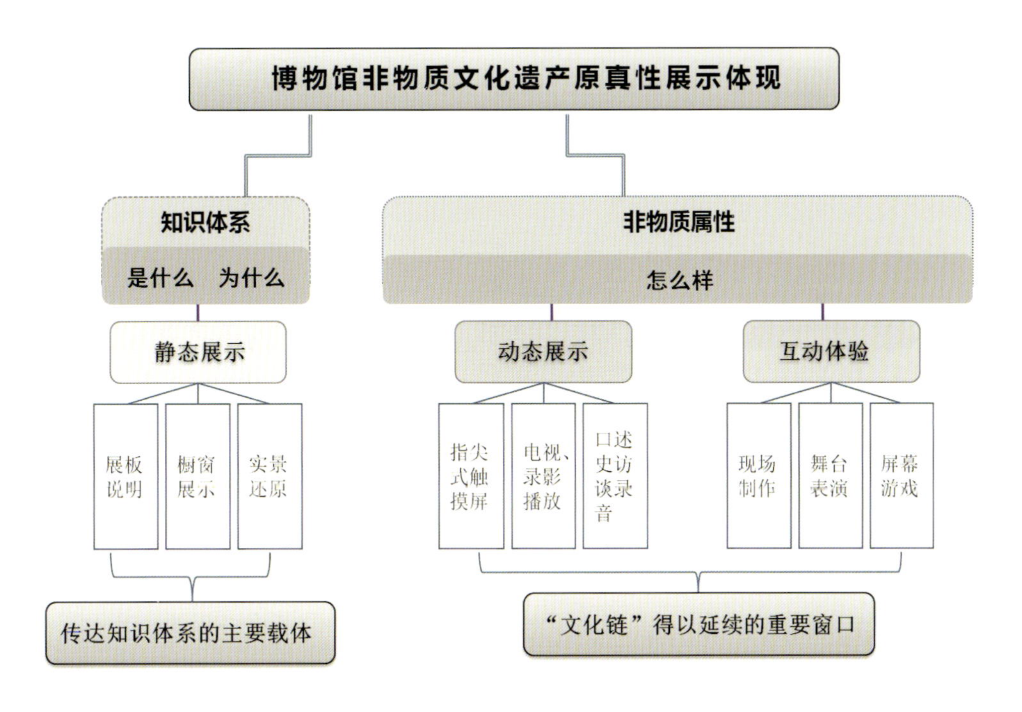

图16 博物馆非物质文化遗产原真性展示

3.3 互动性体验结果

在对非物质文化遗产馆的参与式观察过程中不难发现，各类非遗博物馆基本上都关注非物质文化遗产自身的特殊性，都关注互动体验的参与性、活态展示的必要性，但具体以实践的方式落实在参观场域中，能让参观者实实在在切身体验到的却水平参差不齐。与物质文化遗产不同的是，非物质文化遗产更需要营造互动性体验，特别当它被放置于博物馆的情境中时，本真体验显得更加有必要，可以说，博物馆既要考虑这些代表性展品的展示设计，又要琢磨如何让这些物质载体实现“可体验化”以吸引参观者。虽然非物质文化遗产的技艺、韵律都是无影无形的，但人们之所以期待本真体验，博物馆之所以要为之营造体验，目的就是因为体验的最大价值即独特之处便是回忆，它可以长时间留存在人们的记忆之中，不仅供其理解，更供其追忆。

注释

①authenticity，依据《牛津高阶词典》(第8版)(*Oxford Advanced Learner's English-Chinese Dictionary*)，其对译的中文解释是“可靠性、确实性”。目前学术界对其有“真实性、本真性、原真性”三种译法。本文以非物质文化遗产为研究对象，从文化遗产学的角度，将“authenticity”中译为“原真性”，如实反映文化遗产领域“真”和“原初”两个重要特性。

参考文献

李志勇，2015. 非物质文化遗产博物馆建设理念初探：以南京博物院非遗馆为例[J]. 东南文化(5)：107-112.

林美珍，肖洪根，2003. 博物馆化:对旅游景观吸引系统发展变化的一种理论释义[J]. 北京第二外国语学院学报(3)：61-64.

马建军，2007. 博物馆与非物质文化遗产保护[J]. 中国文物科学研究(1)：14-18，36.

王宁，2014. 旅游伦理与本真性体验的文化心理差异[J]. 旅游学刊，29(11)：5-6.

关于文化创意产品的尝试与思考：以西堂文创产品为例

Cultural and Creative Products: A Case Study of Xitang Company

文 / 于 漫

【摘 要】

文创的本质在于严谨、专业的文化传达，并同商业逻辑与各种艺术形式相互结合融合，通过让文化走进生活，使更多人了解、接收、喜爱文化。在产生经济效益的同时，让文化遗产鲜活起来。本文结合西堂文创产品实际案例，通过分析旅游中的文创价值体现，积极探索文创产品体系化建设的方法与技巧，来促进文创行业的可持续发展。

【关键词】

文物活化；文创开发；文化创意产品；山西博物院

【作者简介】

于 漫 山西西堂文化传播有限公司负责人

注：本文图片均由山西西堂文化传播有限公司提供。

1 关于文创

文创是当今中国的一大热点话题，它在国外更不陌生。文创早期高频出现于英国，因为英国本身拥有丰富的历史文化遗产、高水平的人文素质，以及高度资本化的文化产业。1997年英国工党领袖托尼·布莱尔（Tony Blair）上任后宣布成立文化、媒体暨体育部(Department for Culture, Media and Sports)，推动英国成为国际上的文创先驱。英国学者大卫·赫斯蒙德夫（David Hesmondhalgh）认为，文创产业应分为核心文创产业及周边文创产业。核心文创产业重点在于对“精神”的高度诉求，为了引起受众的心智反应，因而充满丰富的表征意涵。如果说，核心文创产业所贩卖的完全是“精神”本身，那么周边文创产业则可能是为“精神”而服务。例如：建筑、手工艺、时尚、生活用品，本来的功能是物质性的，但掺入了大量精神性的成分，从需求的角度来看，人们购买的目的会转化。当人们对某些产品的美感和精神追求超越了实用价值时，这些产品就能被纳入文创产业的领域，每个人都能根据自身经验及感受加以解读。山西博物院原石金鸣院长提出“文化走进生活”。北大文博学院杭侃教授提出“博物馆文创活动的实质是把博物馆带回家，是其教育功能的扩展”。这些箴言，是开展文创工作应当秉持的思想基础。文创工作首先需要考虑的是文化传达的严谨性与专业性，同时商业逻辑也是文创落地的重中之重，而决定这一切的恰恰是文创人能够真正理解文创的本质所在。

2 文创的主旨

通俗来讲，文创其实就是在做文化的翻译工作，文创产品的使命是让文化走进生活，构建与人的沟通媒介，通过文化阐释拉近文化与人的距离，并最终达到润物细无声的教育目的。而要达到这样的效果，需积极探索体系化的方法和技巧。以山西文化为例，文化要素涉及建筑、民俗、戏曲、晋国青铜、明清晋商、西周玉器、历代窑瓷、历代书画、宗教信仰等方面，不同的文化要素具有独特的气质和特点，需要通过不同的载体和方式进行阐释，来激发大众心灵和感知的空间，使传统与当下沟通。通常，要先将文化点进行梳理和研究，提炼其文化气质及精神价值，附加到人们会高频接触的载体上，如饰品、茶具、餐具、纺织品、纪念品、文具玩具、空间装饰等生活用品上，植入不同的场景中，用文化润色生活，增加在日常里与文化交集的机会。

3 文创开发的步骤

一个文化创意的产生通常需要文化萃取、文化解读、文化传留、文化创意四个步骤。灿烂的文明在历史中凝冻、积淀下来，感染着人们的绝不仅是一些纹样图案，还有文化中的思想、情感、观念、意绪。文创对文化的表达，就是让一件件文物及精神焕发新生，与生活相伴相随，用传统的智慧指导我们的生活方式，最终实现美育的功能。我国最早的设计著作《考工记》曾记述：“天有时，地有气，材有美，工有巧，合此四者，然后可以为良。”设计讲究天时地利人和。融合上佳的材料以及构思巧妙的设计，才有可能成为引发关注点的设计。

4 文创产品举例

案例一：鸮卣

文化元素介绍：

鸮卣，高19.7cm，口长径12cm，短径8.6cm，宽13.4cm，形如两鸮相背而立，盖为首，器为身，圜眼勾喙，凛然威武。1956年山西省石楼县二郎坡村出土，现藏于山西博物院（图1）。鸮卣不仅是实用器物，更是商代晚期精美的艺术品。

创意思路：

当端详它并查阅资料时，会更深刻地认识这个可爱的文物。鸮，是中国古代对猫头鹰一类鸟的总称。在西方主流文化中，猫头鹰被视为智慧的象征。中国的诸多文献中也记载了人们对猫头鹰仰慕、厌恶和

图1 山西博物院文物——鸮卣

图2 山西博物院鸮卣文创产品

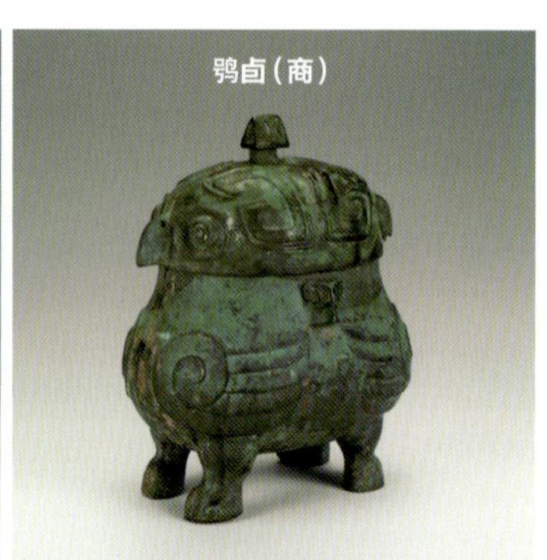

图3 山西博物院文物——晋国青铜酒器

恐惧的矛盾心理。然而在3000多年前的商代，中国人视其为神鸟，顶礼膜拜。他们认为猫头鹰昼伏夜出的生活习性、机警诡谲的目光、凶猛搏杀的性情，是勇敢和克敌制胜的象征，值得敬畏和崇拜。当我们看到这个形象圆润敦实、生动可爱的文物，不觉与曾被网友疯传的网络游戏愤怒的小鸟联系起来，感受到3000多年前的祖先，是有何等意趣，设计出了如此萌态的酒具。来山西博物院的游客，都会被这最萌的文物吸引，感受先民眼中鸮具有的通达天地的神奇力量。文创设计师转化这个形象，为其夸张表情，增添绚丽色彩，区分性别，拉近它与游客的距离，将其拟人化，赋予性格和情绪，并衍生出系列学习用品及填色存钱罐（图2），每个人都可以亲手创作自己心中的力量之神。

案例二：晋国霸业青铜器

文化元素介绍：

山西晋南是晋国的始封地和中心区域，青铜遗存丰厚。曲村天马遗址为晋国早期都城。晋侯墓地震动学界，铸铜遗址和侯马盟书名扬中外。晋国霸业，永远是山西人的骄傲。我们的祖先在山西这块古老的土地上，创造了光辉灿烂的青铜文化，令人骄傲。晋国酒器以青铜器为主，青铜酒器已成完整体系，造型奇特，纹饰瑰丽（图3）。几千年前，中国人相信祖先的神灵掌握着人的命运。人们极力讨好神灵，以期保佑自己在战争中获胜，为了取悦祖先，煞费苦心的设计由此而来，借此驱除邪恶，护佑家族兴盛。非凡的手艺与智慧，凝结了值得永续流传的至宝。将晋国青铜器设定为拟人化形象，并创意成酒器。酒器是酒文化的载体，所谓"为器虽小，而在礼实大"，通过酒器，可以了解华夏民族的悠久历史，再现古代晋国艺术的辉煌成就。将山西青铜文化、酒文化、礼治文化、生活哲学、年轻人的生活态度融会贯通。从文创的角度出发，联合创建文创产品。以文创理念定位，进行文创破题。通过创意让青铜文化走近年轻人群体，引领生活态度、生活主张，产品极具自由性和趣味性。一款文创产品既是盛酒器，也是饮酒器，还可以充当艺术品和居家装饰，与生活形影不离（图4）。看着这样萌态可掬的小器物，会催人奋进，给人温暖，消除孤独，亲近文化。

图4 青铜瑞兽团文创产品

5 结语

山西是文物大省，遗存极为丰厚。这些无比宝贵的财富和智慧，是文化和历史的见证。怎样能让更多人了解，接受，喜爱，是需要一直思考和突破的问题。我们需要深刻理解文物文化的深意，不断拓展创意的思路和方式，为宝藏讲好故事。创意需要与感官、情感、思考关联，具有视觉、听觉、知觉的感官冲击力，抛砖引玉，用人情味传承文化，用人情味唤醒使命，强化认知，起到传播和传承作用。文创的范畴，也在不断地延伸，可以整合和搭建时尚、现代、艺术的演绎展示空间，让游客身临地道的文化之境，在观演中开阔视野，陶冶情操，令游客能够长久、舒适地驻留；也可以与教育课堂衔接，通过开展文化体验、参与、互动、拓展训练等活动，令人零距离感受传统文化的魅力；更可以制作成适合市场需求、有文化背书的各式商业业态，通过吃穿住行走进生活，进而助力传承与发展，与市场接轨。文创需要学科链、人才链、产业链、创新链有机连接。通过文化、艺术、哲学、生活、教育与旅游交融，使文化得到解读和关注，扩大载体种类，达到与消费者的无限沟通。人人都喜闻乐见，并能成为内容的制作者及参与者。优质的产品与服务是旅游目的地吸引游客的持久动力。寻找恰当的表述形式，将文化元素巧妙植入旅游产品中，增加客人的体验感。文创信息应专业、整合、创新，可以从食、住、行、游、购、娱、学等多个角度全方位了解在地文化。这种合力而为、各具特色、相互融合补充的多元化文创才是有黏性的，才可以让文化遗产鲜活起来，人们才愿意去靠近它，读懂它。总之，文创展现的是特色文化，传递的是凡俗心愿，传承的是大爱与美，驻留的是生活本真。

中国古村镇大会

选址办法

大会概要

中国古村镇大会创办于2015年，迄今已成功举办四届，是国内迄今为止唯一一个超部门、多学科、跨行业的开放性古村镇领航大会。大会以公益开放的心态，整合国内外高端思想资源，联合全国关心古村古镇、文化传承和乡村发展的社会各界人士，增强社会爱护古村镇的意识，积极探索路径让古村镇更好地传承发展下去，以期探索有益于古村镇保护和可持续经营的发展道路，缔造国内顶尖的新锐思想圈，成就中国古村镇保护活化民间最权威、最具影响力的智力机构和合作平台。

选址目的

古村镇大会选址目的是建立一个为中国传统村落和古村重要事务对话的公共平台。会址选定以市（县）为单位，在与会各方交流、合作，并就大会主题、事务达成初步共识的同时，寻求与会址间的共赢发展。

古村镇大会的举办将推进会址所在地包括乡村旅游、投融资、产业建设与整合、形象推广在内的多方面共同发展，为产业生态圈及乡村建设提供有利契机：

★快速提高村镇知名度 ★大力推进重点项目建设 ★整体提高干部群众观念 ★全方位引入智力资源 ★促进项目合作与落地

选址条件及选定

古村镇大会年度会址选择范围原则上限定于传统村落或古村落分布较多的区域。

（一）该区域具备鲜明的村落地域文化特点（较多的古村落、实践较好的村落案例等）。

（二）无偿提供可容纳至少500人的会议场所，具备食宿接待基本设施。

（三）为大会提供基本筹备费用，具体内容可与大会秘书处接洽。

（四）会址所在地政府对于古村镇大会的举办给予政策认可和支持，并于当地及周边政府机构予以宣传推荐。

（五）会址所在地应具备较有特色的产业体系及开放、包容的投资环境。

业界推荐　实地考察　综合评审

采取“业界推荐、实地考察、综合评审”的方式确定年度会址所在地。

联系方式

大会秘书处：中国·深圳·坂田五和大道南2号万科星火Online 7-238
7-238,Vanke Spark Online,NO.2 Wuhe South Road,Bantian Street,Longgang District,Shenzhen,Guangdong,PRC
Tel：0755-28895149　WeChat：gucunhui　www.gucundahui.com

大会官方二维码

旅游规划与设计
往辑回顾

TOURISM PLANNING & DESIGN NO.32
旅游规划与设计 32
野生动物旅游
Wildlife Tourism

《野生动物旅游》
2019 年 12 月，第 32 辑

TOURISM PLANNING & DESIGN NO.31
旅游规划与设计 31
旅游风险与旅游安全
Tourism Risks and Tourism Security

《旅游风险与旅游安全》
2019 年 3 月，第 31 辑

TOURISM PLANNING & DESIGN NO.30
旅游规划与设计 30

美食旅游
Culinary Tourism

《美食旅游》
2019 年 1 月，第 30 辑

TOURISM PLANNING & DESIGN NO.29
旅游规划与设计 29
自然旅游与自然教育
Nature Tourism and Nature Education

《自然旅游与自然教育》
2018 年 9 月，第 29 辑

TOURISM PLANNING & DESIGN NO.28
旅游规划与设计 28
旅游建筑与建筑旅游
Tourism Architecture and Architecture Tourism

《旅游建筑与建筑旅游》
2018 年 6 月，第 28 辑

TOURISM PLANNING & DESIGN NO.27
旅游规划与设计 27
城市旅游
Urban Tourism

《城市旅游》
2018 年 3 月，第 27 辑

TOURISM PLANNING & DESIGN NO.26
旅游规划与设计 26
地学旅游
Geotourism

《地学旅游》
2017 年 12 月，第 26 辑

TOURISM PLANNING & DESIGN NO.25
旅游规划与设计 25
乡村健康旅游与乡居生活方式
Rural Wellness Tourism and Rural Residence Lifestyle

《乡村健康旅游与乡居生活方式》
2017 年 9 月，第 25 辑

TOURISM PLANNING & DESIGN NO.24
旅游规划与设计 24
遗产旅游：呈现与活化
Heritage Tourism: Representation and Rejuvenation

《遗产旅游：呈现与活化》
2017 年 6 月，第 24 辑

TOURISM PLANNING & DESIGN NO.23
旅游规划与设计 23

景区容量与游客管理
Carrying Capacity and Visitor Management

《景区容量与游客管理》
2017 年 3 月，第 23 辑

TOURISM PLANNING & DESIGN NO.22
旅游规划与设计 22
儿童及亲子旅游
Family and Children Tourism

《儿童及亲子旅游》
2016 年 12 月，第 22 辑

TOURISM PLANNING & DESIGN NO.21
旅游规划与设计 21
生态旅游
Ecotourism

《生态旅游》
2016 年 10 月，第 21 辑

TOURISM PLANNING & DESIGN NO.20
旅游规划与设计 20
台湾乡村旅游与民宿
Rural Tourism and B&Bs in Taiwan

《台湾乡村旅游与民宿》
2016 年 6 月，第 20 辑

TOURISM PLANNING & DESIGN NO.19
旅游规划与设计 19

主题公园
Theme Park

《主题公园》
2016 年 3 月，第 19 辑

TOURISM PLANNING & DESIGN NO.18
旅游规划与设计 18
旅游厕所
Tourist Toilet

《旅游厕所》
2015 年 12 月，第 18 辑

TOURISM PLANNING & DESIGN NO.17
旅游规划与设计 17
传统村落：保护与活化
Historic Villages: Protection and Rejuvenation

《传统村落：保护与活化》
2015 年 9 月，第 17 辑